S0-AVP-271

COLLECTION IDÉES

Eugène Ionesco

Notes et contre-notes

Gallimard

PRÉFACE

Il y a beaucoup de répétitions dans ce livre. Ce n'est pas seulement ma faute; elle est aussi celle des journalistes, interviewers, spécialistes et politiciens du théâtre qui, depuis des années, en proie aux mêmes obsessions, me font les mêmes critiques de principe auxquelles j'essaye de répondre, à mon tour, par des arguments toujours les mêmes. En réalité, j'ai surtout combattu pour sauvegarder ma liberté d'esprit, ma liberté d'écrivain. Il est évident qu'il s'est agi, en grande partie, d'un dialogue de sourds, car les murs n'ont pas d'oreilles et les gens sont devenus des murs les uns pour les autres: personne ne discute plus avec personne, chacun voulant de chacun faire son partisan ou l'écraser.

Je regrette un peu d'avoir essayé de donner des réponses, d'avoir fait des théories, d'avoir trop parlé, alors que mon affaire était tout simplement d' « inventer », sans me soucier des camelots qui me tiraient par la manche. Je suis un peu tombé dans leurs pièges et j'ai souvent cédé aux sollicitations de la polémique. Non pas que l'on ne doive polémiquer. Mais l'œuvre d'art doit contenir en elle-même, et cristalliser, une plus grande complexité des débats dont elle est la réponse ou l'interrogation plus ample.

Tout en ayant l'air de me défendre, je me suis peut-être mal défendu. C'est-à-dire, j'ai perdu trop de temps à vouloir me défendre, mais il fallait bien essayer d'expliquer que les explications des autres étaient fausses, car tendancieuses. J'ai peut-être aussi attaché trop d'importance à mes pièces de théâtre mais, là encore, j'ai une excuse puisque ce sont les autres qui ont attaché de l'importance à mon œuvre. De toute façon, ces Notes et Contre-Notes *sont le reflet d'un combat mené au jour le jour, elles sont écrites au hasard de la bataille, elles pourront peut-être servir de documents, montrant ainsi ce qu'on pensait pouvoir demander ou reprocher à un auteur de notre époque, et aussi ce que pouvait être le point de vue d'un auteur cerné qui, voulant répliquer de tous les côtés à la fois, s'est trouvé pris, parfois, dans des contradictions que l'on remarquera, sans doute, et dont les lecteurs voudront bien m'excuser.*

Pourtant, une bonne part de mes critiques sont devenus des amis au cours de ces dix ou douze années de confrontation, de cohabitation dans le même temps. Nous sommes liés les uns aux autres et maintenant, lorsque j'écris une pièce de théâtre, je ne puis m'empêcher de penser à tel ou tel d'entre eux, ils sont les images de mon vrai public et, que je le veuille ou non, c'est bien à eux que je pense tout de même quand j'écris en me demandant ce qu'ils vont dire, quelle tête ils feront quand ils verront « cela ».

Je dois avouer que j'oublie vite les critiques favorables et que, par contre, les mauvaises me sautent aux yeux ; ce sont elles que j'oublie le moins facilement. En tout cas, les pages de Notes et Contre-Notes *qui sont consacrées aux critiques ne sont malgré tout pas l'expression de ma rancune ou elles le sont très peu. Elles tendent plutôt à illustrer la thèse de Jean Paulhan sur l'impossibilité de la critique, non plus d'une façon théorique mais, chez moi, plus simplement par des exemples vivants, des citations précises tâchant de mettre en évidence la difficulté de juger, l'absence de critères, l'illogisme déterminé par le côté passionnel dans l'actualité, des affirmations et des négations qui s'enchevêtrent et se neutralisent. On parle beaucoup dans les pages qui suivent, comme on parle beaucoup autour de nous, d'incommunicabilité ou de crise du langage. Cette crise du langage est le plus souvent artificielle, volontaire. La propagande a bouleversé consciemment la signification des mots pour jeter le trouble dans les esprits. C'est une méthode de guerre moderne. Lorsqu'on dit que le blanc est noir et le noir est blanc, il est en effet bien difficile de s'y retrouver. Je constate parfois la destruction ou la déformation volontaires du langage et je dénonce cela ; je constate aussi son usure naturelle ; je constate encore son automatisation qui fait que le langage se sépare de la vie ; je conçois donc qu'il ne faut pas tellement le réinventer que le rétablir. Cela revient peut-être au même, mais c'est évidemment la mauvaise foi qui est la chose la plus dangereuse. Et je me rends compte que, par exemple, j'ai été bien naïf de m'acharner à vouloir prouver qu'il y a des activités désintéressées, alors que n'importe qui le sait qui a joué au football, aux cartes, aux échecs, au jeu de l'oie, etc. Seulement, les politiciens ne veulent pas que l'activité théâtrale soit désintéressée et gratuite ; ils détestent qu'elle soit libre et qu'elle leur échappe. C'était donc une dépense considérable d'énergie de ma part de m'attarder si longtemps sur ces questions. Mais puisque, en fin de compte, tout est gratuité — et même la non-gratuité — mettons que cela fut de ma part encore une activité gratuite.*

Peut-être que mes pièces de théâtre vont un peu

plus loin que mes propres commentaires sur les pièces de théâtre ; j'espère qu'elles en disent plus malgré moi, car si elles devaient être épuisées par cette polémique, contenues en elle, tout entières, elles ne seraient pas grand-chose.

Mais si la littérature est une chose importante, si elle est encore, de nos jours, et pour l'avenir, une chose importante, c'est un autre problème angoissant. Le monde nouveau qui semble s'ouvrir à nous, les perspectives de mort ou, au contraire, de transformation totale de la vie et de la pensée, paraissent devoir conduire à une ère dans laquelle ce genre de manifestations sera totalement remis en question. Nous ne pouvons prévoir quelles formes prendra la poésie, la création, l'art. En tout cas, d'ores et déjà, la littérature est en dessous de la vie, l'expression artistique est trop faible, l'imagination trop pauvre pour égaler l'atrocité et le miracle de cette vie, de la mort, trop insuffisante aussi pour pouvoir en rendre compte. J'ai fait ce que j'ai pu, en attendant, en attendant... J'ai passé mon temps. Mais il faut savoir se séparer de soi-même, des autres, regarder et rire, malgré tout, rire.

J'espère que mon théâtre a plus d'humour que mes polémiques. J'espère.

E. I.

L'AUTEUR ET SES PROBLÈMES

« Pourquoi écrivez-vous ? » demande-t-on souvent à l'écrivain. « Vous devriez le savoir », pourrait répondre l'écrivain à ceux qui posent la question. « Vous devriez le savoir puisque vous nous lisez, car si vous nous lisez et si vous continuez de nous lire, c'est que vous avez trouvé dans nos écrits de quoi lire, quelque chose comme une nourriture, quelque chose qui répond à votre besoin. Pourquoi donc avez-vous ce besoin et quelle sorte de nourriture sommes-nous ? Si je suis écrivain, pourquoi êtes-vous mon lecteur ? C'est en vous-même que vous trouvez la réponse à la question que vous me posez.» Le lecteur ou le spectateur répondra, schématiquement, qu'il lit, qu'il va au spectacle, pour s'instruire ou pour se divertir. En gros, ce sont les deux sortes de réponses possibles. S'instruire : cela veut dire savoir ce qu'est celui qui écrit et ce qu'il écrit ; ou bien le plus modeste dira que c'est pour trouver des réponses à des questions auxquelles lui-même ne peut répondre. Celui qui veut se divertir, c'est-à-dire oublier ses soucis du jour, se réjouir de la beauté de ce qu'il lit ou regarde, vous reprochera de l'ennuyer s'il considère que vous avez l'air de vouloir l'instruire ou de lui faire la leçon. Celui qui veut s'instruire pourra, s'il considère que vous avez l'air de vouloir l'amuser peut-être à ses dépens et le distraire, vous reprocher de ne pas donner de réponse à tous les problèmes que lui-même ne peut pas résoudre. Dès que quelqu'un a écrit un sonnet, un vaudeville, une chanson, un roman, une tragédie, les journalistes se précipitent sur lui pour savoir ce que l'auteur de la chanson ou de la tragédie pense du socialisme, du capitalisme, du bien, du mal, des mathématiques, de l'astronautique, de la théorie des quantas, de l'amour, du football, de la cuisine, du chef de l'État. « Quelle est votre conception de la vie et de la mort ? » me demandait un journaliste sud-américain lorsque je descendais la passerelle du bateau avec mes valises à la main. Je posai mes valises, essuyai la sueur de mon front et le priai de m'accorder vingt ans pour réfléchir à la question, sans toutefois pouvoir l'assurer qu'il aura la réponse. « C'est bien ce que je me demande, lui dis-je, et j'écris pour me le demander. » Je repris mes valises tout en pensant que je devais l'avoir déçu. Tout le monde n'a pas la clef de l'univers dans sa poche ou dans sa valise. Si un écrivain, un auteur, me demandait, à moi, pourquoi je lis, pourquoi je vais au spectacle, je répondrais que j'y vais, non pas pour avoir des réponses mais pour avoir d'autres questions ; non pas pour acquérir la connaissance, mais, tout simplement, pour faire connaissance avec ce quelque chose, avec ce quelqu'un qu'est une œuvre. Ma curiosité de savoir s'adresse à la science et aux savants. La curiosité qui me dirige au théâtre, au musée, au rayon littérature du libraire est d'une autre nature. Je veux connaître le visage et le cœur de quelqu'un que j'aimerai ou que je n'aimerai pas.

L'écrivain est embarrassé par les questions qu'on lui pose parce qu'il se les pose lui-même et parce qu'il s'en pose bien d'autres, parce qu'il se doute aussi qu'il y a d'autres questions qu'il pourrait se poser mais qu'il n'arrivera jamais à se poser ; encore moins à leur répondre.

Dans sa solitude, loin des journalistes ou des sergents recruteurs, chaque homme, et l'écrivain aussi, respire. Quelquefois, il se demande, quelquefois il ne se demande pas, pourquoi il respire. Qu'il se le demande ou non, il ne peut pas s'empêcher de respirer. L'écrivain, non seulement respire, mais puisqu'il est écrivain, il écrit. Ce n'est que lorsqu'il a commencé à écrire qu'il s'interroge sur le but et la raison de ce qu'il fait. Il se demande donc, se parlant à lui-même (et tout en continuant de faire son travail comme un ébéniste qui rassemblerait les matériaux pour faire une armoire tout en pensant à ses soucis, ou même à ce que c'est qu'une armoire, mais que les soucis n'interrompraient pas dans la construction de l'armoire) : Pourquoi est-ce que j'écris [1] ? A quoi cela correspond-il ? Est-ce que j'ai quelque chose de plus que les autres à dire ? Est-ce que je veux m'affirmer, c'est-à-dire justifier mon existence ? Est-ce que j'ai peur de la mort et que je désire continuer de vivre après ma mort physique dans les autres ? Est-ce pour sauver le monde ? Est-ce pour me sauver moi-même ? Est-ce pour louer Dieu ou glorifier l'univers ? Est-ce pour tâcher de voir clair

1. Des œuvres existent qui ne sont que des réflexions, des interrogations sur elles-mêmes. Nous pouvons donner en exemple les poèmes de Mallarmé, Valéry, etc. Toutefois, il nous semble que les interrogations sur elles-mêmes de l'œuvre s'en détachent et se détachent du poète-interrogateur et deviennent des matériaux, comme les autres, dans l'œuvre qui se crée, éléments constitutifs du « monument », de sa structure.

en moi-même, de m'explorer, de me comprendre, de m'expliquer ? Est-ce parce que je ne me comprends pas et que je sollicite les explications des autres ? Est-ce parce que je me sens seul et que je veux rompre cette solitude et communiquer ou fraterniser avec mes semblables ? Est-ce que toutes les raisons que je viens d'énumérer sont fausses ? Et que d'autres raisons secrètes me poussent à faire une chose que les raisons apparentes ne connaissent pas et qui ne font que masquer, volontairement ou non, la raison profonde ? Est-ce parce que je désire comprendre le monde, que je veux mettre au moins pour moi un peu d'ordre dans cet immense chaos et que l'écriture, l'art, est une forme de pensée en mouvement ? Ou bien est-ce tout simplement parce que la création est une nécessité instinctive, extra-consciente ; parce que imaginer, inventer, découvrir, créer, est une fonction aussi naturelle que la respiration ? Est-ce parce que je veux jouer et alors quelle est la signification de ce jeu ?

L'auteur lui-même sait-il bien ce qu'il fait ? J'ai l'impression qu'il est lui-même dupé. Il a des intentions conscientes, bien entendu. Il s'attache, par exemple, à prouver quelque chose. Il s'imagine que ce qu'il veut prouver est l'essentiel de son œuvre. Puis il s'aperçoit, ou bien l'on s'aperçoit, que l'affabulation est plus importante que ce qu'il prenait pour l'essentiel, que ce qu'il voulait prouver n'intéresse pas et que seule intéresse la façon dont il voulait prouver ou la construction. L'auteur veut-il tout simplement construire une sorte d'édifice qui ne ferait que matérialiser et manifester les lois de la construction littéraire ou théâtrale, tout comme le constructeur ne fait, en fin de compte, que matérialiser, réaliser les lois de l'architecture ? Le temple désaffecté, lorsqu'il n'est plus un lieu de culte, on peut en faire un hôpital, un commissariat, on peut le laisser vide, mais il demeure essentiellement lui-même, un édifice, de l'architecture, non pas un temple ; en fait, il n'a jamais été temple, il a *servi* de temple, tout comme une œuvre poétique, dramatique, etc., peut être utilisée temporairement comme instrument de propagande, œuvre d'éducation, rééducation politique, etc. Les pouvoirs en feront ce qu'ils veulent ; ils ne l'empêcheront pas d'être ce qu'elle est : édifice vivant, création. Il se trouve que l'œuvre de l'écrivain est bourrée de problèmes, d'intentions de toutes sortes, de partis pris, qu'elle est une critique de la société, de la condition humaine. L'auteur croyait aussi ne pas parler de lui et malgré lui il se découvre. Et la qualité essentielle de l'œuvre sera constituée justement par les aveux qui lui auront échappé. Ces aveux eux-mêmes seront interprétés contradictoirement, détournés, bien sûr. On les retournera peut-être contre l'auteur mais cela est déjà autre chose.

Je sais. Toutes ces questions ont été déjà posées et les philosophes, les théologiens, les psychologues, les sociologues, se sont évertués à y répondre. Des milliers de livres ont débattu ces problèmes.

Je crois que toutes les raisons que je viens d'exposer sont fausses et sont vraies. Vraies si on les adopte toutes, fausses si l'on n'en adopte qu'une, ou seulement une partie d'entre elles. Cela me prendrait du temps, mais il ne me serait sans doute pas trop difficile de choisir l'une ou l'autre de ces raisons et de la soutenir en m'appuyant sur une philosophie, sur une théorie ou une autre et sur une bibliographie. Je connais également le risque que j'encours en tâchant d'y répondre tout seul. Je vais dire ce qui a déjà été dit et rien de nouveau ni d'intéressant ne sortira peut-être de mon témoignage. Mais il faut bien courir ce risque. Tant pis pour moi, tant pis pour vous.

Les impulsions les plus contradictoires ou complémentaires, tout me porte donc à écrire : l'orgueil, la volonté de puissance, la détestation, le désir de me racheter, l'amour, l'angoisse, la nostalgie, le désarroi, la confiance, le manque de confiance, la certitude de ce que j'affirme, l'incertitude, le désir ardent d'être éclairé, le désir d'éclairer, l'amusement (mais si c'est pour m'amuser, pourquoi alors cette peine, cette fatigue insurmontable quand je travaille ?) l'humilité. Il me semble bien que tout cela est contenu et se voit dans les œuvres littéraires et que celles-ci les disent mieux que ne pourrait le faire l'auteur quand il en parle.

Peut-être devrait-on se taire ? Mais là, nous aborderions un autre problème : faut-il agir ou ne faut-il pas agir, faut-il vivre ou ne pas vivre, faut-il faire quelque chose, car, nous le savons tous, écrire c'est aussi agir.

Suis-je la voix d'un seul ? Ce que j'invente ou ce que je crois inventer, ce que je décris, ce que je découvre ou crois découvrir est-il arbitraire ? A-t-on besoin de moi ? A-t-on besoin de cette œuvre ? A-t-on besoin de quiconque ? Est-ce que je suis demandé ou est-ce que je m'impose ? Et alors de quel droit ? N'importe qui d'autre aurait-il pu être à ma place ? Il est évident qu'on interprète l'auteur, qu'on le juge, qu'on l'accepte, qu'on le repousse, qu'il est un instrument du concert et qu'il y a le concert. On compte avec lui. Même si c'est pour le nier. On ne nie pas ce qui n'existe pas. L'auteur se dit : je suis donc avec les autres ; si je suis avec les autres, cela veut dire que je suis aussi les autres, que d'autres parlent par ma voix, que je suis davantage les autres que moi-même. Mais que veut dire être soi-même ? Suis-je simplement un carrefour, un nœud, où des forces diverses s'unissent et s'affrontent ? Ou bien, suis-je un être unique et est-ce justement cela qui fait que je surprends et me fait constater objectivement que je suscite de l'intérêt ? Peut-être l'un et l'autre ? Cela encore est un problème différent. Qu'est-ce qu'être soi-même ? Ce soi-même qui est, est-il absolu, est-il relatif ? Ce « je » (qui pense, bien sûr), ce moi... je ne puis le définir ; cette pensée mienne est peut-être une pensée déterminée par les autres. Sommes-nous chacun d'entre nous interchangeable ou irremplaçable ? Que cela soit l'un ou l'autre, ou bien l'un et l'autre, cela semble justifier suffisamment l'auteur d'être là et de dire ou d'essayer de dire quelque chose. Cette pensée écarte la gêne qu'il pourrait avoir de se trouver là ; si écrire, agir, c'est une manifestation de l'orgueil, ne pas vouloir écrire, agir, faire, ce peut être encore de l'orgueil.

Tout d'abord, je dois avouer que personnellement la théologie ou la philosophie ne m'ont pas fait comprendre pourquoi j'existais. Elles ne m'ont pas convaincu non plus qu'il faille faire quelque chose de cette existence et qu'il faille ou que l'on puisse lui donner une signification. Je ne me sens pas tout à fait appartenir au monde. Je ne sais pas à qui le monde doit appartenir, et cependant je ne me vendrai ni ne vendrai le monde à personne. Si je me sens tout de même un peu d'ici, c'est simplement parce que, à force d'exister, j'en ai pris l'habitude. J'ai plutôt l'impression que je suis d'ailleurs. Si je savais quel est cet ailleurs, ça irait bien mieux. Je ne vois pas comment on peut répondre à la question.

Le fait d'être habité par une nostalgie incompréhensible serait tout de même le signe qu'il y a un ailleurs. Cet ailleurs est, peut-être, si je puis dire, un « ici » que je ne retrouve pas ; peut-être ce que je cherche n'est pas ici. Certains ont répondu ou ont cru pouvoir répondre et donner la solution. J'en suis heureux pour eux et je les félicite. Je constate donc tout simplement que je suis là, ce « je » difficile à définir, et c'est bien pour exprimer, pour faire part de mon étonnement et de ma nostalgie que j'écris. Voilà quelque chose de précisé. Je me promène dans les rues de Paris, j'erre par le monde, c'est mon étonnement et c'est ma nostalgie que je promène. Il me semble que je n'ai pas de points de repère ; parfois, il me semble en avoir. Ils me semblent peu stables, changeants, ils finissent pas s'évanouir. Vous avez observé de toute évidence que je suis déjà dans la contradiction. Est-ce parce que je n'ai pas su mettre de l'ordre dans cette contradiction ou dans les contradictions ? Est-ce parce que nous vivons sur plusieurs plans de conscience et que ceux-ci sont contradictoires ? Encore une fois, je crois que les deux choses sont vraies. De temps à autre, je crois croire, je pense que je pense, je prends parti, je choisis, je combats, et quand je le fais, je le fais avec véhémence et entêtement. Mais il y a toujours en moi une voix qui me dit que ce choix, cette véhémence, cette affirmation n'ont pas de fondement sûr, absolu ; que je devrais y renoncer. Je n'ai pas assez de sagesse pour lier mes actes à mon incertitude profonde. Pourquoi tout ceci ? Ces questions, chacun se les pose quand il est seul. Dans ce désarroi, l'écrivain écrit. Et voici une seconde chose précisée. On l'a comprise.

Je voudrais préciser également ceci ; je ne fais pas profession de scepticisme, ni de non-scepticisme. Je ne discute pas le problème de la nécessité et de la valeur du choix. Peut-être dira-t-on que cette profonde incertitude s'explique historiquement du fait que j'appartiens à une classe ou à une autre, que je suis déterminé ou indéterminé par des tendances ou traditions diverses, contradictoires, qui ne peuvent pas ou peuvent s'expliquer historiquement, dialectiquement, etc. Je répète qu'il y a des moments où je choisis, où je prends parti, à moins qu'il me semble que je choisisse et que je prenne parti. J'essaye ici tout simplement d'exposer ce qui est au plus profond de moi-même ; j'expose et je m'expose. Je cède à des impulsions ou plutôt je m'oppose aux impulsions des autres. J'ai tendance, comme tout le monde ou comme beaucoup, à m'opposer à ce qu'on me propose, à ce qu'on m'affirme. Je vois dans les affirmations des autres ce qu'il y a de négatif ou de faux. De quel droit puis-je penser qu'une chose est fausse ou qu'elle ne l'est pas ? Je choisis donc, j'affirme, je nie, pour les petites choses de la vie. J'affirme que je n'aime pas la couleur noire et que je préfère le bleu. On pourrait trouver les raisons pour lesquelles je préfère ceci à cela. Ce serait un trop long travail. Je préfère aussi Balzac à Eugène Sue, Shakespeare à Feydeau. J'ai donc des critères. Ce sont des critères littéraires. En gros, si je préfère Shakespeare à Feydeau, c'est qu'il me semble que l'univers shakespearien est plus ample, plus complexe, plus universellement humain, plus profond, plus vrai que celui de Feydeau. Mais qu'est-ce que je découvre dans Shakespeare qui va plus loin que Feydeau ? Justement, ce bruit et cette fureur, une interrogation plus ample, que je ne trouve pas chez le vaudevilliste français. Dans Feydeau, je ne retrouve ni mon chaos, ni mon désarroi. Ce que je retrouve dans Shakespeare, ce ne sont pas des réponses, ce sont des interrogations et des événements, aussi quelques constatations, quelques évidences. Pas de solution définitive. Ainsi, je puis dire que s'interroger sans répondre est plus vrai que de ne pas s'interroger. Je trouve aussi dans les livres qu'il m'arrive de lire que les réponses ne comblent jamais les questions, que tout problème semble faussement résolu. Tous les dogmatismes sont provisoires. Non seulement ils me semblent provisoires, mais j'ai l'impression aussi qu'ils ne sont qu'un système d'hypothèses, de suppositions, de façons de voir, de vues de l'esprit, pouvant être remplacés par d'autres idéologies ou vues de l'esprit. On s'explique les choses comme on peut. Les idéologies, avec un peu d'auto-suggestion, sont toutes confirmées par les faits, bien que les idéologies opposées démontrent que les premières sont infirmées par les faits. Chacun devrait faire son petit *Discours de la Méthode* pour son propre compte. Que c'est fatigant. Je suis : mais qui est ce « je » ? Difficile à savoir, avons-nous dit. C'est une convention. Tout de même moins imprécis que « nous » et « que on ».

Il y a cependant quelque chose. Il y a des choses. On peut utiliser les choses, on peut faire autre chose avec les choses. On peut travailler, on peut faire, on peut écrire. Je peux faire, je peux écrire. Des édifices se bâtissent. Des engins nous transportent, etc. C'est tout ce que je peux savoir d'un peu plus précis. On peut calculer. C'est-à-dire pour simplifier, on peut se déplacer, on peut rester sur place, on peut manier des objets. Je sais également que tout ce qui est et tout ce qui se fait, tout ce qui nous semble être et se faire n'a pas toujours été, que ce qui se fait va se défaire. Ce prunier n'est pas un cerisier. Et encore, qui sait s'il ne le deviendra pas à la suite de greffages astucieux. Et ce prunier sera un jour un ex-prunier : rien. Avant peut-être d'être devenu toutes sortes de choses : les transmutations ne peuvent être exclues de notre pensée. Et lorsque ce prunier ne sera plus, personne ne pourra me garantir qu'il a été. J'ai des appétits, j'ai des désirs, je ne connais pas les raisons de ces désirs, de ces appétits : j'ai l'impression qu'en remontant à leur source, en arrivant à comprendre — ce qui n'est pas impossible — leur comment et leur pourquoi, les désirs, impulsions, appétits, appréhensions, amour, détestation s'évanouiraient. J'ai l'impression qu'il n'y a de raison à rien et que seule nous pousse une force incompréhensible. Il n'y a de raison à rien. Tout est contestable à l'intérieur de soi-même, ce qui est extérieur (ce qu'on appelle « extérieur »), faits, objets, est incontestable. Incontestable et pour moi sans raison d'être, de ne pas être.

Les explications que moi-même je me donne de ce que je fais me semblent incomplètes ou fausses ou précaires. Ne sachant donc pas quel est le but de l'existence, je ne sais pas non plus tout à fait exactement pourquoi j'écris. J'écris, pourtant, depuis toujours, comme je vis depuis toujours, en me demandant aussi quel est le sens de ma vie. Je suis poussé à écrire, c'est-à-dire à m'interroger et à regarder et à dire ce que je vois. Mais, en écrivant, dénoncer ce qui m'apparaît être comme le mal, critiquer et parodier les autres et leur comportement ; être moraliste, tout cela me semble souvent ne s'inscrire que dans un cadre très limité. Et quand je suis partisan, je me demande toujours pourquoi je le suis et je me dis que je ne devrais pas l'être. Mes partis pris, mes prises de position ont comme point de départ des sentiments spontanés, peu contrôlables, même s'ils se traduisent par des pensées à peu près claires, car plus intéressant que de penser serait de savoir pourquoi l'on pense ce que l'on pense. Je crois que je suis plus authentique lorsque j'exprime dans mes œuvres l'étonnement et le désarroi. C'est dans cet étonnement que plongent les racines de la vie. Tout à fait au fond de moi-même, c'est la nuit que je trouve..., la nuit, ou plutôt une lumière aveuglante.

Mais toutes les questions, simples ou complexes, naïves ou subtiles, ne sont toutefois que le point de départ, une sorte d'impulsion originaire assez vite dépassée. On part en voyage, on va entreprendre une exploration, nous ne savons pas ce que nous allons trouver. Pour les auteurs pédagogues, le trajet est connu à l'avance. Pour leur part, ils n'auront rien à découvrir. Ils n'ont même pas besoin de faire ce voyage, ils racontent le voyage, les découvertes des autres. C'est du déjà connu, du déjà fait. L'auteur n'apportera plus rien de nouveau, il fera double emploi, il n'apportera pas son expérience puisqu'il n'en aura pas eu une. Il est normal que l'on mette les questions avant les réponses. L'auteur didactique et politique impose des réponses avant de poser les questions, mais on ne peut arriver à donner des réponses vivantes de cette façon. En posant la question, on arrivera, ou on n'arrivera pas aux réponses. Mais, en littérature, ce n'est pas d'avoir donné ou de ne pas avoir donné de réponse qui comptera. Un être qui se pose des questions et leur donne une réponse est un être au même titre que celui qui se pose des questions et ne leur répond pas. Car une œuvre est un être vivant ou un univers vivant, et c'est le fait d'être cet univers vivant, c'est-à-dire vrai, qui est important. Nous reviendrons par la suite sur cette idée.

En tout cas, les angoisses ou la sérénité, le désarroi ou la certitude incarnés dans l'œuvre, n'auront été finalement que les matériaux vivants, les membres d'un organisme, ces matériaux vibrants. C'est cela qui fait leur valeur, c'est cela qui fait la valeur, la vérité d'une œuvre. Une œuvre, une pièce de théâtre n'est pas un questionnaire avec des questions et des réponses : les vraies réponses d'une œuvre sont constituées simplement par ce qui répond à elle-même, elle se répond à elle-même, comme une symphonie se répond à elle-même, comme une tache de couleur répond à une autre tache de couleur du même tableau. Au théâtre, ces questions et ces réponses sont les personnes d'un jeu : c'est cela le théâtre, jouer à quelque chose ; et l'importance de l'œuvre dépendra de la densité des interrogations devenues vie, de leur complexité, de leur vérité, de leur authenticité, de leur vérité de créatures vivantes, bien sûr, qui n'est pas la vérité extérieure, d'ailleurs toujours discutable, de la démonstration.

Ainsi donc, pour écrire des œuvres littéraires : romans, nouvelles, poèmes, mémoires, essais, scénarios, pièces de théâtre, il suffit tout simplement d'être sincère. La voix sincère retentit, elle se fait entendre, cela veut dire que la voix de la sincérité est forte. Mais si l'on vous entend, cela ne veut pas dire nécessairement que l'on vous écoute. Au contraire, même, du moins au début. Lorsque l'on dit quelque chose de vrai, c'est-à-dire quelque chose d'éprouvé, ressenti, les gens ne vous croient pas, les gens ne veulent pas vous croire. Ou alors, quelquefois, le vrai peut sembler inexpressif, vide, quelconque : la chose vraie n'a pas été saisie, elle aveugle, on ne la voit pas, on verra plus tard. Ce qui est vrai, de cette vérité qui est de l'authenticité, ce qui est vrai semble insolite et inhabituel. C'est inhabituel. Le mensonge est banal. Le signe que vous êtes sincère, c'est qu'on vous traite de menteur ; puisque vous êtes honnête, on vous traite de fumiste. Votre cri fait une trouée dans les habitudes mentales collectives. Ce qui était vrai hier, ce qui était une découverte intellectuelle est dépassé, mais la cristallisation sociale et psychologique maintient solidement, dans une tradition desséchée, les vérités devenues des conformismes pétrifiés, commodité, aveuglement, surdité. Nous savons que tout a tendance à s'embourgeoiser, ceci est particulièrement évident pour les révolutions.

Dans sa sincérité, dans sa recherche, dans son exploration, l'artiste ou l'écrivain apporte sa vérité, la vérité ou la réalité de sa personne, une réalité inattendue, pour lui aussi inattendue, une révélation : tout comme le philosophe ou l'homme de science. Bien entendu, cette réalité est plus ou moins importante. Mais qu'elle soit grande ou petite, cette réalité est toujours inattendue et gênante. La réaction générale est de la refuser : pourquoi faire un effort, pourquoi ne pas s'en tenir à ce que l'on connaît déjà, pourquoi être dérangé ? On peut se passer de tout. Pourtant, malgré tout, la présence nouvelle et encombrante s'impose. On prête l'oreille, finalement. On s'intéresse à vous, à ce que vous apportez, après avoir haussé les épaules et s'être moqué, on vous prend en considération, on prend en considération ce que vous avez dit. On constate que la fumisterie était vérité. On se rend compte que l'écrivain aborde le réel sous un aspect nouveau, que le réel s'est agrandi, qu'il s'est enrichi. L'artiste lui-même croyait inventer. En fait, il n'inventait pas, il découvrait. Invention et découverte s'identifient. Ce que l'écrivain pensait voir surgir de lui-même, en lui-même, était une réalité objective que les autres reconnaîtront comme telle, et qu'ils ne pourront plus ne pas admettre. Quand les autres enfin la reconnaissent, ils ont l'impression de l'avoir déjà connue, depuis toujours ; cette vérité leur semble toute simple et naturelle. L'étrange devient normal, l'incompréhensible devient clair, l'impossible va de soi. On ne peut plus se passer du monde découvert ou inventé, inventé et découvert par l'auteur. Il est assimilé. Il est intégré. Et souvent, cette vérité neuve apparaît ce qu'elle est : vérité oubliée, monde enfoui et retrouvé.

Et puis cela devient si naturel que cela semble banal. Des articles, des essais, des études, des livres s'accumulent qui expliquent, doctement ou non, ce que l'écrivain a apporté. On vous analyse, on vous réfute, on vous situe, on considère que vous n'êtes pas allé jusqu'au bout de ce que vous aviez à dire, on vous demande d'aller plus loin dans un sens ou dans l'autre, selon ce que l'on veut vous entendre dire, ce que les uns ou les autres voudraient vous faire dire. Ce que l'on a écrit sur moi-même est, quantitativement, incomparablement plus important que ce que j'ai écrit moi-même. Je m'instruis à la lecture des commentaires que l'on a écrits déjà sur moi, à tel point que si j'avais de la mémoire et si j'étais un esprit méthodique, je pourrais faire une thèse de doctorat sur mon œuvre. Je pourrais faire même, et cela serait bien plus intéressant, une thèse sur la psycho-sociologie de mes commentateurs. En un sens, l'œuvre que l'on a écrite est faussée. C'est comme si elle n'était plus elle-même (mais qu'est-ce qu'une œuvre qui ne serait qu'elle-même ?). C'est comme si elle n'était que ce que les autres en disent et en font. Connaissant le milieu social auquel appartient le critique, connaissant simplement le journal ou la revue où il écrit, je connais, aussi, d'avance, ce qu'il dira de la nouvelle pièce que je viens de terminer, s'il l'aimera, s'il la détestera. De même, il me suffit de lire une analyse, un compte rendu, un simple résumé de n'importe laquelle de mes pièces pour savoir quelle est l'orientation idéologique ou politique du critique ; je peux faire facilement son portrait intellectuel et moral. En effet, si l'œuvre est nouvelle, cela ne veut pas dire que les critères sont nouveaux, les positions sont prédéterminées, elles sont figées. Cela veut dire aussi vraisemblement que l'œuvre n'est pas assez nouvelle pour briser les critères courants, que sa nouveauté n'est pas assez forte, que l'on a réussi à l'adapter à des formules établies ou bien qu'il faut encore du temps pour qu'elle puisse parler dans son authenticité, pour qu'elle soit vraiment écoutée.

L'auteur lui-même est étonné du retentissement qu'il a eu. Il se sent heureux, bien sûr. Il est surtout inquiet. Heureux parce que tout en étant profondément sincère, il s'est toujours demandé s'il l'était vraiment, s'il n'a pas triché malgré lui. Je crois avoir fait comprendre que c'est la nouveauté d'une chose qui était le signe d'une sincérité, et de la vérité. Ce qui est original est vrai. Ce qui ressemble à tout ce qui se fait est mensonger, car la convention est mensonge impersonnel. Est sincère ou vrai ce que les autres ne vous ont pas dit. Le perroquet n'est pas sincère. Ce qu'il dit ne le concerne pas, ce qu'il dit, il ne le comprend pas. Pour comprendre, il faut être neuf. Ainsi donc, si en écrivant, l'auteur se demande dans quelle mesure il a raison, dans quelle mesure il a le droit d'écrire ce qu'il écrit, et s'il attend d'être confirmé, il se demande également, une fois que l'on s'est tourné vers lui, si les autres ont le droit de dire ce qu'ils disent de son œuvre. On écrit pour se livrer aux autres, on est mécontent de s'être livré, mécontent et inquiet. L'auteur peut avoir l'impression que ce qu'il a dit, ce qu'il a fait, n'a pas été incompris, mais détourné, faussé par tous ceux qui veulent soumettre l'œuvre à leurs fins personnelles, qui veulent en faire un instrument de leur théologie, de leur morale, de leur politique, qui veulent l'utiliser comme une illustration ou une justification d'eux-mêmes. Le signe de la valeur d'une œuvre, c'est sa sincérité, c'est-à-dire sa nouveauté, c'est-à-dire sa pureté. Dans sa subjectivité profonde, l'artiste est essentiellement objectif. C'est pour cela qu'il est à la fois neuf et ancien, je veux dire permanent, inconnu et reconnaissable.

Il en va de même pour la valeur des critiques. Une critique est valable dans la mesure où elle ne reflète pas les lieux communs de la critique et des systèmes de pensée en cours. Une critique, une exégèse sont bonnes dans la mesure où l'exégète aborde l'œuvre d'un œil neuf, sincère, objectif, dans la mesure où, sans pour autant abandonner ses critères, il est prêt à les remettre, chaque fois, en question. Je ne sais pas, mais je me demande, si le critique ne doit pas être, idéalement bien sûr, l'homme de l'objectivité absolue, si le créateur ne doit pas être, toujours idéalement, l'homme de la subjectivité totale. Le mauvais critique est le critique orgueilleux, celui qui veut s'imposer à l'œuvre, celui qui vis-à-vis de l'œuvre prend une attitude de supériorité. Plutôt que le maître d'école, le critique doit être l'élève de l'œuvre. Il est aussi difficile d'être soi-même que de renoncer à soi-même. Avoir un critère, une échelle de valeurs, n'est pas nécessairement le signe de l'objectivité. En plus, la diversité des critères est telle qu'elle ne fait qu'ajouter à la confusion. Je vois très bien la possibilité d'une critique sans critères, d'une évaluation possible sans une échelle de valeurs. Il suffirait peut-être pour cela que le critique fût le descripteur de l'œuvre, c'est-à-dire exactement celui qui suit l'œuvre dans sa marche. On peut, bien sûr, être philosophe, moraliste, psychologue, sociologue ; mais la morale, la sociologie, la philosophie d'une œuvre, bien que tout à fait légitimes, le sont sur un autre plan. Elles ne sont pas la critique de l'œuvre. C'est un autre travail. Mais en décrivant l'œuvre, en la suivant dans sa marche, on l'éclaire, c'est même la seule façon de l'éclairer. On s'aperçoit ainsi si la marche est possible à travers l'univers de l'œuvre, on voit où elle nous mène et si elle nous mène quelque part, s'il n'y a pas des culs-de-sac, des impasses, si l'œuvre a une cohérence au-delà de ses incohérences et de ses contradictions. Écrire, aussi, c'est penser en marchant, écrire, c'est explorer. Le critique doit refaire le parcours du poète. Le poète a souvent fait le trajet dans une sorte de nuit ou de pénombre. Le critique, lui, une lanterne à la main, refait le même trajet en éclairant. On a dit que l'œuvre était un édifice. L'édifice doit tenir. Le critique doit s'apercevoir s'il ne pleut pas à l'intérieur, si l'escalier ne s'effondre pas, si on ne se casse pas le nez contre des portes fermées qui nous empêchent de pénétrer dans les pièces de la construction, s'il n'y a pas d'embûches.

En écrivant, le poète doit perdre la mémoire de toutes les autres œuvres qu'il aura pu connaître. Le critique doit idéalement se souvenir de toutes les œuvres existantes, tout simplement pour nous dire si cette œuvre n'est pas une redite. Si elle n'est pas une redite, cela ne veut pas dire qu'elle doive être hors de tout : elle a sa place dans un ensemble ; elle est, dans cet ensemble, différente du reste de l'ensemble : une voix. Mais je me demande si cela est vraiment de la critique, si ce n'est pas déjà de l'histoire littéraire ou de la littérature comparée. Dans son travail de description de l'œuvre, qu'il doit pénétrer dans ses articulations intimes, le critique ne doit même pas dire s'il l'aime ou s'il ne l'aime pas, s'il la préfère ou non à telle autre, car cela est déjà de la subjectivité, et, comme on le sait, les goûts ne se discutent pas. La description devrait être son seul jugement, la critique est la constatation de la réalité d'une œuvre, de sa logique ; c'est un travail de vérification ou de constat.

Les défauts de l'œuvre ressortent, à mon avis, de la description analytique du descripteur. C'est en cela que la description est un jugement. Les défauts sont des défauts de construction. Le mot de construction est assez peu précis. Il ne s'agit pas toujours d'une construction dans le sens habituel du terme, dans le sens classique ; parfois, une absence de construction est encore une construction. On devrait dire plutôt que les défauts d'une œuvre sont un manque de justesse. Il ne s'agit pas d'imperfections, cela encore est imprécis, mais il s'agit d'un « faux ». Les défauts d'une œuvre sont dus à ce qui n'est pas conforme à elle-même, au fait qu'une œuvre s'écarte non pas des règles de l'art, car on ne sait pas ce que sont les règles de l'art, il y a toutes sortes de règles et toutes sortes d'esthétiques, mais de ses propres règles, c'est-à-dire d'elle-même, mais chaque œuvre est importante dans la mesure où elle invente ses propres règles. Des esthétiques peuvent se bâtir en partant des règles qu'une œuvre s'est et a données.

Une autre œuvre peut imposer d'autres règles qui sont les siennes et que l'on généralise. C'est pour cela que les systèmes d'esthétique ne s'accordent pas. Il est possible que les règles qu'une œuvre impose soient secondaires.

Mais il me semble que c'est sur la base de ces règles secondaires que s'édifient les systèmes et les critères. Peut-être y a-t-il une loi fondamentale et absolue. Je ne pense pas qu'on l'ait trouvée. Aucune définition de l'art n'est satisfaisante. Les défauts d'une œuvre ressortent quand l'analyse fait état d'une hétérogénéité qui dissout l'œuvre, lorsqu'elle contient des contradictions internes qui se neutralisent au lieu de s'opposer d'une façon créatrice, vivante. Une œuvre est mauvaise lorsqu'elle n'est pas elle-même, lorsqu'elle ne permet pas la constatation de l'existence de quelque chose comme un être unique, un être qui n'est pas un autre être. Il ne s'agit pas d'un être à qui l'on demanderait d'être beau ou d'être sain, mais qui, sain ou malsain, beau ou difforme, est un être irremplaçable, non interchangeable. Les choses inutiles, les erreurs d'une œuvre sont ce qui ne lui appartient pas. L'œuvre est donc organisée, je veux dire qu'elle est un organisme. C'est en cela qu'une œuvre est vraie et que l'art se confond avec la vérité. Cette vérité est, bien entendu, subjective, et c'est cette vérité subjective qui est la seule vérité de l'artiste. Une subjectivité, si totale, si profonde, qu'elle finit par rejoindre l'objectivité : l'artiste doit être objectif ou vrai dans sa subjectivité. L'œuvre est l'expression d'une vue, cette vue prend corps, c'est-à-dire elle est organisée, encore une fois elle est un organisme vivant contenant en elle-même tous les antagonismes qui doivent la constituer mais non pas la détruire. Plus les oppositions, les lignes de force, les passions sont complexes et nombreuses, plus l'œuvre est importante, et puisque l'œuvre est comme un organisme vivant, comme un être, c'est en cela qu'elle est en même temps invention et découverte, imaginaire et réelle, utile et inutile, nécessaire et superflue, objective et subjective, littérature et vérité. Elle procède d'un jeu qui n'est pas un mensonge. Bien sûr, on peut rejeter cette œuvre, on peut la juger malfaisante, comme on peut condamner et tuer quelqu'un.

Ce n'est plus l'œuvre du critique mais celle du moraliste, du sociologue, du théologien, du bourreau. Ce n'est plus l'affaire du critique, du descripteur. Ce n'est pas non plus l'œuvre du critique d'expliquer pourquoi cet être est là pour les autres, pourquoi il est ce qu'il est, pourquoi on en fait ce qu'il est ; je ne dis pas que ce travail est inutile, faste ou néfaste, je dis que c'est un autre travail.

Il me semble maintenant que j'ai peut-être tout de même réussi a préciser certaines choses. Je constate donc que les passions, velléités de l'auteur, que toutes les raisons qu'il se donnait ou qu'il ne pouvait pas se donner d'écrire ne comptent pas, ou sont dépassées. L'œuvre est ce dépassement. L'œuvre lui échappe. Elle est autre chose que ce qu'il a voulu en faire. Elle est un être autonome. De même, ceux qui veulent assigner un but à l'œuvre de l'auteur se détournent également de l'œuvre. Mais même si on voulait lui tourner le dos, on ne pourrait la nier comme on ne peut nier l'existence d'une personne, que cette personne vous plaise ou non. Elle est ce qu'elle est. Elle est. Là. On doit compter avec elle. L'état civil, le critique descripteur, a constaté sa naissance, l'a enregistrée, a donné son signalement, a constaté qu'elle n'était pas l'enfant d'un autre, que c'est une créature humaine, non pas un chat ou un poisson ; que doit-on en faire ? C'est autre chose.

Ainsi donc, critiquer, c'est discerner. Discerner ou voir, c'est distinguer (ceci est bien ceci, je le constate), et de séparer (ceci n'est pas cela). « Voilà ce qu'est l'œuvre, doit nous dire le critique pur. Je vous l'expose. Je vous montre ce qu'elle est jusque dans ses articulations, avec précision, la voici, voilà sa radiographie, voilà sa carte d'identité. » La critique qui est discernement, est un domaine séparé. Encore une fois, le critique peut se doubler d'un philosophe de l'art ou d'un philosophe, se tripler d'un psychologue, se quadrupler d'un moraliste ; il peut aussi faire de l'histoire littéraire ou de la littérature comparée, mais la philosophie, l'histoire, etc., doivent venir après la critique objective. Les domaines sont distincts, ils ne doivent pas empiéter les uns sur les autres.

Si la description est très serrée, comme il faut qu'elle le soit, si elle colle étroitement à l'œuvre, elle permet de saisir son unicité, en pénétrant dans les articulations intimes, vibrantes de l'œuvre, elle nous fait connaître son cheminement, sa conduite (disons plutôt conduite que construction, car le mot de construction pourrait être entendu de plusieurs façons), elle nous fait ressortir comme d'elle-même son intention et sa signification. En même temps, la description d'une œuvre qui ne doit, bien entendu, ne pouvoir s'appliquer qu'à cette œuvre-ci, permet de mettre en évidence ce qu'il y a en elle d'universel, elle lui permet de se détacher sur le fonds humain commun, permanent, sur lequel elle s'appuie et qui la justifie. Toute œuvre est une apparition insolite, car unique, en même temps reconnaissable.

En fait, la « critique » habituelle, extérieure à l'œuvre, ne désigne pas très bien celle-ci dans son originalité individuelle. Ce qu'elle dit d'une œuvre pourrait s'appliquer à plusieurs autres œuvres, à une même famille d'œuvres. On peut en faire facilement l'expérience. Prenez un commentaire d'une œuvre littéraire ou dramatique, ou d'un tableau ; conservez le commentaire, changez seulement le nom de l'auteur, le titre ou le résumé de l'œuvre mise en question, mettez, bien entendu, d'autres citations, et vous verrez que les commentaires du commentateur peuvent s'appliquer aussi bien aux nouvelles citations, à l'œuvre entière que vous avez mise à la place. On ne s'apercevra pas de la substitution. Cela est dû au fait que le commentateur s'attache au secondaire, à ce qui est secondaire, non pas à ce qui est essentiel, qu'il a décroché, qu'il s'est réfugié dans des généralités, dans des choses plus ou moins vagues. C'est parce que le commentateur a laissé l'œuvre lui échapper et qu'il n'en a retenu que les idées générales, la philosophie, la morale. Il n'a vu dans l'œuvre que l'illustration de celles-ci, alors que l'œuvre dans sa réalité intime est tout à fait autre chose que cette illustration, que ces idées générales qui peuvent appartenir à toute une série d'autres œuvres.

L'expérience est facile à faire. Prenons un exemple dans la critique de la peinture : voici la critique d'un tableau faite par André Lhote. Je cite : « On observera le soin qu'a pris le peintre d'éviter la répétition, l'empâtement et le délayage, ces plaies de la peinture. Chaque objet est réduit à un signe pur, particularisé à l'extrême, offrant avec son voisin le plus grand contraste. La différenciation s'opérera autant entre les objets qu'entre les surfaces : on n'en trouve pas deux semblables de formes ou de dimensions.

Les rappels nécessaires à la liaison des masses s'opèrent à l'aide d'éléments équivalents mais différents de nature »... et je me demande si cette analyse ne peut s'appliquer à plusieurs tableaux ayant évité la répétition et autres « plaies de la peinture », à plusieurs tableaux dans lesquels l'objet est réduit à un « signe pur, particularisé à l'extrême et offrant avec son voisin le plus grand contraste ». Je me demande également si, lorsque André Lhote, parlant d'un autre tableau où il nous dit que « chaque élément est disposé de telle façon qu'il constitue, avec l'élément voisin, une véritable composition basée sur un système de compensation d'angles (droits, obtus, aigus), de courbes (plus ou moins ouvertes ou fermées), et de dimensions jamais semblables »... et que « rien n'y est plus ordonné que cet apparent éparpillement, que rien n'y est plus inattendu à l'analyse », s'il ne parle pas de plusieurs tableaux dont la composition est basée sur un « système de compensation d'angles », et de tous les tableaux dans lesquels un « apparent éparpillement » cache une ordonnance secrète. On peut se demander également si ce n'est pas d'un Mondrian ou d'un G. Van Velde qu'il s'agit dans cette description, Et bien non! C'est d'un Breughel qu'André Lhote nous parle [1], et d'un Mantegna. Ou encore : « Son art reste très proche de la nature, impressionniste même dans quelques-uns de ses paysages où on retrouve intacte et vibrante la sensation... du balancement des barques et des voiles dans un port » nous dit un autre grand critique (que j'estime). Mais de qui nous parle-t-il ? De Dufy ? D'un peintre impressionniste ? D'un maître plus ancien ?

1. On voit bien que le parti pris de Lhote était le cubisme. Tous les tableaux devenaient, à ses yeux, des tableaux cubistes. Toute l'histoire de la peinture n'était plus que l'histoire du cubisme.

Pas du tout. C'est de Manessier qu'il parle. Lorsque ce critique nous dit encore : « la nuit de l'Épiphanie dans une légende peuplée d'elfes et de licornes aussi bien que parcourue par le cortège des Rois Mages... avec l'atmosphère féérique des contes, une sorte de suggestion d'un orientalisme fastueux », ce n'est pas de Delacroix, ni d'un peintre de la Renaissance, ni d'un peintre surréaliste qu'il s'agit, mais encore de Manessier. Il est à se demander si, à l'extrême limite, la seule critique possible ne serait pas de résumer l'œuvre, de nous la raconter, ou mieux encore, de nous montrer le tableau dont on parle ou de reproduire tout simplement un poème, un roman dans son intégralité. Dans ce cas, le seul commentaire possible qui ne fausserait pas l'œuvre serait l'absence de commentaire. Je ne vais pas jusque là, bien entendu. Il me suffit de dire que le critique doit être une sorte d'anatomiste consciencieux.

Peut-être encore le bon critique serait-il celui qui nous expliquerait l'œuvre, qui nous la traduirait, qui nous dirait ce qu'elle veut dire : comme Thibaudet, il me semble, l'a fait en donnant l'exégèse de la poésie de Mallarmé et de celle de Valéry. Je disais que le critique est quelqu'un qui a de la mémoire : il doit donc nous dire si une œuvre est neuve. Si elle est neuve, c'est qu'elle est unique, sa nouveauté est sa valeur. Une œuvre doit être neuve, elle doit encore être vraie.Peut-être nous expliquerons-nous par la suite, un petit peu, sur le sens de ce vrai. Cette vérité est tout simplement l'expression d'une sincérité profonde de l'artiste. La valeur plus ou moins grande d'une œuvre ne peut donc être déterminée que par sa richesse plus ou moins grande ; par la complexité plus ou moins grande de l'univers de cet être nouvellement apparu, l'œuvre. Une œuvre vient à la suite de beaucoup d'autres œuvres. Nous le savons. Cela veut dire tout simplement qu'elle a une hérédité, qu'elle est l'enfant de ses parents, mais qu'elle n'est pas ses parents.

En fait, les choses se passent autrement, car la critique est pratiquement un mélange de tout, elle est souvent tout, sauf de la critique ; partant de sa subjectivité, exprimant sa subjectivité, le créateur s'objective ; sortie de lui, extériorisée, l'œuvre acquiert une existence en soi. L'auteur croyant se tenir se débarrasse de lui-même. Par contre, les critiques prétendant à l'objectivité ou à une certaine objectivité n'expriment le plus souvent que leur subjectivité.

On a dit que l'auteur écrivait une pièce, que les comédiens en jouaient une autre et que les spectateurs en voyaient une troisième. La situation est encore bien plus complexe. La vérité d'une œuvre est plus morcelée et ces vérités morcelées s'affrontent, s'opposent les unes aux autres, se nient à tel point qu'il ne semble rester de l'œuvre qu'un prétexte à de multiples interprétations contradictoires, l'œuvre ne semblant plus être que le lieu de rencontre des interprétations dont l'œuvre est comme un prétexte dépassé. Il y a comme une volonté ou des volontés de détourner l'œuvre de sa signification et s'il n'y a plus de négation, de détournement, d'interprétations multiples et contradictoires, il n'y a plus rien. Une œuvre définie et classée est morte. Pour la faire ressusciter, doit-on lui donner une interprétation nouvelle, c'est-à-dire en faire autre chose que toutes les choses qu'elle a déjà été ? Une œuvre ne semble être que ce que les autres veulent bien en penser.

Ou bien, elle est tout simplement une certaine force d'irradiation. C'est parce que, s'imaginant parler des autres, les critiques, pratiquement, parlent d'eux-mêmes, ils ne se débarrasent pas de leur moi. Ce qu'ils écrivent reflète leur psychologie davantage que l'œuvre ne reflète son auteur. L'œuvre, pourrait-on dire, est à l'image de l'auteur ; la critique que l'on fait semble être uniquement le reflet, l'image même du critique. La critique, dans la pratique, est un document des critiques, bien plus qu'un document, un compte rendu de l'œuvre.

Le critique reste prisonnier de lui-même, il exprime ses sentiments, sa mentalité, la mentalité de son époque dont il est tributaire, ses passions, ses partis pris. De nos jours, tout critique est un partisan. Il ne veut voir dans l'œuvre que l'illustration de ses désirs ou de ses idées, il approuve ou réprouve l'œuvre dans la mesure où celle-ci est conforme à ses désirs, à ses idées. Si une œuvre est, évidemment, l'expression vivante de son temps (entre autres), mais universalisée passant du temporel à l'extra-temporel, les critiques ne sont que l'expression particulière non universalisée, non objectivée, sans recul, de leur propre mentalité. Toute critique est prise uniquement dans son actualité, toute critique est journalisme. La critique, étant ainsi l'expression d'un parti pris, ou involontairement subjective, est, par cela même, faussée.

Entre autres, les critères empêchent l'objectivité de la critique, les critères, c'est-à-dire aussi bien des dogmes esthétiques que philosophiques ou moraux. Alors que, comme nous l'avons vu, le critique devrait remettre en question ses critères à travers l'œuvre, c'est l'œuvre qu'il met en question, la faisant tributaire de sa doctrine. En effet, il est clair que c'est l'œuvre qui détermine la doctrine. C'est comme cela que cela se passait au départ. L'habitude, la routine, la paresse mentale, la facilité font que le critique ne remet plus en question ses propres principes. Mais là, toutefois, il ne s'agit encore que d'une incompréhension, en quelque sorte désintéressée. Très souvent, il est question d'autre chose. C'est plus grave lorsque le critique est le militant d'une morale, d'une théologie, d'une politique. Pour lui, l'œuvre sera valable ou non dans la mesure où elle pourra servir d'illustration ou d'argument pour appuyer cette morale, cette théologie, cette politique. Un metteur en scène de mes amis résumait de cette façon la question : « Si j'ai une bonne mitrailleuse, qui fonctionne parfaitement, et qui tire sur mes amis, je ne peux pas dire que parce qu'elle tire sur mes amis, cette mitrailleuse est mauvaise. Si j'ai une mitrailleuse qui fonctionne mal, qui s'enraye, et qui tire sur mes ennemis, je ne peux pas dire que parce qu'elle tire sur mes ennemis c'est une bonne mitrailleuse ». Savoir si la mitrailleuse tire bien ou mal sur n'importe quoi, c'est cela le travail du critique. Sur qui elle doit tirer, c'est aux partisans, aux sociologues, aux politiciens, à l'armée, de le décider. Mais le plus souvent la critique dépend tout simplement de l'humeur du critique : hargne, rancœur, jalousie, sympathie ou antipathie personnelles, normales pour des gens cohabitant dans la même ville. Qu'ils soient amis ou qu'ils se querellent, cela suffit pour invalider la critique journalière qui est celle qui, malheureusement, a le plus d'efficacité dans l'immédiat.

Les gens de lettres, auteurs et critiques, constituent un groupe assez restreint ; une sorte de famille dont les membres, comme dans toutes les familles, s'en veulent les uns aux autres pour des raisons ou de petits intérêts divers. Le linge sale ne se lave pas en famille. Il est étendu au vu du monde entier. Ce qui est grave, c'est que non seulement le public, qui ne connaît rien des petites histoires, prend les affirmations pour de l'argent comptant mais les professeurs, les chercheurs, les critiques éloignés sont dupes. Ils croient à l'objectivité des critiques. Ils reprennent les arguments, les développent, font des fiches, car il est curieux de noter que les explications d'une œuvre comptent plus que l'œuvre elle-même. Même les gens les plus avertis les subissent. Très rares sont ceux qui lisent l'œuvre de façon indépendante, en ignorant tout ce qui en a été dit. Les œuvres arrivent à eux déjà interprétées, surchargées de commentaires, recouvertes d'explications, d'ombres et de lumières qui ne sont pas propres aux œuvres. Parfois, de cette façon, toute une fausse science littéraire prend naissance. Cela me paraît très évident pour la critique dramatique surtout, car celle-ci est plus liée à l'actualité immédiate, parce qu'elle est plus près du journalisme, des faits divers, que toute autre.

Nous avons dit que le créateur authentique est d'une sincérité absolue. Ce qu'il dit est vrai, mais quelle est cette vérité, quelle est cette sincérité ? Les histoires que l'auteur nous raconte sont inventées, elles ne sont donc pas vraies. Elles sont inventées, c'est justement pour cela que l'auteur ne ment pas. En effet, inventer c'est créer, c'est se découvrir. Puisque l'œuvre créée est inventée ou imaginée, elle est un être vivant, comme nous l'avons dit. Un être vivant et réel. Une œuvre est d'une réalité indiscutable. Mentir, c'est dissimuler ou bien c'est essayer de substituer une réalité à une autre réalité. C'est tricher, c'est nier ou affirmer des choses dans un but, mesquin ou moralement généreux, de vantardise ou de propagande. Le créateur se reconnaît à travers les personnages qu'il invente ou imagine. Nous connaissons tous le fameux mot de Flaubert : « Madame Bovary, c'est moi », dit-il. L'auteur ne substitue pas une chose à une autre, comme fait le menteur, il fait une chose qui est cette chose. C'est pour cela que la vérité prend ses sources dans l'imaginaire. En fait, Madame Bovary n'était sans doute pas tout à fait Flaubert, elle était l'enfant de Flaubert. Née de lui, elle lui échappe. D'une certaine façon, un auteur à thèse est un faussaire. Il mène ses personnages, par exemple, vers un but déterminé, il leur impose une direction, il sait à l'avance ce qu'ils doivent être, il aliène la liberté de ses propres personnages et de sa propre création. Son art n'est plus une exploration puisqu'il est tributaire d'un domaine déjà exploité ; ses créatures ne sont que des marionnettes, il n'y aura plus de révélations dans ce qu'il fait, mais simplement illustration, exemplification. Tout est donné dès le départ. L'auteur à thèse ne peut plus être un auteur de bonne foi, il n'est plus sincère. En même temps, bien entendu, ni son œuvre, ni ses personnages ne pourront plus nous surprendre. Aucune thèse n'est absolument objectivement vraie. L'auteur à thèse donne à celle-ci la priorité sur toute autre vérité possible. Bien sûr, l'auteur à thèse lui-même peut être un créateur authentique ; cela dans la mesure où, malgré ses intentions initiales, la thèse est dépassée, consciemment ou non, dans la mesure où il n'est plus mené par ses personnages et qu'il est emporté par son élan créateur. J'ai déjà dit que peut-être la plupart des auteurs ont voulu faire de la propagande, mais que les grands auteurs sont ceux qui n'ont pas réussi à faire de la propagande. Finalement, leurs personnages les mènent. On parle beaucoup, depuis longtemps, du besoin de faire un théâtre populaire. Je ne comprends pas ce que cela veut dire. S'agit-il d'un théâtre qui serait issu d'un fonds archaïque primitif ? S'agit-il d'un théâtre écrit par le peuple et dans ce cas qu'est-ce que c'est que le peuple ? S'agit-il d'un théâtre écrit pour le peuple, d'un théâtre éducatif et d'éducation politique ? Dans ce cas, nous retrouvons le théâtre tendancieux, le théâtre à thèse dont nous avons nié la bonne foi, la vérité, la valeur. Ce genre de théâtre est lié aux dirigismes et aux tyrannies de l'esprit et des pouvoirs installés. Je dis dirigisme. Car je ne veux pas dire que l'œuvre ne doit pas avoir des lignes de direction et qu'elle doit être dénuée de signification. Seulement, cette direction doit lui appartenir, elle doit lui être intérieure, elle ne doit pas venir du dehors, c'est-à-dire le dirigisme fausse la direction, détourne l'œuvre de sa signification propre. En fait, le peuple, c'est vous, c'est nous, c'est moi, nous avons tous le droit d'écrire, nous nous révélons en écrivant ; nous ne sommes pas fondamentalement séparés les uns des autres, chacun est dans tous, c'est pour cela que l'œuvre parle. Elle parle neuf. Elle étonne. Elle est un être non identifié, mais identifiable.

Indifféremment, donc, de ce que l'auteur a voulu ou cru vouloir prouver ; au-delà des sentiments personnels, de son angoisse, de son ambition, au-delà de cela, son élan doit l'emporter. Il sent tout d'un coup qu'un monde, attendu et inattendu, se dévoile et surgit à ses yeux étonnés. Ce monde qui lui apparaît est aussi étrange que le monde dans lequel nous vivons tous, car le monde est étrange si nous jetons sur lui un regard neuf et attentif dans les moments de répit que nous laisse l'agitation quotidienne. L'auteur doit laisser ce monde éclore. Ce monde est vrai et fragile. Il ne faut pas qu'il y touche, il ne faut pas qu'il s'y immisce. Il doit le regarder, le contempler avec l'attention la plus grande. Il doit avoir l'impression qu'il laisse parler d'eux-mêmes ses personnages, qu'il laisse les événements se dérouler sans son intervention. Spectateur de sa subjectivité, il s'en écarte. Ce qu'il en pense, il le dira peut-être après, car il a le droit d'être aussi bien son propre critique que son propre moraliste, philosophe ou psychologue. Pour le moment, il ne sait pas ce qu'il doit en penser. Il ne doit même rien en penser, il doit tout simplement en constater l'existence. Si l'auteur est très attentif, s'il est très objectif, il s'apercevra que cet être ou ce monde demandait à naître, qu'il a ses lois, sa logique, un destin. Mais il doit le laisser se déployer, tel qu'il est, tel qu'il doit être, tel qu'il veut être, livré à lui-même dans sa liberté.

Les soucis de l'auteur sont dépassés, il est dépassé. Ses petits problèmes ne comptent plus ; il a trouvé, il a vu ; un monde se montre ; sans démontrer ; en vivant. Étonné de tout, étonné de rien, l'auteur a le sentiment d'avoir simplement mis en branle ce mouvement, d'avoir simplement ouvert les portes, permettant à ce monde, à ces créatures de sortir de lui-même, de naître, de se développper, de vivre. Et l'on pourra peut-être s'apercevoir que dépassant le faux ou le vrai ou plutôt les définitions rigides du vrai et du faux, d'une morale issue d'une idéologie abstraite, l'œuvre imaginaire est la seule à être révélatrice, à avoir ses racines dans la réalité fondamentale qu'est la vie ; puis de continuer d'être là, dans sa permanence insoumise aux transmutations, inébranlable dans sa construction, car si elle pourra être ressentie diversement, ce seront les sensibilités, les points de vue qui se modifieront sans cesse, la laissant, elle, invulnérable, intacte, inaltérée. C'est en cela qu'on peut parler d'une « certaine éternité » de l'œuvre d'art, alors que le reste s'écroule, s'altère, esclave du changement : idéologies périmées, hypothèses confirmées puis infirmées, pensées délabrées [1].

(Revue de Métaphysique et de Morale, nº 4, 1963).

1. Conférence donnée au « Collège philosophique » en mai 1962.

Expérience du théâtre

EXPÉRIENCE DU THÉATRE

Quand on me pose la question : « Pourquoi écrivez-vous des pièces de théâtre ? » je me sens toujours très embarrassé, je ne sais quoi répondre. Il me semble parfois que je me suis mis à écrire du théâtre parce que je le détestais. Je lisais des œuvres littéraires, des essais, j'allais au cinéma avec plaisir. J'écoutais de temps à autre de la musique, je visitais les galeries d'art, mais je n'allais pour ainsi dire jamais au théâtre.

Lorsque, tout à fait par hasard, je m'y trouvais, c'était pour accompagner quelqu'un, ou parce que je n'avais pas pu refuser une invitation, parce que j'y étais obligé.

Je n'y goûtais aucun plaisir, je ne participais pas. Le jeu des comédiens me gênait : j'étais gêné pour eux. Les situations me paraissaient arbitraires. Il y avait quelque chose de faux, me semblait-il, dans tout cela.

La représentation théâtrale n'avait pas de magie pour moi. Tout me paraissait un peu ridicule, un peu pénible. Je ne comprenais pas comment l'on pouvait être comédien, par exemple. Il me semblait que le comédien faisait une chose inadmissible, répréhensible. Il renonçait à soi-même, s'abandonnait, changeait de peau. Comment pouvait-il accepter d'être un autre ? de jouer un personnage ? C'était pour moi une sorte de tricherie grossière, cousue de fil blanc, inconcevable.

Le comédien ne devenait d'ailleurs pas quelqu'un d'autre, il faisait semblant, ce qui était pire, pensais-je. Cela me paraissait pénible et, d'une certaine façon, malhonnête. « Comme il joue bien », disaient les spectateurs. D'après moi, il jouait mal, et c'était mal de jouer.

Aller au spectacle, c'était pour moi aller voir des gens, apparemment sérieux, se donner en spectacle. Pourtant je ne suis pas un esprit absolument terre à terre. Je ne suis pas un ennemi de l'imaginaire. J'ai même toujours pensé que la vérité de la fiction est plus profonde, plus chargée de signification que la réalité quotidienne. Le réalisme, socialiste ou pas, est en deçà de la réalité. Il la rétrécit, l'atténue, la fausse, il ne tient pas compte de nos vérités et obsessions fondamentales : l'amour, la mort, l'étonnement. Il présente l'homme dans une perspective réduite, aliénée ; notre vérité est dans nos rêves, dans l'imagination ; tout à chaque instant, confirme cette affirmation. La fiction a précédé la science. Tout ce que nous rêvons, c'est-à-dire tout ce que nous désirons, est vrai (le mythe d'Icare a précédé l'aviation, et si Ader et Blériot ont volé, c'est parce que tous les hommes avaient rêvé l'envol). Il n'y a de vrai que le mythe : l'histoire, tentant de le réaliser, le défigure, le rate à moitié ; elle est imposture, mystification, quand elle prétend avoir « réussi ». Tout ce que nous rêvons est réalisable. La réalité n'a pas à être réalisable : elle n'est que ce qu'elle est. C'est le rêveur, ou le penseur, ou le savant, qui est le révolutionnaire, c'est lui qui tente de changer le monde.

La fiction ne me gênait pas du tout dans le roman

et je l'admettais au cinéma. La fiction romanesque ainsi que mes propres rêves s'imposait à moi tout naturellement comme une réalité possible. Le jeu des acteurs de cinéma ne provoquait pas en moi ce malaise indéfinissable, cette gêne produite par la représentation au théâtre.

Pourquoi la réalité théâtrale ne s'imposait-elle pas à moi ? Pourquoi sa vérité me semblait-elle fausse ? Et le faux, pourquoi me semblait-il vouloir se donner pour vrai, se substituer au vrai ? Était-ce la faute des comédiens ? du texte ? la mienne ? Je crois comprendre maintenant que ce qui me gênait au théâtre, c'était la présence sur le plateau des personnages en chair et en os. Leur présence matérielle détruisait la fiction. Il y avait là comme deux plans de réalité, la réalité concrète, matérielle, appauvrie, vidée, limitée, de ces hommes vivants, quotidiens, bougeant et parlant sur scène, et la réalité de l'imagination, toutes deux face à face, ne se recouvrant pas, irréductibles l'une à l'autre : deux univers antagonistes n'arrivant pas à s'unifier, à se confondre.

En effet, c'était bien cela : chaque geste, chaque attitude, chaque réplique dite sur scène détruisait, à mes yeux, un univers que ce geste, cette attitude, cette réplique se proposait justement de faire surgir ; le détruisait avant même de le faire surgir : c'était pour moi un véritable avortement, une sorte de faute, une sorte de niaiserie. Si vous vous bouchez les oreilles pour ne pas entendre la musique de danse que joue l'orchestre, mais que vous continuiez à regarder les danseurs, vous pouvez voir combien ils vous paraissent ridicules, et leurs mouvements insensés ; de même si quelqu'un se trouvait pour la première fois à la célébration d'un culte religieux, tout le cérémonial lui paraîtrait incompréhensible et absurde.

C'est avec une conscience en quelque sorte désacralisée que j'assistais au théâtre, et c'est ce qui fait que je ne l'aimais pas, ne le sentais pas, n'y croyais pas.

Un roman, c'est une histoire que l'on vous raconte ; inventée ou non, cela n'a pas d'importance, rien ne vous empêche d'y croire; un film, c'est une histoire imaginaire que l'on vous fait voir. C'est un roman en images, un roman illustré. Un film est donc aussi une histoire racontée, visuellement, bien sûr, cela ne change rien à sa nature, on peut y croire; la musique, c'est une combinaison de sons, une histoire de sons, des aventures auditives; un tableau, c'est une organisation ou une désorganisation de formes, de couleurs, de plans, il n'y a pas lieu d'y croire, ou de n'y pas croire ; il est là, il est évidence. Il suffit que ses éléments correspondent aux exigences idéales de la composition, de l'expression picturales. Roman, musique, peinture, sont des constructions pures, ne contenant pas d'éléments qui leur soient hétérogènes ; voilà pourquoi elles tiennent et sont admissibles. Le cinéma lui-même peut tenir, puisqu'il est une suite d'images, c'est ce qui fait que lui aussi est pur, alors que le théâtre me semblait essentiellement impur ; la fiction y était mêlée à des éléments qui lui étaient étrangers ; elle était imparfaitement fiction, oui, une matière brute n'ayant pas subi une indispensable transformation, une mutation. En somme, tout m'exaspérait au théâtre. Lorsque je voyais les comédiens s'identifier totalement aux personnages dramatiques et pleurer, par exemple, sur scène, avec de vraies larmes, cela m'était insupportable, je trouvais que c'était proprement indécent.

Lorsque, au contraire, je voyais le comédien trop

maître de son personnage, hors de son personnage, le dominant, se séparant de lui, comme le voulaient Diderot ou Jouvet, ou Piscator, ou, après lui, Brecht, cela me déplaisait autant. Cela aussi me paraissait être un mélange inacceptable de vrai et de faux, car je sentais le besoin de cette nécessaire transformation ou transposition de la réalité que seule la fiction, la création artistique peut rendre significative, plus « vraie », plus dense et que les didactismes réalistes ne font qu'alourdir et appauvrir à la fois, au niveau de la sous-idéologie. Je n'aimais pas l'acteur, la vedette, que je considérais comme un principe anarchique, dissolvant, détruisant à son profit l'unité de l'organisation scénique, et qui tire tout à soi au détriment de l'intégration cohérente des éléments du spectacle. Mais la déshumanisation du comédien, telle que la pratiquaient Piscator ou Brecht, ce disciple de Piscator, qui faisaient du comédien un simple pion du jeu d'échecs du spectacle, un instrument sans vie, sans feu, sans participation ni invention personnelles, au profit, cette fois, de la mise en scène qui, à son tour, tirait tout à elle, cette primauté de l'organisation m'exaspérait autant ; me donnait, littéralement, la sensation d'un étouffement : annuler l'initiative du comédien, tuer le comédien, c'est tuer la vie et le spectacle.

Plus tard, c'est-à-dire tout dernièrement, je me suis rendu compte que Jean Vilar, dans ses mises en scène, avait su trouver le dosage indispensable, en respectant la nécessité de la cohésion scénique sans déshumaniser le comédien, rendant ainsi au spectacle son unité, au comédien sa liberté, à mi-chemin entre le style de l'Odéon (au-delà donc des exagérations déclamatoires genre Sarah Bernhardt ou Mounet-Sully) aussi bien que de la caserne brechtienne ou piscatoresque. Mais c'est là, chez Vilar, affaire de tact, sens instinctif du théâtre, non pas expression de théories sur le théâtre, ni de dogmes immuables.

Je ne voyais pas toutefois assez comment échapper à ce véritable malaise que me procurait la conscience de l'impureté du théâtre joué. Je n'étais vraiment pas un spectateur agréable, mais, au contraire, maussade, grognon, toujours mécontent. Était-ce dû à une sorte d'infirmité qui ne tenait que de moi? ou tenait-elle du théâtre?

Les textes mêmes de théâtre que j'avais pu lire me déplaisaient. Pas tous! Car je n'étais pas fermé à Sophocle ou à Eschyle, ni à Shakespeare, ni par la suite à certaines pièces de Kleist ou de Büchner. Pourquoi? Parce que tous ces textes sont extraordinaires à la lecture pour des qualités littéraires qui ne sont peut-être pas spécifiquement théâtrales, pensais-je. En tout cas, depuis Shakespeare et Kleist, je ne crois pas avoir pris de plaisir à la lecture des pièces de théâtre. Strindberg me semblait insuffisant, maladroit. Molière lui-même m'ennuyait. Ces histoires d'avares, d'hypocrites, de cocus, ne m'intéressaient pas. Son esprit amétaphysique me déplaisait. Shakespeare mettait en cause la totalité de la condition et du destin de l'homme. Les problèmes moliéresques me semblaient, tout compte fait, relativement secondaires, parfois douloureux certes, dramatiques même, jamais tragiques ; car pouvant être résolus. On ne peut trouver de solution à l'insoutenable, et seul ce qui est insoutenable est profondément tragique, profondément comique, essentiellement théâtre.

D'autre part, les pièces de Shakespeare, dans leur

grandeur, me semblaient diminuées à la représentation. Aucun spectacle shakespearien ne me captivait autant que la lecture de *Hamlet*, d'*Othello*, de *Jules César*, etc. Peut-être, comme j'allais rarement au spectacle, n'ai-je pas vu les meilleurs représentations du théâtre shakespearien ? En tout cas, la représentation me donnait l'impression de rendre soutenable l'insoutenable. C'était un apprivoisement de l'angoisse.

Je ne suis donc vraiment pas un amateur de théâtre encore moins un homme de théâtre. Je détestais vraiment le théâtre. Il m'ennuyait. Et pourtant, non. Je me souviens encore que, dans mon enfance, ma mère ne pouvait m'arracher au guignol du jardin du Luxembourg. J'étais là, je pouvais rester là, envoûté, des journées entières. Je ne riais pas pourtant. Le spectacle du guignol me tenait là, comme stupéfait, par la vision de ces poupées qui parlaient, qui bougeaient, se matraquaient. C'était le spectacle même du monde, qui, insolite, invraisemblable, mais plus vrai que le vrai, se présentait à moi sous une forme infiniment simplifiée et caricaturale, comme pour en souligner la grotesque et brutale vérité. Plus tard aussi, jusqu'à quinze ans, n'importe quelle pièce de théâtre me passionnait, et n'importe quelle pièce me donnait le sentiment que le monde est insolite, sentiment aux racines si profondes qu'il ne m'a jamais abandonné. Chaque spectacle réveillait en moi ce sentiment de l'étrangeté du monde, qui ne m'apparaissait nulle part mieux qu'au théâtre. J'ai pourtant écrit à treize ans une pièce, ma première œuvre, qui n'avait rien d'insolite. C'était une pièce patriotique : l'extrême jeunesse excuse tout.

Quand n'ai-je plus aimé le théâtre ? A partir du moment où, devenant un peu lucide, acquérant de l'esprit critique, j'ai pris conscience des ficelles, des grosses ficelles du théâtre, c'est-à-dire à partir du moment où j'ai perdu toute naïveté. Quels sont les monstres sacrés du théâtre qui pourraient nous la restituer ? Et au nom de quelle magie valable le théâtre aurait-il le droit de prétendre nous envoûter ? Il n'y a plus de magie ; il n'y a plus de sacré : aucune raison, aucune justification n'est suffisante pour le faire renaître en nous.

D'ailleurs, rien n'est plus difficile que d'écrire pour le théâtre. Les romans, les poèmes demeurent. Leur efficacité n'est pas émoussée, même après des siècles. On prend intérêt à la lecture de beaucoup d'œuvres mineures du XIXe, du XVIIIe, du XVIIe siècle. Combien d'œuvres plus anciennes encore ne nous intéressent-elles pas ? Et toute la peinture, toute la musique résistent. Les moindres têtes sculptées de tant de cathédrales ont conservé vivantes une intacte fraîcheur, une naïveté émouvante, et nous continuerons d'être sensibles aux rythmes architecturaux des monuments des civilisations les plus reculées qui, par ces monuments, se révèlent à nous, parlent un langage direct et précis. Mais le théâtre ?

Certains reprochent aujourd'hui au théâtre de ne pas être de son temps. A mon avis, il l'est trop. C'est ce qui fait sa faiblesse et son caractère éphémère. Je veux dire que le théâtre est de son temps tout en ne l'étant pas assez. Chaque temps demande l'introduction d'un « hors temps » incommunicable, dans le temps, dans le communicable. Tout est moment circonscrit dans l'histoire, bien sûr. Mais dans chaque moment est toute l'histoire : toute histoire est valable lorsqu'elle est transhistorique ; dans l'individuel on lit l'universel.

Les thèmes que beaucoup d'auteurs choisissent

ne relèvent que d'une certaine mode idéologique, ce qui est moins que l'époque. Ou alors ces thèmes expriment telle ou telle pensée politique très particulière, et les pièces qui les illustrent mourront avec cette idéologie dont ils sont tributaires, car les idéologies se périment. N'importe quel tombeau chrétien, n'importe quelle stèle grecque ou étrusque touchent davantage, en disent plus sur le destin de l'homme que tant de pièces laborieusement engagées, qui se font l'instrument de disciplines, de systèmes d'expression, de langages, autres que ceux qui leur sont propres.

Il est vrai que tous les auteurs ont voulu faire de la propagande. Les grands sont ceux qui ont échoué, qui, consciemment ou non, ont accédé à des réalités plus profondes, plus universelles. Rien de plus précaire que les œuvres théâtrales. Elles peuvent se soutenir un temps très court et vite s'épuisent, ne révélant plus que leurs ficelles.

Corneille, sincèrement, m'ennuie. Nous ne l'aimons peut-être (sans y croire) que par habitude. Nous y sommes forcés. Il nous a été imposé en classe. Schiller m'est insupportable. Les pièces de Marivaux m'ont paru longtemps des jeux futiles. Les comédies de Musset sont minces, celles de Vigny injouables. Les drames sanglants de Victor Hugo nous font rire aux éclats ; en revanche, quoi qu'on en dise, on a assez de mal à rire à la plupart des pièces comiques de Labiche. Dumas fils, avec sa *Dame aux Camélias*, est d'une sentimentalité ridicule. Et les autres! Oscar Wilde? facile ; Ibsen? lourdaud ; Strindberg? maladroit. Un auteur contemporain dont la tombe est encore fraîche, Giraudoux, ne passe plus toujours la rampe ; autant que le théâtre de Cocteau, il nous paraît factice, superficiel. Son brillant s'est terni :

procédés théâtraux trop évidents chez Cocteau ; procédés et ficelles de langage, ficelles distinguées, bien sûr, mais ficelles tout de même chez Giraudoux.

Pirandello lui-même est dépassé, son théâtre étant fondé sur des théories de la personnalité ou de la vérité aux faces multiples, théories qui, depuis la psychanalyse et les psychologies des profondeurs, semblent claires comme le jour. En confirmant la justesse des théories pirandelliennes, la psychologie moderne, allant nécessairement plus loin que Pirandello dans l'exploration de la psyché humaine, donne une confirmation certaine à Pirandello, mais en même temps rend Pirandello insuffisant et inutile : puisqu'elle dit mieux, plus scientifiquement que Pirandello, ce qui a été dit par Pirandello. La valeur du théâtre de celui-ci ne tient donc pas à son apport en psychologie, mais à sa qualité théâtrale, qui est nécessairement ailleurs : ce n'est plus, chez cet auteur, la découverte des antagonismes de la personnalité qui nous intéresse, mais ce qu'il en fait, dramatiquement. Son intérêt proprement théâtral est extrascientifique, il est au-delà de son idéologie. Seule, reste chez Pirandello sa mécanique théâtrale, son jeu : preuve encore que le théâtre qui n'est bâti que sur une idéologie, une philosophie, et qui ne doit tout qu'à cette idéologie et à cette philosophie, est bâti sur du sable, s'effondre. C'est son langage théâtral, son instinct purement théâtral qui fait que Pirandello est aujourd'hui encore vivant.

De même, ce n'est pas la vérité psychologique des passions, chez Racine, qui maintient son théâtre ; mais bien ce que Racine a fait, en tant que poète et homme de théâtre, de ces vérités.

Si on comptait les dramaturges qui peuvent émouvoir encore le public, on en trouverait, à travers les siècles, une vingtaine... une trentaine tout au plus. Mais les tableaux, les poèmes et les romans qui nous parlent se comptent par milliers. La naïveté nécessaire à l'œuvre d'art manque au théâtre. Je ne dis pas qu'un poète dramatique ne puisse apparaître, un grand naïf; mais, pour le moment, je ne le vois pas poindre à l'horizon. J'entends une naïveté lucide, jaillissant des sources profondes de l'être, les révélant, nous les révélant à nous-mêmes, nous restituant notre naïveté, notre être secret. Pour le moment, plus de naïfs, ni parmi les spectateurs, ni parmi les auteurs.

Qu'y a-t-il donc à reprocher aux auteurs dramatiques, aux pièces de théâtre ? Leurs ficelles, disais-je, c'est-à-dire leurs procédés trop évidents. Le théâtre peut paraître un genre littéraire inférieur, un genre mineur. Il fait toujours un peu gros. C'est un art à effets, sans doute. Il ne peut s'en dispenser et c'est ce qu'on lui reproche. Les effets ne peuvent être que gros. On a l'impression que les choses s'y alourdissent. Les nuances des textes de littérature s'éclipsent. Un théâtre de subtilités littéraires s'épuise vite. Les demi-teintes s'obscurcissent ou disparaissent dans une clarté trop grande. Pas de pénombre, pas de raffinement possible. Les démonstrations, les pièces à thèse sont grossières, tout y est approximatif. Le théâtre n'est pas le langage des idées. Quand il veut se faire le véhicule des idéologies, il ne peut être que leur vulgarisateur. Il les simplifie dangereusement. Il les rend primaires, les rabaisse. Il devient « naïf », mais dans le mauvais sens. Tout théâtre d'idéologie risque de n'être que théâtre de patronage. Quelle serait, non pas son utilité, mais sa fonction propre, si le théâtre était condamné à faire uniquement double emploi avec la philosophie, ou la théologie, ou la politique, ou la pédagogie ? Un théâtre psychologique est insuffisamment psychologique. Mieux vaut lire un traité de psychologie. Un théâtre idéologique est insuffisamment philosophique. Au lieu d'aller voir l'illustration dramatique de telle ou telle politique, je préfère lire mon quotidien habituel ou écouter parler les candidats de mon parti.

Mécontents de la grosse naïveté, du caractère rudimentaire du théâtre, des philosophes, des littérateurs, des idéologues, des poètes raffinés, des gens intelligents essaient de rendre le théâtre intelligent. Ils écrivent avec intelligence, avec goût, avec talent. Ils y mettent ce qu'ils pensent, ils expriment leurs conceptions sur la vie, sur le monde, considèrent que la pièce de théâtre doit être une sorte de présentation d'une thèse, dont apparaît, sur scène, la solution. Ils donnent parfois à leurs œuvres la structure d'un syllogisme dont les prémisses seraient les deux premiers actes et dont le troisième acte serait la conclusion.

On ne peut nier que la construction ne soit parfois excellente. Pourtant, cela ne correspond pas à notre exigence théâtrale, puisque cela ne fait pas sortir le théâtre de cette zone intermédiaire qui n'est ni tout à fait l'art, auquel la pensée discursive ne peut servir que d'aliment, ni tout à fait le plan supérieur de la pensée.

Doit-on renoncer au théâtre si l'on refuse de lui assigner un rôle de patronage, ou de l'asservir à d'autres formes des manifestations de l'esprit, à d'autres systèmes d'expression ? Peut-il avoir son autonomie comme la peinture ou la musique ?

Le théâtre est un des arts les plus anciens. Je

pense tout de même que l'on ne peut s'en passer. On ne peut pas ne pas céder au désir de faire apparaître sur une scène des personnages vivants, à la fois réels et inventés. On ne peut pas résister à ce besoin de les faire parler, vivre devant nous. Incarner les phantasmes, donner la vie, c'est une aventure prodigieuse, irremplaçable, au point qu'il m'est arrivé à moi-même d'être ébloui, en voyant soudain se mouvoir sur le plateau des « Noctambules », à la répétition de ma première pièce, des personnages sortis de moi. J'en fus effrayé. De quel droit avais-je fait cela ? Était-ce permis ? Et Nicolas Bataille, mon interprète, comment pouvait-il devenir M. Martin ?... C'était presque diabolique. Ainsi ce n'est que lorsque j'ai écrit pour le théâtre, tout à fait par hasard et dans l'intention de le tourner en dérision, que je me suis mis à l'aimer, à le redécouvrir en moi, à le comprendre, à en être fasciné ; et j'ai compris ce que, moi, j'avais à faire.

Je me suis dit que les écrivains de théâtre trop intelligents ne l'étaient pas assez, que les penseurs ne pouvaient, au théâtre, trouver le langage du traité philosophique ; que, lorsqu'ils voulaient apporter au théâtre trop de subtilités et de nuances, c'était à la fois trop et pas assez ; que, si le théâtre n'était qu'un grossissement déplorable des nuances, qui me gênait, c'est qu'il n'était qu'un grossissement insuffisant. Le trop gros n'était pas assez gros, le trop peu nuancé était trop nuancé.

Si donc la valeur du théâtre était dans le grossissement des effets, il fallait les grossir davantage encore, les souligner, les accentuer au maximum. Pousser le théâtre au-delà de cette zone intermédiaire qui n'est ni théâtre, ni littérature, c'est le restituer à son cadre propre, à ses limites naturelles. Il fallait non pas cacher les ficelles, mais les rendre plus visibles encore, délibérément évidentes, aller à fond dans le grotesque, la caricature, au-delà de la pâle ironie des spirituelles comédies de salon. Pas de comédies de salon, mais la farce, la charge parodique extrême. Humour, oui, mais avec les moyens du burlesque. Un comique dur, sans finesse, excessif. Pas de comédies dramatiques, non plus. Mais revenir à l'insoutenable. Pousser tout au paroxysme, là où sont les sources du tragique. Faire un théâtre de violence : violemment comique, violemment dramatique.

Éviter la psychologie ou plutôt lui donner une dimension métaphysique. Le théâtre est dans l'exagération extrême des sentiments, exagération qui disloque la plate réalité quotidienne. Dislocation aussi, désarticulation du langage.

Si d'autre part les comédiens me gênaient parce qu'ils me paraissaient trop peu naturels, c'est peut-être parce qu'eux aussi étaient ou voulaient être trop naturels : en renonçant à l'être, ils le redeviendront peut-être d'une autre manière. Il faut qu'ils n'aient pas peur de ne pas être naturels.

Pour s'arracher au quotidien, à l'habitude, à la paresse mentale qui nous cache l'étrangeté du monde, il faut recevoir comme un véritable coup de matraque. Sans une virginité nouvelle de l'esprit, sans une nouvelle prise de conscience, purifiée, de la réalité existentielle, il n'y a pas de théâtre, il n'y a pas d'art non plus ; il faut réaliser une sorte de dislocation du réel, qui doit précéder sa réintégration.

A cet effet, on peut employer parfois un procédé : jouer contre le texte. Sur un texte insensé, absurde, comique, on peut greffer une mise en scène, une interprétation grave, solennelle, cérémonieuse. Par contre, pour éviter le ridicule des larmes faciles, de la sensiblerie, on peut, sur un texte dramatique, greffer une interprétation clownesque, souligner, par la farce, le sens tragique d'une pièce. La lumière rend l'ombre plus obscure, l'ombre accentue la lumière. Je n'ai jamais compris, pour ma part, la différence que l'on fait entre comique et tragique. Le comique étant intuition de l'absurde, il me semble plus désespérant que le tragique. Le comique n'offre pas d'issue. Je dis : « désespérant », mais, en réalité, il est au-delà ou en deçà du désespoir ou de l'espoir.

Pour certains, le tragique peut paraître, en un sens, réconfortant, car, s'il veut exprimer l'impuissance de l'homme vaincu, brisé par la fatalité par exemple, le tragique reconnaît, par là même, la réalité d'une fatalité, d'un destin, de lois régissant l'Univers, incompréhensibles parfois, mais objectives. Et cette impuissance humaine, cette inutilité de nos efforts peut aussi, en un sens, paraître comique.

J'ai intitulé mes comédies « anti-pièces », « drames comiques », et mes drames « pseudo-drames », ou « farces tragiques », car, me semble-t-il, le comique est tragique, et la tragédie de l'homme, dérisoire. Pour l'esprit critique moderne, rien ne peut être pris tout à fait au sérieux, rien tout à fait à la légère. J'ai tenté, dans *Victimes du Devoir*, de noyer le comique dans le tragique ; dans *Les Chaises*, le tragique dans le comique ou, si l'on veut, d'opposer le comique au tragique pour les réunir dans une synthèse théâtrale nouvelle. Mais ce n'est pas une véritable synthèse, car ces deux éléments ne fondent pas l'un dans l'autre, ils coexistent, se repoussent l'un l'autre en permanence ; se mettent en relief l'un par l'autre ; se critiquent, se nient mutuellement, pouvant constituer ainsi, grâce à cette opposition, un équilibre dynamique, une tension. Ce sont, je crois, mes pièces : *Victimes du Devoir* et *Le Nouveau Locataire*, qui ont le mieux répondu à ce besoin.

De même, on peut opposer le prosaïque au poétique, et le quotidien à l'insolite. C'est ce que j'ai tenté de faire dans *Jacques ou la Soumission*, que j'ai intitulé aussi « Comédie naturaliste », parce qu'en partant d'un ton naturaliste j'ai essayé de dépasser le naturalisme.

De même, *Amédée ou comment s'en débarrasser*, dont l'action se passe dans l'appartement d'un ménage de petits bourgeois, est une pièce réaliste dans laquelle j'introduisais des éléments fantastiques, servant à la fois à détruire et à souligner par contraste, le « réalisme ».

Dans ma première pièce : *La Cantatrice chauve*, qui tentait d'être, au départ, une parodie du théâtre et, par là, une parodie d'un certain comportement humain, c'est en m'enfonçant dans le banal, en poussant à fond, jusque dans leurs dernières limites, les clichés les plus éculés du langage de tous les jours que j'ai essayé d'atteindre à l'expression de l'étrange où me semble baigner toute l'existence. Tragique et farce, prosaïsme et poétique, réalisme et fantastique, quotidien et insolite, voilà peut-être les principes contradictoires (il n'y a de théâtre que s'il y a des antagonismes) qui constituent les bases d'une construction théâtrale possible. De cette façon, peut-être, le non-naturel peut apparaître, dans sa violence, naturel, et le trop naturel apparaître non naturaliste.

Dois-je ajouter qu'un théâtre primitif n'est pas

un théâtre primaire ; que refuser d' « arrondir les angles », c'est donner des contours nets, des formes plus puissantes, et qu'un théâtre utilisant des moyens simples n'est pas forcément un théâtre simpliste.

Si l'on pense que le théâtre n'est que théâtre de la parole, il est difficile d'admettre qu'il puisse avoir un langage autonome. Il ne peut être que tributaire des autres formes de pensée qui s'expriment par la parole, tributaire de la philosophie, de la morale. Les choses sont différentes si l'on considère que la parole ne constitue qu'un des éléments de choc du théâtre. D'abord le théâtre a une façon propre d'utiliser la parole, c'est le dialogue, c'est la parole de combat, de conflit. Si elle n'est que discussion chez certains auteurs, c'est une grande faute de leur part. Il existe d'autres moyens de théâtraliser la parole : en la portant à son paroxysme, pour donner au théâtre sa vraie mesure, qui est dans la démesure ; le verbe lui-même doit être tendu jusqu'à ses limites ultimes, le langage doit presque exploser, ou se détruire, dans son impossibilité de contenir les significations.

Mais il n'y a pas que la parole : le théâtre est une histoire qui se vit, recommençant à chaque représentation, et c'est aussi une histoire que l'on voit vivre. Le théâtre est autant visuel qu'auditif. Il n'est pas une suite d'images, comme le cinéma, mais une construction, une architecture mouvante d'images scéniques.

Tout est permis au théâtre : incarner des personnages, mais aussi matérialiser des angoisses, des présences intérieures. Il est donc non seulement permis, mais recommandé, de faire jouer les accessoires, faire vivre les objets, animer les décors, concrétiser les symboles.

De même que la parole est continuée par le geste, le jeu, la pantomime, qui, au moment où la parole devient insuffisante, se substituent à elle, les éléments scéniques matériels peuvent l'amplifier à leur tour. L'utilisation des accessoires est encore un autre problème. (Artaud en a parlé.)

Quand on dit que le théâtre doit être uniquement social, ne s'agit-il pas, en réalité, d'un théâtre politique et, bien sûr, dans tel sens ou dans tel autre. Être social est une chose ; être « socialiste » ou « marxiste » ou « fasciste » est autre chose, — c'est l'expression d'une prise de conscience insuffisante : plus je vois les pièces de Brecht, plus j'ai l'impression que le temps, et son temps, lui échappent : son homme a une dimension en moins, son époque est falsifiée par son idéologie même qui rétrécit son champ ; c'est un défaut commun aux idéologues et aux gens diminués par leur fanatisme.

Puis on peut être social malgré soi, puisque nous sommes pris, tous, dans une sorte de complexe historique et que nous appartenons à un certain moment de l'histoire — qui, cependant, est loin de nous absorber entièrement et qui, au contraire, n'exprime et ne contient que la part la moins essentielle de nous-mêmes.

J'ai parlé surtout d'une certaine technique, du langage de théâtre, le langage qui est le sien. La matière, ou les thèmes sociaux, peuvent très bien constituer, à l'intérieur de ce langage, matière et thèmes du théâtre. On est peut-être objectif à force de subjectivité. Le particulier rejoint la généralité et la société est évidemment une donnée objective : cependant, je vois le social, c'est-à-dire plutôt l'expression historique du temps auquel nous appartenons, ne serait-ce que par le langage (et tout langage est aussi historique, circonscrit dans son temps, c'est indéniable), je vois cette expression historique impliquée tout naturellement dans l'œuvre d'art, qu'on le veuille ou non, consciente ou non, mais plus vivante, plus spontanée, que délibérée ou idéologique.

D'ailleurs le temporel ne va pas à l'encontre de l'intemporel et de l'universel : il s'y soumet au contraire.

Il y a des états d'esprit, des intuitions, absolument extra-temporelles, extra-historiques. Lorsque je me réveille, par un matin de grâce, aussi bien de mon sommeil nocturne que du sommeil mental de l'accoutumance, et que je prends soudain conscience de mon existence, et de la présence universelle, que tout me paraît étrange, et à la fois familier, lorsque l'étonnement d'être m'envahit, ce sentiment, cette intuition appartient à n'importe quel homme, à n'importe quel temps. Cet état d'esprit, on peut le retrouver exprimé presque avec les mêmes mots chez des poètes, des mystiques, des philosophes, qui le ressentent exactement comme je le ressens, et comme l'ont certainement ressenti tous les hommes, s'ils ne sont pas morts spirituellement ou aveuglés par les besognes de la politique ; on peut retrouver cet état d'esprit, clairement exprimé, absolument le même, aussi bien au Moyen Age que dans l'Antiquité ou à n'importe quel siècle « historique ». Dans cet instant éternel, le cordonnier et le philosophe, l' « esclave » et le « maître », le prêtre et le profane se rencontrent, s'identifient.

Historique et antihistorique se soudent, se rejoignent également dans la poésie, la peinture. L'image de la femme qui se coiffe est identique dans certaines miniatures persanes et dans des stèles grecques et étrusques, dans des fresques égyptiennes ; un Renoir, un Manet, des peintres du XVIIe ou du XVIIIe siècle n'ont pas eu besoin de connaître les peintures des autres époques, pour retrouver et exprimer la même attitude, ressentir la même émotion devant cette attitude habitée par la même inaltérable grâce sensuelle. Il s'agit là, comme dans le premier exemple, d'une permanence affective. Le style pictural dans lequel cette image est rendue est différent (souvent à peine), suivant les époques. Pourtant ce « différent », qui se révèle secondaire, n'est qu'un soutien lumineux du permanent. Les preuves sont là pour nous dire comment le temporel, ou l' « historicité », pour employer un mot à la mode, se joint, s'identifie à l'intemporel, à l'universel, à la sur-historicité, comment l'un et l'autre se soutiennent.

Pour choisir un grand exemple dans notre domaine : au théâtre, lorsque, déchu, Richard II est prisonnier dans sa cellule, abandonné, ce n'est pas Richard II que j'y vois, mais tous les rois déchus de la terre ; et non seulement tous les rois déchus, mais aussi nos croyances, nos valeurs, nos vérités désacralisées, corrompues, usées, les civilisations qui s'effondrent, le destin. Lorsque Richard II meurt, c'est bien à la mort de ce que j'ai de plus cher que j'assiste ; c'est moi-même qui meurs avec Richard II. Richard II me fait prendre une conscience aiguë de la vérité éternelle que nous oublions à travers les histoires, cette vérité à laquelle nous ne pensons pas et qui est simple et infiniment banale : je meurs, tu meurs, il meurt. Ainsi, ce n'est pas de l'histoire, en fin de compte, que fait Shakespeare, bien qu'il se serve de l'histoire ; ce n'est pas de l'histoire, mais il me présente *mon* histoire, *notre* histoire, *ma* vérité au-delà des temps, à travers un temps allant au-delà du temps, rejoignant une vérité universelle, impitoyable. En fait, le chef-d'œuvre théâtral a un caractère supérieurement exemplaire : il me renvoie mon image, il est miroir, il est prise de conscience, histoire — orientée au-delà de l'histoire vers la vérité la plus profonde. On peut trouver que les raisons, données par tel ou tel auteur, des guerres, des luttes civiles, des rivalités pour le pouvoir, sont justes ou non, on peut être d'accord ou non avec ces explications. Mais on ne peut nier que tous les rois se soient effondrés, qu'ils soient morts, et la prise de conscience de cette réalité, de cette évidence permanente, du caractère éphémère de l'homme, conjugué avec son besoin d'éternité, se fait, évidemment, avec l'émotion la plus profonde, avec la conscience tragique la plus aiguë, avec passion. L'art est le domaine de la passion, non pas celui de l'enseignement scolaire ; il s'agit — dans cette tragédie des tragédies — de la révélation de la plus douloureuse réalité ; j'apprends ou je réapprends ce à quoi je ne pensais plus, je l'apprends de la seule manière poétique possible, en participant avec une émotion qui n'est pas mystifiée ou dénaturée, et qui a rompu les barrages en papier des idéologies, du maigre esprit critique ou « scientifique ». Je ne risque d'être berné que lorsque j'assiste à une pièce à thèse, non à évidence : une pièce idéologique, engagée, pièce d'imposture et non pas poétiquement, profondément vraie, comme seules la poésie, la tragédie peuvent être vraies. Tous les hommes meurent dans la solitude ; toutes les valeurs se dégradent dans le mépris : voilà ce que me dit Shakespeare. « La cellule de Richard est bien celle de toutes les solitudes. » Peut-être Shakespeare a-t-il voulu raconter l'histoire de Richard II : s'il n'avait raconté que cela, cette *histoire d'un autre*, il ne me toucherait pas. Mais la prison de Richard II est une vérité qui n'a pas sombré avec l'histoire : ses murs invisibles tiennent toujours, alors que tant de philosophies, de systèmes se sont effondrés à jamais. Et tout cela tient parce que ce langage est celui de l'évidence vivante, non pas celui de la pensée discursive et démonstrative ; la prison de Richard est là, devant moi, au-delà de toute démonstration ; le théâtre est cette présence éternelle et vivante ; il répond, sans aucun doute, aux structures essentielles de la vérité tragique, de la réalité théâtrale ; son évidence n'a rien à voir avec les vérités précaires des abstractions, ni avec le théâtre dit idéologique : il s'agit là d'archétypes théâtraux, de l'essence du théâtre, du langage théâtral. D'un langage qui est perdu de nos jours, où l'allégorie, l'illustration scolaire semblent se substituer à l'image de la vérité vivante, qu'il faut retrouver. Tout langage évolue, mais évoluer, se renouveler, ce n'est pas s'abandonner et devenir autre chose ; c'est se retrouver, à chaque fois, à chaque moment historique. On évolue conformément à soi-même. Le langage de théâtre ne peut jamais être que langage de théâtre.

Le langage de la peinture, celui de la musique ont évolué et se sont toujours encadrés dans le style culturel de leur temps, mais sans jamais perdre leur caractère pictural ou musical. Et cette évolution de la peinture, par exemple, n'a jamais été que redécouverte de la peinture, de son langage, de son essence. La démarche de la peinture moderne nous le montre clairement. Depuis Klee, Kandinsky, Mondrian, Braque, Picasso, la peinture n'a fait qu'essayer de se libérer de ce qui n'était pas peinture :

littérature, anecdote, histoire, photographie ; les peintres tentent de redécouvrir les schèmes fondamentaux de la peinture, les formes pures, la couleur en soi. Là non plus, il ne s'agit pas d'esthétisme ni de ce qu'on appelle aujourd'hui, un peu improprement, le formalisme, mais bien de la réalité qui s'exprime picturalement, *dans un langage aussi révélateur que celui de la parole ou des sons.* Si l'on a pu croire d'abord qu'il s'agissait d'une certaine désagrégation du langage pictural, il ne s'agissait, dans le fond, que d'une ascèse, d'une purification, du rejet d'un langage parasitaire. De même, c'est après avoir désarticulé des personnages et des caractères théâtraux, après avoir rejeté un faux langage de théâtre, qu'il faut tenter, comme on l'a fait pour la peinture, de le réarticuler — purifié, essentialisé.

Le théâtre ne peut être que théâtre, bien que, pour certains docteurs actuels en « théâtralogie », cette identité à soi-même soit considérée fausse, ce qui me paraît le plus invraisemblable, le plus ahurissant des paradoxes.

Pour ces docteurs, le théâtre, étant autre chose que du théâtre, est idéologie, allégorie, politique, conférences, essais ou littérature. C'est aussi aberrant que si l'on prétendait que la musique doit être archéologie ; la peinture, physique ou mathématiques. Et le jeu de tennis n'importe quoi, sauf un jeu de tennis.

En admettant que ce que j'ai avancé ne soit pas faux, on peut me dire que ce n'est pas neuf du tout. Si on allait jusqu'à dire que ce sont des vérités premières, j'en serais tout heureux, car rien n'est plus difficile que de retrouver les vérités premières, les données fondamentales, les certitudes. Les philosophes eux-mêmes ne cherchent qu'à découvrir les données sûres. Les vérités premières sont justement ce que l'on perd de vue, ce que l'on oublie. Voilà pourquoi l'on arrive à la confusion et pourquoi l'on ne s'entend plus.

D'ailleurs, ce que je viens de dire ne constitue pas une théorie préconçue de l'art dramatique. Cela n'a pas précédé, mais a suivi mon expérience toute personnelle du théâtre. Ces quelques idées sont issues de ma réflexion sur mes propres créations, bonnes ou mauvaises. Elles sont venues après coup. Je n'ai pas d'idées avant d'écrire une pièce. J'en ai une fois que j'ai écrit la pièce, ou pendant que je n'en écris pas. Je crois que la création artistique est spontanée. Elle l'est pour moi. Encore une fois tout ceci est valable surtout pour moi ; mais si je pouvais croire avoir découvert en moi-même les schèmes instinctifs permanents de la nature objective du théâtre, avoir tant soit peu dégagé l'essence de ce qui est théâtre, je serais bien fier. Toute idéologie est empruntée à une connaissance indirecte, secondaire, détournée, fausse ; rien n'est vrai, pour l'artiste, en dehors de ce qu'il n'emprunte pas aux autres.

Pour un auteur dénommé d' « avant-garde », je vais encourir le reproche de n'avoir rien inventé. Je pense que l'on découvre en même temps qu'on invente, et que l'invention est découverte ou redécouverte ; et si on me considère comme auteur d'avant-garde, ce n'est pas ma faute. C'est la critique qui me considère ainsi. Cela n'a pas d'importance. Cette définition en vaut une autre. Elle ne veut rien dire. C'est une étiquette.

Le surréalisme non plus n'est pas neuf. Il n'a fait que découvrir, tout en réinventant, mettre à jour un certain mode de connaissance ou certaines tendances de l'être humain que des siècles de rationalisme ont brimées et refoulées. Que veut libérer en somme le surréalisme ? L'amour et le rêve. Comment peut-on avoir oublié que l'homme est animé par l'amour ? La révolution surréaliste était, comme toute révolution, un retour, une restitution, l'expression de besoins vitaux et spirituels indispensables. Si, finalement, il s'est figé, si on peut parler d'un académisme surréaliste, c'est que tout langage finit par s'user ; de traditionnel et vivant il devient traditionaliste, sclérosé, il est « imité » : lui aussi, à son tour, doit être redécouvert ; d'ailleurs, comme on sait, le surréalisme est lui-même un rajeunissement du romantisme ; il a ses sources, entre autres, dans les puissances de rêve des romantiques allemands. C'est à partir d'une méthode redécouverte et d'un langage rajeuni que l'on peut élargir les frontières du réel connu. Si avant-garde il y a, elle ne peut être valable que si elle n'est pas une mode. Elle ne peut être que découverte instinctive, puis prise de conscience de modèles oubliés qui demandent, à chaque instant, d'être de nouveau découverts et rajeunis.

Je crois que l'on avait un peu oublié, ces derniers temps, ce que c'est que le théâtre. C'est moi le premier qui l'avais oublié ; je pense l'avoir à nouveau découvert, pour moi, pas à pas, et je viens de décrire simplement mon expérience du théâtre.

Évidemment, une quantité de problèmes n'ont pas été abordés. Il reste à préciser comment il se fait, par exemple, qu'un écrivain de théâtre comme Feydeau, bien qu'il ait une technique, une mécanique parfaites, est beaucoup moins grand que d'autres écrivains de théâtre qui ont une technique parfaite, eux aussi, ou moins parfaite quelquefois.

C'est que, en un sens, tout le monde est philosophe : c'est-à-dire que tout le monde découvre une partie du réel, celle qu'il peut découvrir par soi-même. Quand je dis philosophe, je n'entends pas le technicien de la philosophie, qui, lui, ne fait qu'exploiter les visions du monde des autres. En ce sens, puisque l'artiste appréhende directement le réel, il est un véritable philosophe. Et c'est de l'ampleur, de la profondeur, de l'acuité de sa vision vraiment philosophique, de sa philosophie vivante, que résulte sa grandeur. La qualité de l'œuvre artistique vient justement du fait que cette philosophie est « vivante », qu'elle est vie et non pas pensée abstraite. Une philosophie dépérit au moment où une philosophie nouvelle, un système nouveau la dépasse. Les philosophies vivantes que sont les œuvres d'art, au contraire, ne sont pas infirmées les unes par les autres. C'est pourquoi elles peuvent coexister. Les grands chefs-d'œuvre, les grands poètes, semblent se justifier, se compléter, se confirmer les uns les autres ; Eschyle n'est pas annulé par Calderon, ni Shakespeare par Tchékhov, ni Kleist par les « nô » japonais. Une théorie scientifique peut annuler une autre théorie scientifique, mais les vérités des œuvres d'art se soutiennent les unes les autres. C'est l'art qui semble justifier la possibilité d'un libéralisme métaphysique.

N. R. F., février 1958.

II

Controverses et témoignages

L'Auteur n'enseigne pas : il invente.

Seul le théâtre impopulaire a des chances de devenir populaire. Le « populaire » n'est pas le peuple.

DISCOURS SUR L'AVANT-GARDE [1]

Je suis, paraît-il, un auteur dramatique d'avant-garde. La chose me paraît même évidente puisque je me trouve ici, aux entretiens sur le théâtre d'avant-garde. Cela est tout à fait officiel.

Maintenant, que veut dire avant-garde ? Je ne suis pas docteur en théâtralogie, ni en philosophie de l'art, à peine ce qu'on appelle un homme de théâtre.

Si j'arrive à avoir certaines pensées sur le théâtre, elles se réfèrent surtout à mon théâtre, car elles sont issues de mon expérience créatrice ; elles sont à peine normatives, elles sont plutôt descriptives. J'espère, bien entendu, que les règles qui me concernent doivent aussi concerner les autres, car les autres sont en chacun de nous.

De toute façon les lois théâtrales que je crois découvrir sont provisoires, mouvantes ; elles ne précèdent pas, elles suivent l'émotion de la création artistique. Que j'écrive une nouvelle pièce de théâtre, et mon point de vue peut être profondément modi-

1. Discours d'inauguration des *Entretiens de Helsinki sur le Théâtre d'Avant-Garde*, organisés par l'Institut international du Théâtre, en juin 1959.

fié. Il arrive que je sois obligé de me contredire et de ne plus savoir si je pense toujours ce que je pense.

J'espère tout de même que quelques principes fondamentaux demeurent, sur lesquels consciemment et instinctivement je m'appuie. Encore une fois donc, je ne puis vous faire part que d'une expérience toute personnelle.

Toutefois, pour être sûr de ne pas faire de trop grosses erreurs, je me suis tout de même documenté avant de me présenter devant vous. J'ai ouvert mon dictionnaire Larousse au mot : Avant-garde. Et j'ai appris que l'avant-garde ce sont « les éléments précédant une force armée, de terre, de mer ou de l'air, pour préparer son entrée en action ».

Ainsi, analogiquement, l'avant-garde, au théâtre, serait constituée par un petit groupe d'auteurs de choc — quelquefois de metteurs en scène de choc — suivis, à quelque distance, par le gros de la troupe des acteurs, auteurs, animateurs. L'analogie est peut-être valable, si, comme le constate, à son tour, après beaucoup d'autres, Albérès, dans son livre sur *L'Aventure intellectuelle du XXe Siècle:* « par un phénomène que personne ne s'est jamais soucié d'expliquer (ce qui, en effet, semble difficile) la sensibilité littéraire (et artistique, bien entendu) a toujours, dans notre siècle, précédé les événements historiques qui devaient la confirmer. » En effet, Baudelaire, Kafka, Pirandello (« qui avait démonté le mécanisme des bons sentiments sociaux, familiaux et autres »), Dostoïevski ont été, avec juste raison, considérés comme des écrivains-prophètes.

Ainsi, l'avant-garde serait donc un phénomène artistique et culturel précurseur : ce qui correspondrait au sens littéral du mot. Elle serait une sorte de pré-style, la prise de conscience et la direction d'un changement... qui doit s'imposer finalement, un changement qui doit vraiment tout changer. Cela revient à dire que l'avant-garde ne peut être généralement reconnue qu'après coup, lorsqu'elle aura réussi, lorsque les écrivains et artistes d'avant-garde auront été suivis, lorsqu'ils auront créé une école dominante, un style culturel qui se serait imposé et aurait conquis une époque. Par conséquent, on ne peut s'apercevoir qu'il y a eu avant-garde que lorsque l'avant-garde n'existe plus en tant que telle, lorsqu'elle est devenue arrière-garde ; lorsqu'elle aura été rejointe et même dépassée par le reste de la troupe. D'une troupe allant vers quoi ?

Je préfère définir l'avant-garde en termes d'opposition et de rupture. Tandis que la plupart des écrivains, artistes, penseurs s'imaginent être de leur temps, l'auteur rebelle a conscience d'être contre son temps. En réalité, les penseurs, artistes, ou personnalités de tous ordres n'épousent plus, à partir d'un certain moment, que des formes sclérosées ; ils ont l'impression de s'installer de plus en plus solidement dans un ordre idéologique, artistique, social quelconque, — qui leur semble actuel mais qui déjà s'ébranle, a des fissures qu'ils ne soupçonnent pas. En effet par la force même des choses, dès qu'un régime est installé, il est dépassé. Dès qu'une forme d'expression est connue, elle est déjà périmée. Une chose dite est déjà morte, la réalité est au-delà d'elle. Elle est une pensée figée. Une façon de parler — donc une façon d'être — imposée ou simplement admise est déjà inadmissible. L'homme d'avant-garde est comme un ennemi à l'intérieur même de la cité qu'il s'acharne à disloquer, contre laquelle il s'insurge, car, tout comme un régime, une forme d'expression établie est aussi une forme d'oppression.

L'homme d'avant-garde est l'opposant vis-à-vis du système existant. Il est un critique de ce qui est, le critique du présent, — non pas son apologiste. Critiquer le passé est facile, surtout lorsque les régimes au pouvoir vous y encouragent ou le tolèrent ; ce n'est qu'une solidification de l'état actuel des choses, une sanctification de la sclérose, une courbure d'échine devant la tyrannie et les pompiérismes.

Mais limitons nos propos. Je me rends compte évidemment que je n'ai pas éclairci le problème. En effet, le mot avant-garde est pris dans divers sens. Ainsi, il peut être tout simplement assimilé au théâtre d'art, c'est-à-dire à un théâtre plus littéraire, plus exigeant, plus hardi par rapport à ce qu'on appelle, en France surtout, le théâtre du Boulevard. C'est ce que semble entendre Georges Pillement qui, dans son anthologie du théâtre, publiée en 1946, groupait les auteurs en deux catégories : ceux du Boulevard, parmi lesquels Robert de Flers voisinait avec François de Curel ; ceux de l'avant-garde, parmi lesquels se trouvaient Claude-André Puget, aussi bien que Passeur, Jean Anouilh et Giraudoux. Cela semble aujourd'hui assez curieux : ces auteurs sont devenus presque des classiques. Mais Maurice Donnay, de son temps, aussi bien que Bataille, étaient des auteurs d'avant-garde puisqu'ils exprimaient une rupture, une nouveauté, une opposition. Finalement, ils se sont intégrés dans la tradition théâtrale et c'est ce qui doit arriver à toute avant-garde. En tout cas, ils ont représenté une protestation et la preuve en est que, au départ, la critique a mal accueilli ces auteurs et a protesté contre leurs protestations. La protestation de l'auteur d'avant-garde peut être une réaction contre le réalisme, lorsque c'est le réalisme qui représente l'expression la plus courante et abusive de la vie théâtrale ; elle peut être une protestation contre un certain symbolisme, lorsque c'est le symbolisme qui est devenu abusif, arbitraire, ne cernant plus la réalité. De toute façon, ce qu'on appelle le théâtre d'avant-garde ou le théâtre nouveau, et qui est comme un théâtre en marge du théâtre officiel ou généralement agréé, est un théâtre semblant avoir par son expression, sa recherche, sa difficulté, une exigence supérieure.

Puisque c'est son exigence et sa difficulté qui le caractérisent, il est évident qu'avant de s'intégrer et de devenir facile, il ne peut être que le théâtre d'une minorité. Le théâtre d'avant-garde, ou plutôt tout art et tout théâtre nouveaux sont impopulaires.

Il est certain que toute tentative de rénovation voit de toutes parts se dresser contre elle les conformismes et la paresse mentale. Il n'est évidemment pas indispensable qu'un auteur dramatique se veuille impopulaire. Mais il n'est pas non plus indispensable qu'il se veuille populaire. Son effort, sa création, sont en dehors de ces considérations d'opportunité. Ou bien ce théâtre restera toujours impopulaire, ne sera pas reconnu, et alors il n'aura rien été. Ou bien il deviendra populaire, reconnu par la majorité, par la force des choses, tout naturellement, dans le temps.

Tout le monde aujourd'hui comprend les lois élémentaires de la physique ou de la géométrie qui devaient certainement être, à leur époque, accessibles uniquement à des savants, qui n'ont jamais pensé faire de la géométrie ou de la physique populaires. On ne peut certainement pas leur reprocher d'avoir exprimé la vérité d'une certaine caste enfermée dans ses limites, car ils ont exprimé des vérités indiscutablement objectives. Le problème des ressemblances qu'il peut y avoir entre la science et l'art n'est pas de notre ressort. Nous savons tous aussi que les différences sont plus grandes encore que les ressemblances entre ces deux domaines de l'esprit. Toutefois, c'est au nom de la vérité que chaque auteur nouveau pense combattre. Boileau voulait exprimer la vérité. Dans sa préface de *Cromwell*, Victor Hugo pensait que l'art romantique était plus vrai et plus complexe que la vérité classique. Le réalisme, le naturalisme voulaient également étendre le domaine du réel ou en révéler des aspects nouveaux, encore inconnus. Le symbolisme, et plus tard, le surréalisme ont également voulu découvrir et exprimer des réalités cachées.

Le problème qui doit se poser pour un auteur est donc tout simplement de découvrir des vérités et de les dire. Et la façon de dire est naturellement inattendue puisque ce dire même, est, pour lui, la vérité. Il ne peut le dire que pour lui. C'est en le disant pour lui qu'il le dit pour les autres. Non pas le contraire.

Si je veux à tout prix faire du théâtre populaire, je risque de transmettre des vérités que je n'aurais pas découvertes par moi-même, des vérités qui me sont déjà transmises par ailleurs et dont je ne serais qu'un véhicule de second ordre. L'artiste n'est pas un pédagogue, n'est pas un démagogue. La création théâtrale répond à une exigence de l'esprit, cette exigence doit suffire en elle-même. Un arbre est un arbre, il n'a pas besoin de mon autorisation pour être un arbre; l'arbre ne se pose pas le problème d'être un tel arbre, de se faire reconnaître comme arbre. Il ne s'explicite pas. Il existe et se manifeste par son existence même. Il ne cherche pas à se faire comprendre.

Il ne se donne pas une forme plus compréhensible : autrement, il ne serait plus un arbre. Il serait l'explication d'un arbre. De même, l'œuvre d'art existe en soi et je conçois parfaitement un théâtre sans public. Le public viendra de lui-même et reconnaîtra le théâtre comme il a su nommer l'arbre un arbre.

Les chansons de Béranger étaient bien plus populaires que les poèmes de Rimbaud qui étaient parfaitement incompréhensibles à l'époque. Faut-il pour cela, exclure la poésie rimbaldienne ? Eugène Sue était populaire par excellence. Proust ne l'était pas. Il n'était pas compris. Il ne parlait pas « à tout le monde ». Il apportait tout simplement sa vérité, utile à l'évolution de la littérature et de l'esprit. Fallait-il interdire Proust et recommander Eugène Sue ? Aujourd'hui c'est Proust qui est riche de vérités ; c'est Eugène Sue qui est vide. Heureusement que les pouvoirs n'ont pas interdit à Proust d'écrire en langue proustienne.

Une vision ne s'exprime que par les moyens d'expression qui lui conviennent, à tel point qu'elle est cette expression même, unique.

Mais il y a populaire et populaire. On considère, à tort, que le théâtre « populaire » doit être un théâtre pour intellectuellement faibles : et nous avons le théâtre de patronage ou didactique, un théâtre d'édification, primaire (et non pas primitif, qui est autre chose que le primaire), instrument d'une politique, d'une idéologie quelconque qui fait double emploi avec celle-ci, — répétition inutile et conformiste.

Une œuvre d'art, donc une œuvre théâtrale aussi, doit être une véritable intuition originelle, plus ou moins profonde, plus ou moins vaste selon le talent ou le génie de l'artiste, mais bien une intuition originelle qui ne doit rien d'autre qu'à elle-même. Mais pour que celle-ci puisse surgir, prendre forme, il faut laisser l'imagination courir librement, bien au-delà des considérations extérieures, secondaires, comme sont celles du destin de l'œuvre, de sa popularité, ou du besoin d'illustrer une idéologie. Dans ce développement imaginaire, les significations apparaissent d'elles-mêmes, éloquentes pour les uns, moins éloquentes pour les autres. Je ne comprends guère, pour ma part, comment on peut avoir l'ambition de parler pour tout le monde, d'avoir avec soi l'adhésion unanime du public, alors que, à l'intérieur d'une même classe, si vous voulez, les uns préfèrent les fraises, les autres le fromage, les uns de l'aspirine pour leurs maux de tête, les autres du bismuth contre leurs maux d'estomac. En tout cas, je n'ai pas à m'inquiéter du problème de l'adhésion d'un public. Ou alors, si..., peut-être..., mais une fois que la pièce de théâtre aura été écrite et que je me poserai le problème de son placement. L'adhésion viendra ou ne viendra pas, tout naturellement. Il est certain que l'on ne parle jamais pour tout le monde. On peut tout au plus parler pour la plus grande majorité et, dans ce cas, on ne peut faire que du théâtre démagogique ou du théâtre de confection. Lorsqu'on veut parler à tout le monde, on ne parle en réalité à personne : les choses qui intéressent tout le monde en général intéressent très peu chaque homme en particulier. D'ailleurs, une création artistique est, par sa nouveauté même, agressive, spontanément agressive ; elle va contre le public, contre la grande partie du public, elle indigne par son insolite, qui est lui-même une indignation. Il ne peut en être autrement puisque, ne suivant pas les chemins battus, elle s'en ouvre toute seule à travers champs. C'est dans ce sens qu'une œuvre artistique est impopulaire, comme je le disais tout à l'heure. Mais l'art nouveau n'est qu'apparemment impopulaire ; il ne l'est pas par essence, il l'est par son apparition inattendue. Le théâtre soi-disant populaire est bien plus impopulaire en réalité. C'est un théâtre orgueilleusement imposé, de haut en bas, par une « aristocratie » dirigeante, par une catégorie d'initiés qui savent d'avance, ou croient savoir, ce dont le peuple a besoin et lui imposent même de ne pas avoir besoin d'autre chose que de ce dont ils veulent qu'il ait besoin et de ne penser que ce qu'ils pensent. L'œuvre d'art libre est, paradoxalement, par son caractère individualiste même, au-delà de son apparence insolite, la seule à jaillir du cœur des hommes, à travers le cœur d'un homme ; elle est la seule à exprimer vraiment « le peuple ».

On dit que le théâtre est en danger, en crise. Cela est dû à plusieurs causes. Tantôt, on veut que les auteurs soient les apôtres de toutes sortes de théologies, ils ne sont pas libres, on leur impose de ne défendre, de n'attaquer, de n'illustrer que ceci ou cela. S'ils ne sont pas des apôtres, ils sont des pions. Ailleurs, le théâtre est prisonnier non pas de systèmes, mais de conventions, de tabous, d'habitudes mentales sclérosées, de fixations. Alors que le théâtre peut être le lieu de la plus grande liberté, de l'imagination la plus folle, il est devenu celui de la contrainte la plus grande, d'un système de conventions, appelé réaliste ou pas, figé. On a peur de trop d'humour (l'humour, c'est la liberté). On a peur de la liberté de pensée, peur aussi d'une œuvre trop tragique ou désespérée. L'optimisme, l'espoir, sont obligatoires sous peine de mort. Et on appelle quelquefois l'*absurde* ce qui n'est que la dénonciation du caractère dérisoire d'un langage vidé de sa substance, stérile, fait de clichés et de slogans ; d'une action théâtrale connue d'avance. Mais je veux, moi, faire paraître sur scène une tortue, la transformer en chapeau, en chanson, en cuirassier, en eau de source. On peut tout oser au théâtre, c'est le lieu où on ose le moins.

Je ne veux avoir d'autres limites que celles des possibilités techniques de la machinerie. On m'accusera de faire du music-hall, du cirque. Tant mieux : intégrons le cirque! On peut accuser l'auteur d'être arbitraire : mais l'imagination n'est pas arbitraire, elle est révélatrice. Sans la garantie d'une liberté totale, l'auteur n'arrive pas à être soi-même, il n'arrive pas à dire autre chose que ce qui est déjà formulé : je me suis proposé, pour ma part, de ne reconnaître d'autres lois que celles de mon imagination ; et puisque l'imagination a des lois, c'est une nouvelle preuve que finalement elle n'est pas arbitraire.

Ce qui caractérise l'homme, a-t-on dit, c'est qu'il est l'animal qui rit ; il est surtout l'animal créateur. Il introduit dans l'univers des choses qui n'existent pas dans l'univers : temples ou cabanes à lapins, brouettes, locomotives, symphonies, poèmes, cathédrales, cigarettes. L'utilité de la création de toutes ces choses n'en est très souvent que le prétexte. A quoi sert d'exister ? A exister. A quoi sert une fleur ? A être une fleur. A quoi servent un temple, une cathédrale ? A abriter les fidèles ? Il me semble que non, puisque les temples sont désaffectés et que l'on continue de les admirer. Ils servent à nous révéler les lois de l'architecture et peut-être celles de la construction universelle que vraisemblablement notre esprit reflète, puisque l'esprit les retrouve en lui-même. Mais le théâtre se meurt de manque d'audace : on semble ne plus se rendre compte que le monde que l'on invente, ne peut pas être faux. Il ne peut être faux que si je veux faire du vrai, si j'imite le vrai, et par là faisant du faux vrai. J'ai la conscience d'être vrai lorsque j'invente et que j'imagine. Rien de plus évident et « logique » que la construction imaginaire. Je pourrais même dire que c'est le monde qui me semble irrationnel, qui se fait irrationnel, et échappe à ma raison. C'est dans mon esprit que je retrouve les lois auxquelles j'essaie, en permanence, de le réadapter, de le soumettre. Mais cela encore dépasse notre propos.

Quand un auteur écrit une œuvre, une pièce de théâtre, par exemple, il a, nous l'avons dit, l'impression claire ou confuse, qu'il livre un combat, que si lui-même a quelque chose à dire, c'est que les autres n'ont pas bien dit cette chose ; ou qu'on ne sait plus bien la dire ; et qu'il veut dire quelque chose de nouveau. Autrement, pourquoi écrirait-il ? Dire ce qu'il a à dire, imposer son univers, c'est cela même le combat. Un arbre pour pousser doit vaincre l'obstacle de la matière. Pour un auteur, cette matière c'est le déjà fait, le déjà dit. Ou plutôt, ce n'est pas pour ou contre quelque chose qu'il écrit — c'est malgré ce quelque chose. C'est en ce sens que chaque artiste est plus ou moins, selon ses forces, un révolutionnaire. S'il copie, s'il reproduit, s'il exemplifie, il n'est rien. Il semble donc que le poète combat (souvent involontairement, par le fait même de son existence) une tradition.

Pourtant, dans la mesure où le poète a le sentiment que le langage ne cerne plus le réel, n'exprime plus une vérité, son effort est justement de cerner ce réel, de le mieux exprimer, d'une façon plus violente, plus éloquente, plus nette, plus précise, plus adéquate. En cela, il essaie de rejoindre, en la modernisant, une tradition vivante, qui s'est perdue. Un auteur d'avant-garde peut avoir le sentiment — en tout cas il en a le désir — de mieux faire du théâtre qu'on ne le fait autour de lui. Sa démarche est donc une véritable tentative de retour aux sources. Quelles sources? Celles du théâtre. Un retour à un modèle intérieur de théâtre ; c'est en soi-même que l'on retrouve les figures et les schèmes permanents, profonds, de la théâtralité.

Pascal avait trouvé en lui-même les principes de la géométrie ; Mozart enfant avait découvert en lui-même les fondements de la musique. Bien sûr, très peu d'artistes peuvent se comparer à ces deux géants. Cependant, il me paraît certain que l'on n'a pas ce qu'on appelle, d'une façon si éloquente, le théâtre dans le sang si on ne peut pas le réinventer un petit peu soi-même. Il me semble également à peu près sûr que si toutes les bibliothèques sombraient dans un grand cataclysme, ainsi que tous les musées, les rescapés tôt ou tard redécouvriraient d'eux-mêmes la peinture, la musique, le théâtre, qui sont des fonctions aussi naturelles, aussi indispensables et instinctives que la respiration. Celui qui ne découvre pas en lui-même, tant soit peu, la fonction théâtrale n'est donc pas fait pour le théâtre. Pour la découvrir, il faut peut-être une certaine ignorance, une certaine naïveté, une audace qui vient de cette naïveté, mais il s'agit d'une naïveté qui n'est pas simplicité d'esprit, d'une ignorance qui ne supprime pas le savoir : elle l'assimile, le rajeunit. L'œuvre d'art n'est pas dépourvue d'idées. Mais puisqu'elle est la vie ou son expression, ce sont les idées qui se dégagent d'elle, ce n'est pas l'œuvre d'art qui est une émanation des idéologies. L'auteur nouveau est celui qui contradictoirement tâche de rejoindre ce qui est le plus ancien : langage et thème nouveaux, dans une composition dramatique qui se veut plus nette, plus dépouillée, plus purement théâtrale ; refus du traditionalisme pour retrouver la tradition ; synthèse de la connaissance et de l'invention, du réel et de l'imaginaire, du particulier et de l'universel ou, comme on le dit aujourd'hui, de l'individuel et du collectif ; expression, par-delà les classes, de ce qui les transcende. En exprimant mes obsessions fondamentales, j'exprime ma plus profonde humanité, je rejoins tout le monde spontanément au-delà de toutes les barrières de castes et psychologies diverses. J'exprime ma solitude et je rejoins toutes les solitudes ; ma joie d'exister ou mon étonnement d'être sont ceux de tout le monde même si, pour le moment, tout le monde refuse de s'y reconnaître. Une pièce comme *Le Client du Matin* de l'Irlandais Brendan Behan est issue d'une expérience particulière de l'auteur : la prison. Pourtant je me sens concerné, car cette prison devient toutes les prisons, elle devient le monde et toutes les sociétés. Dans cette prison anglaise, il y a, évidemment, des prisonniers, et il y a des gardiens. Donc, des esclaves et des maîtres, des dirigeants et des dirigés. Les uns et les autres sont enfermés dans les mêmes murs. Les prisonniers haïssent leurs gardiens, les gardiens méprisent leurs prisonniers. Mais les prisonniers se détestent aussi entre eux ; et les gardiens ne s'entendent guère non plus entre eux. S'il y avait un conflit simple entre les gardiens d'une part, les prisonniers de l'autre, si la pièce s'était bornée à ce conflit très évident, il n'y aurait rien eu de nouveau, de profond, de révélateur, mais une réalité grossière et schématique. Par cette pièce, on nous fait voir que la réalité est bien plus complexe. Dans cette prison, un homme doit être exécuté. Le condamné ne paraît pas sur la scène. Il est pourtant présent à notre conscience, infiniment obsédant. C'est le héros de la pièce. Ou plutôt, c'est la mort qui est ce héros. Gardiens et prisonniers ressentent ensemble cette mort. L'humanité profonde de l'œuvre réside dans la communion terrible de cette hantise, de cette angoisse qui est celle de tous, au-delà de la catégorie des gardiens ou des prisonniers. C'est une communion au-delà des séparations, une fraternité presque inconsciente mais dont l'auteur nous fait prendre conscience. L'identité essentielle de tous les hommes nous est révélée. Cela peut aider à rapprocher tous les camps ennemis. En effet, les prisonniers et les gardiens nous apparaissent soudain comme des mortels, unis, régis par un même problème qui dépasse tous les autres. Voilà un théâtre populaire, celui d'une communion dans la même angoisse. C'est une pièce ancienne, car elle traite d'un problème fondamental et permanent ; c'est une pièce nouvelle et localisée, car il s'agit de la prison d'un certain moment actuel de l'histoire dans un pays déterminé.

Il y a eu, au début de ce siècle, plus particulièrement vers les années 1920, un vaste mouvement d'avant-garde universel dans tous les domaines de l'esprit et de l'activité humaine. Un bouleversement dans nos habitudes mentales. La peinture moderne, de Klee à Picasso, de Matisse à Mondrian, du cubisme à l'abstraction, exprime ce bouleversement, cette révolution. Elle s'est manifestée dans la musique, le cinéma, elle a conquis l'architecture.

La philosophie, le psychologie se sont transformées. Les sciences (mais je ne suis pas compétent pour en parler) nous ont donné une nouvelle vision du monde. Un style nouveau s'est créé et continue de se créer. Une époque se caractérise par l'unité de son style — synthèse des diversités —, qui fait que des correspondances évidentes existent entre l'architecture et la poésie, les mathématiques et la musique. Une unité essentielle existe entre le château de Versailles et la pensée cartésienne, par exemple. La littérature et le théâtre d'André Breton à Maïakovski, de Marinetti à Tristan Tzara ou Apollinaire, du théâtre expressionniste au surréalisme, jusqu'aux romans plus récents de Faulkner et de Dos Passos et tout récemment ceux de Nathalie Sarraute et de Michel Butor, ont participé à ce renouveau. Mais toute la littérature n'a pas suivi le mouvement et, pour le théâtre, il semble qu'il se soit arrêté à 1930. C'est le théâtre qui est le plus en retard. L'avant-garde a été stoppée au théâtre, sinon dans la littérature. Les guerres, les révolutions, le nazisme et les autres formes de la tyrannie, le dogmatisme, la sclérose bourgeoise aussi dans d'autres pays, l'ont empêché de se développer, pour le moment. Cela doit reprendre. Pour ma part, j'espère être un des modestes artisans qui tentent de reprendre ce mouvement. En effet, cette avant-garde, abandonnée, n'a pas été dépassée mais enterrée par le retour réactionnaire des vieilles formules théâtrales qui, parfois, osaient se prétendre nouvelles. Le théâtre n'est pas de notre temps : il exprime une psychologie périmée, une construction boulevardière, une prudence bourgeoise, un réalisme qui peut ne pas s'intituler conventionnel mais qui l'est, une soumission à des dogmatismes menaçants pour l'artiste.

La jeune génération française du cinéma est bien plus en avance que celle du théâtre. Les jeunes cinéastes ont été formés dans les cinémathèques, les cinés-club. C'est là qu'ils ont reçu leur instruction. Ils y ont vu les films d'art, les classiques du cinéma, les films d'avant-garde, *non commerciaux*, non populaires, qui souvent n'ont jamais passé dans les grandes salles ou qui y sont restés peu de temps, du fait de leur non-commercialité.

Le théâtre aussi a besoin (mais c'est bien plus difficile pour le théâtre) de ces locaux d'expérience, de ces salles de laboratoire à l'abri de la superficialité du grand public. Le danger dans certains pays, et c'est un mal encore nécessaire, hélas, c'est le producteur. C'est lui qui, ici, fait figure de tyran. Le théâtre doit faire des recettes ; pour en avoir, il faut éliminer toute audace, tout esprit créateur, afin de ne déranger personne. Un producteur me demandait de tout changer dans mes pièces et de les rendre accessibles. Je lui ai demandé de quel droit il s'immisçait dans les problèmes de mes constructions dramatiques qui ne devaient regarder que moi et mon metteur en scène ; car il me semblait que le fait de donner de l'argent pour produire le spectacle n'était pas une raison suffisante pour dicter, aménager mon œuvre. Il m'a déclaré qu'il représentait le public. Je lui ai répondu que justement nous avions à lutter contre le public c'est-à-dire contre lui, le producteur. A lutter contre, ou à ne pas tenir compte.

Il nous faut un État libéral, ami de la pensée et des arts, croyant à leur nécessité et à la nécessité des laboratoires. Avant qu'une invention ou une théorie scientifique soit répandue, elle a été préparée, expérimentée, pensée dans les laboratoires. Je revendique pour les dramaturges la même possibilité que pour les savants de faire leurs expériences. On ne peut pas dire qu'une découverte scientifique soit, pour cela, impopulaire. Je ne crois pas que des réalités spirituelles surgissant du plus profond de mon être soient impopulaires. Avoir du public, ce n'est pas toujours être populaire. L'aristocratie du poète n'est pas une aristocratie fausse comme est fausse l'aristocratie d'une caste. En France, nous avons des auteurs passionnants : Jean Genet, Beckett, Vauthier, Pichette, Schehadé, Audiberti, Ghelderode, Adamov, Georges Neveux qui continuent, en s'y opposant, les Giraudoux, les Anouilh, les Jean-Jacques Bernard, et tant d'autres. Ils ne constituent encore que les points de départ d'un développement possible d'un théâtre vivant et libre.

L'avant-garde, c'est la liberté.

(*Juin 1959, Helsinki, sept. 1959, Théâtre dans le Monde.*)

TOUJOURS SUR L'AVANT-GARDE

Que veut dire *théâtre d'avant-garde ?* Une grande confusion, volontaire ou non, née surtout de partis pris, s'est créée autour de ces vocables. Cette locution elle-même est confuse et le « ridicule » du théâtre d'avant-garde pourrait même n'être qu'un ridicule causé par sa définition. Un critique d'un des pays étrangers où mes pièces eurent la chance d'être jouées — favorable, d'ailleurs, à mon théâtre, se posait toutefois la question de savoir si ce théâtre ne constituait pas, malgré tout, simplement, une transition, une étape. Voilà donc ce que veut dire l'avant-garde : un théâtre qui prépare un autre théâtre, définitif — celui-là. Mais rien n'est définitif, tout n'est qu'une étape, notre vie elle-même est essentiellement transitoire : tout est, à la fois, aboutissement de quelque chose, annonciateur d'autre chose. Ainsi, on peut dire que le théâtre français du XVIIe siècle prépare le théâtre romantique (qui ne vaut pas grand-chose, d'ailleurs, en France) et que Racine et Corneille sont à l' « avant-garde » du théâtre de Victor Hugo, lui-même « avant-garde » de ce qui lui a succédé en le reniant.

Et encore : le mécanisme des positions et oppositions est bien plus compliqué que ne se l'imaginent les simplistes de la dialectique. Il y a des « avant-gardes » fructueuses qui sont nées de l'opposition à des réalisations des générations précédentes ou, encore, qui sont permises ou facilitées par un retour à des sources, à des œuvres anciennes et oubliées. Shakespeare est toujours bien plus actuel que Victor Hugo (déjà cité) ; Pirandello bien plus à l'avant-garde que Roger Ferdinand ; Büchner infiniment plus vivant, plus poignant que, par exemple, Bertolt Brecht et ses imitateurs de Paris.

Et voilà où les choses semblent se préciser : l'avant-garde, en réalité, n'existe pas ; ou, plutôt, elle est tout à fait autre chose que ce qu'on pense qu'elle est.

L' « avant-garde » étant, bien entendu, révolutionnaire, elle a été, et continue d'être jusqu'à présent, comme la plupart des événements révolutionnaires, un retour, une restitution. Le changement n'est qu'apparent : cet « apparent » compte énormément, car c'est lui qui permet (à travers et au-delà du nouveau) la revalorisation, le rafraîchissement du permanent. Exemples : les bouleversements politiques survenant aux moments où un régime fatigué, « libéralisé » — dont la structure s'est relâchée à tel point que l'effondrement est d'ailleurs imminent, prêt à se produire, pour ainsi dire, presque de lui même — préparent, favorisent la reconstitution, le raffermissement de la structure sociale selon un modèle archétypique, inchangé : le changement existe dans le personnel, évidemment, dans les conditions superficielles, dans le langage : c'est-à-dire que les choses — en essence, identiques — adoptent d'autres noms, sans que la réalité profonde, le modèle de l'organisation sociale se soit modifié. Que s'est-il passé ? Simplement ceci : l'autorité s'est raffermie (qui s'était détendue), l' « ordre » se rétablit, la tyrannie reprend le pas sur les libertés, les dirigeants retrouvent le goût, la vocation du pouvoir avec bonne conscience, investis qu'ils se sentent par une autre « grâce de Dieu » ou défendus par l'alibi d'une justification idéologique sûre et plus ferme du cynisme inhérent au pouvoir. Et il y a, nettement réaffirmée, reconstituée, la structure hiérarchique sociale fondamentale, avec le roi (les chefs politiques) soutenu par les dogmes et l'Église (les idéologues, les écrivains, les artistes, les journalistes, les propagandistes redevenus obéissants) suivie ou subie par la majorité — le peuple (les croyants, les fidèles ou les passifs) qui ne sait plus s'insurger.

Pour les révolutions artistiques, c'est à peu près le même phénomène qui se produit quand il y a vraiment révolution ou essai, ou expérience révolutionnaire de l'avant-garde. Celle-ci apparaît nécessairement, pour ainsi dire d'elle-même, au moment où certains systèmes d'expression se sont fatigués, usés ; lorsqu'ils se sont corrompus ; lorsqu'ils se sont éloignés d'un modèle oublié. Ainsi, en peinture, les modernes ont pu *retrouver*, chez ceux qu'on appelle les primitifs, les formes pures et permanentes, les schèmes fondamentaux de leur art. Et cette redécouverte, nécessitée par l'histoire artistique dans laquelle les modèles, les formes se sont détériorés — s'est faite grâce à un art, un *langage* tirant sa source d'une réalité extra-historique.

En effet, c'est dans la conjugaison de l'histoire et de la non-histoire, de l'actuel et du non-actuel (c'est-à-dire du permanent) que se révèle ce fonds commun inaltérable que l'on peut arriver à découvrir aussi, directement en soi-même : sans lui, aucune œuvre ne peut avoir de valeur, c'est lui qui alimente tout. Si bien que, en fin de compte, je ne crains nullement d'affirmer que le véritable art dit d'avant-garde ou révolutionnaire, est celui qui, s'opposant audacieusement à son temps, se révèle comme *inactuel*. En se révélant comme inactuel, il rejoint ce fonds commun universel dont nous avons parlé et, étant universel, il peut être considéré comme classique, étant entendu que ce côté classique doit être retrouvé au-delà du nouveau, à travers le nouveau dont il doit être imprégné. Le retour à un classicisme « historique » quelconque en tournant le dos au nouveau ne pourrait favoriser qu'un style révolu, académique. Exemple : *Fin de partie* de Beckett, œuvre théâtrale dite d'avant-garde, est beaucoup plus près des lamentations de *Job*, des tragédies de Sophocle ou de Shakespeare que du théâtre de pacotille dit engagé ou dit du Boulevard. Le théâtre d'actualité ne dure pas (par définition) et ne dure pas pour la raison qu'il n'intéresse pas vraiment, profondément les hommes.

Il est également à remarquer que les changements sociaux ne concordent pas toujours avec la révolution artistique. Ou plutôt : lorsque la mystique révolutionnaire devient régime, elle retourne à des formes artistiques (donc à une mentalité) dépassées, si bien que le réalisme nouveau rejoint les clichés de l'esprit que l'on appelle bourgeois et réactionnaires. Les pompiérismes se rejoignent et les portraits académiques à moustaches de la nouvelle réaction ne diffèrent pas — stylistiquement — des portraits académiques avec ou sans moustaches de l'époque bourgeoise qui ne comprenait pas Cézanne. On peut donc dire, d'une façon peut-être paradoxale, *que c'est l'* « *histoire* » *qui se sclérose, que c'est la non-histoire qui demeure vivante.*

Tchékhov nous montre, au théâtre, des hommes mourant avec une certaine société ; la déperdition, dans le temps qui s'écoule et qui use, des hommes d'une époque ; Proust aussi l'avait fait dans ses romans — et Gustave Flaubert aussi, dans l'*Éducation sentimentale*, avec, chez lui, à l'arrière-plan de ses personnages, une société non pas qui déclinait mais qui montait. C'est donc non pas l'écroulement ou la désarticulation ou l'usure d'une société qui est le thème principal, la *vérité* de ces œuvres : mais l'usure de l'homme dans le temps, sa perdition à travers une histoire, mais vraie pour toute l'histoire : nous sommes tous tués par le temps.

Je me méfie des pièces pacifistes qui ont l'air de nous montrer que la guerre c'est la perdition de l'humanité et que nous ne mourons qu'à la guerre. C'est à peu près ce qu'avait l'air de dire un jeune critique, dogmatiquement entêté, commentant *Mère Courage.*

On meurt davantage à la guerre : vérité d'actualité. On meurt : vérité permanente, non actuelle et toujours actuelle, cela concerne tout le monde, c'est-à-dire aussi les gens qui ne vont pas à la guerre. *Fin de partie* de Beckett est plus vraie, plus universelle, que l'*Histoire de Vasco*, de Schehadé (ce qui toutefois n'empêche pas cette œuvre d'avoir des qualités poétiques).

Puisque « ce qui nous concerne tous fondamentalement » est curieusement moins accessible, au premier abord, que ce qui ne concerne qu'une partie des gens ou que ce qui nous concerne moins — il est évident que les œuvres d'avant-garde, dont le but est (je m'excuse d'insister si lourdement) de retrouver, de dire la vérité oubliée — et de la réintégrer, inactuellement, dans l'actuel — il est évident que ces œuvres ne peuvent être qu'incomprises, à leur apparition, par la majorité des gens. Elles sont donc non populaires. Cela ne les infirme nullement. Les réalités évidentes, le poète les découvre dans sa solitude, dans son silence. Le philosophe aussi découvre, dans le silence de sa bibliothèque, des vérités difficilement communicables : combien de temps a-t-il fallu pour que l'on comprenne Karl Marx lui-même et *tout le monde* peut-il, encore à présent, le comprendre? Il n'est pas *populaire*. Combien de gens ont pu assimiler Einstein? Le fait que quelques personnes seulement sont en mesure de voir clair dans les théories des physiciens modernes ne me fait pas douter de leur vérité ; et cette vérité, qu'ils ont découverte, n'est ni invention, ni vision subjective, mais réalité objective, hors du temps, éternelle, à laquelle l'esprit scientifique vient à peine d'accéder. Nous ne faisons jamais que nous approcher, nous éloigner, puis nous rapprocher d'une vérité immuable.

Il y a également — puisque nous devons parler de théâtre — un langage de théâtre, une démarche théâtrale, un chemin à défricher pour accéder à des réalités objectivement existantes : et ce chemin à défricher (ou à retrouver) n'est autre que celui qui convient au théâtre pour des réalités qui ne peuvent se révéler que théâtralement. C'est ce qu'il est convenu d'appeler du travail de laboratoire.

On peut très bien faire du théâtre populaire (je ne sais pas très bien ce qu'est le peuple, si ce n'est la majorité des gens, les non-spécialistes), de boulevard, de propagande, édifiant, dans un langage conventionnel : c'est un théâtre de vulgarisation. Il ne faut pas, pour cela, empêcher l'autre théâtre de se faire : de recherche, de laboratoire, d'avant-garde. S'il n'est pas suivi par le grand public, cela ne signifie nullement qu'il ne soit une nécessité absolue de l'esprit, au même titre que la recherche artistique, littéraire ou scientifique. On ne sait pas toujours *à quoi cela peut servir* — mais puisqu'il répond à une exigence de l'esprit il est, c'est entendu, vraiment indispensable. Si ce théâtre a un public de cinquante personnes tous les soirs (et il peut les avoir) sa nécessité est prouvée. Ce théâtre est en danger. La politique, l'apathie, la méchanceté, la jalousie menacent, hélas, dangereusement, de tous les côtés, Beckett, Vauthier, Schehadé, Weingarten, d'autres encore, et leurs défenseurs.

Arts, janvier 1958.

PROPOS SUR MON THÉATRE ET SUR LES PROPOS DES AUTRES

Lorsqu'on entend parler d'une œuvre littéraire, plastique, musicale, théâtrale, on désire, tout naturellement, en avoir une connaissance plus précise et savoir ce que l'on dit de ce dont on parle. On demande à l'auteur de nous confier ce qu'il pense de son œuvre. Après que l'œuvre a été exposée, jouée ou éditée, on peut savoir ce qu'en pensent les critiques : on se précipite, donc, sur ce que ceux-ci ont écrit puis on va de nouveau à l'auteur pour lui demander de dire ce qu'il pense de ce qu'on pense de son œuvre et de lui-même. Fatalement, il y a très souvent des contradictions entre les déclarations de ce dernier et les jugements des critiques. On ira en voir quelques-uns pour leur demander de nous dire ce qu'ils pensent de ce que l'auteur pense de ce qu'ils pensent eux-mêmes. Et ainsi de suite : de ce fait, des discussions passionnées ont lieu; on est pour, on est contre; des discours savants seront là pour établir que l'œuvre vient confirmer telle théorie, telle philosophie ou qu'elle tendrait plutôt à vouloir s'y opposer, ce qui fait que l'on doit être pour ou contre l'œuvre, ou contre ou pour, selon que l'on est ou que l'on n'est pas un adepte de la théorie dont il s'agit, ... ou dont il ne s'agit pas, car certains peuvent prétendre que c'est plutôt cette théorie-ci que cette théorie-là que l'œuvre, d'après ce qu'on en dit, paraîtrait défendre.

Dans le tumulte du débat, on n'entend plus la voix de l'œuvre ; dans les développements des points de vue de toutes sortes, c'est toujours l'œuvre qui est perdue de vue. Il semble qu'il ne soit plus utile d'aborder l'œuvre, puisqu'on s'en fait une opinion d'après les opinions des autres et si, parfois, tout de même, l'on juge de quelque chose, ce sont les opinions que l'on juge, que l'on repousse, que l'on adopte.

Peut-être une œuvre n'est-elle que ce que l'on en pense. Mais plutôt que de ne la penser qu'à travers les autres, vaudrait-il mieux la penser elle-même sans tenir compte des interdictions, avertissements, encouragements que l'on prodigue à son propos.

Il m'arrive de recevoir la visite de gens intéressés par mon théâtre, ou par les remous créés autour de lui. Ainsi, dernièrement, j'ai reçu trois jeunes intellectuels, intelligents et bien renseignés qui, eux aussi, voulaient savoir ce que je pensais de mes propres œuvres. Ils étaient au courant de tout ce qu'on en avait dit, en bien et en mal ; le premier partageait les avis des critiques favorables, le second me laissait entendre amicalement qu'il partageait les prises de position de mes ennemis ; le troisième, enfin, ne partageait tout à fait ni le point de vue des uns, ni celui des autres, il tentait de les départager, en toute lucidité et objectivité. Dans le courant de la conversation, je pus me rendre compte que mes trois visiteurs connaissaient peu, par la lecture ou le spectacle, mes pièces de théâtre. Ils discutaient donc autour de la chose, indifférents à la chose elle-même, ce qui, à leur avis, était tout à fait normal, car ce n'est pas la chose qui importe mais uniquement ses répercussions collectives. C'est une idée qui peut être défendue, encore que l'on puisse remarquer qu'il n'est pas rare que les réactions du public soient faussées ou dirigées, visiblement ou subtilement. Un des maîtres à penser actuels n'a-t-il pas — maladroitement d'ailleurs — déclaré qu'il fallait « mystifier pour démystifier », selon le mot qui court ? A partir de quel moment la démystification succède-t-elle à cette mystification, qui serait donc, si l'on peut dire, une mystification honnête, de bonne foi ? Et le démystificateur n'est-il pas lui-même mystifié ? Qui peut le dire, qui en est le juge qualifié ? Il faut être bien sûr de soi pour prétendre pouvoir mener les gens par le bout du nez sur le chemin du bien et de la vérité, et encore plus sûr de soi pour prétendre savoir quel est ce chemin, ce bien, cette vérité, fût-elle relative et historique. Il y a, de notre temps, des dogmes, des penseurs dogmatiques : ces dogmatismes ou ces doctrines, ne seraient-ce pas les armatures des subjectivités ?

Je n'affirmerai point que de nos jours l'on ne pense pas. Mais on pense sur ce que quelques maîtres vous donnent à penser, on pense sur ce qu'ils pensent, si on ne pense pas exactement ce qu'ils pensent, en répétant ou en paraphrasant. En tout cas, on peut observer que trois ou quatre penseurs ont l'initiative de la pensée et choisissent leurs armes, leur terrain ; et les milliers d'autres penseurs croyant penser se débattent dans les filets de la pensée des trois autres, prisonniers des termes du problème qu'on leur impose. Le problème imposé peut avoir son importance. Il y a aussi d'autres problèmes, d'autres aspects de la réalité, du monde : et le moins qu'on puisse dire des maîtres à penser, c'est qu'ils nous enferment dans leur doctorale ou moins doctorale subjectivité qui nous cache, comme un écran, l'innombrable variété des perspectives possibles de l'esprit. Mais penser par soi-même, découvrir soi-même les problèmes est une chose bien difficile. Il est tellement plus commode de se nourrir d'aliments prédigérés. Nous sommes ou avons été les élèves de tel ou tel professeur. Celui-ci nous a non seulement instruits, il nous a fait subir son influence, sa façon de voir, sa doctrine, sa vérité subjective. En un mot, il nous a « formés ». C'est le hasard qui nous a formés : car si le même hasard nous avait inscrits à une autre école, un autre professeur nous aurait façonnés intellectuellement à son image, et nous aurions sans doute pensé de manière différente. Il ne s'agit certainement pas de repousser les données qu'on nous présente et de mépriser les choix, les formules, les solutions des autres : cela n'est d'ailleurs pas possible ; mais on doit repenser tout ce qu'on veut nous faire penser, les termes dans lesquels on veut nous faire penser, tâcher de voir ce qu'il y a de subjectif, de particulier dans ce qui est présenté comme objectif ou général ; il s'agit de nous méfier et de soumettre nos propres examinateurs à notre libre examen, et de n'adopter ou non leur point de vue qu'après ce travail fait. Je crois qu'il est préférable de penser maladroitement, courtement, comme on peut, que de répéter les slogans inférieurs, moyens ou supérieurs qui courent les rues. Un homme fût-il sot, vaut quand même mieux qu'un âne intelligent et savant ; mes petites découvertes et mes platitudes ont davantage de valeur, contiennent plus de vérités pour moi que n'ont de signification pour un perroquet les brillants ou subtils aphorismes qu'il ne fait que répéter.

Les jeunes, surtout, sont l'objet de sollicitations de toutes sortes, et les foules. Les politiciens veulent obtenir des voix, les maîtres à penser sont en quête de disciples : un maître à penser prêchant dans le désert, ce serait trop risible ; on veut agir sur les autres, on veut les avoir, on veut être suivi, on veut forcer les autres de vous suivre, alors qu'au lieu d'imposer ses idées ou ses passions, sa personnalité, c'est la personnalité des autres qu'un bon maître devrait essayer d'aider à développer. Il est, je sais, bien difficile de se rendre compte dans quelle mesure l'idéologie d'un idéologue est ou n'est pas l'expression d'un désir d'affirmation de soi, d'une volonté de puissance personnelle ; c'est bien pour cela qu'il n'en faut être que plus vigilant.

Je me demande si tout ce que je viens de dire ne dépasse pas le but de mon exposé. Nous le verrons tout à l'heure. Je ne suis pas venu vous endoctriner : bien que l'on puisse répondre qu'affirmer qu'il ne faut pas faire la leçon, c'est encore faire la leçon. Dans ce cas, tant pis, c'est la seule leçon que je pourrais me permettre de donner ; mais plutôt qu'une leçon c'est une mise en garde, un appel amical à la vigilance et j'accepte qu'elle puisse se retourner contre moi. Cet entretien ne devrait pas s'intituler « propos sur mon théâtre » car il sera plutôt, j'espère, « propos sur les propos des autres sur mon théâtre ».

Ainsi donc les docteurs veulent qu'on leur obéisse.

Ils ragent qu'on ne leur obéisse point. Ils n'aiment pas que vous soyez ce que vous êtes, ils voudraient que vous fussiez ce qui leur plaît. Ils veulent que vous fassiez leur jeu, que vous vous conformiez à leur politique, que vous soyez leur instrument. Et si cela n'est pas, ils aimeraient bien vous supprimer, à moins qu'ils ne parviennent à démontrer que vous êtes tout de même ce qu'ils veulent que vous soyez, bien que vous ne le soyez pas.

Qui sont, pour un auteur de théâtre, pour moi, par exemple, ces docteurs ? Et bien, ce sont les docteurs doctes et les docteurs moins doctes aussi bien que les docteurs pas doctes du tout. C'est-à-dire, ces critiques, engagés ou enragés, qui ne veulent absolument pas vous admettre tel que vous êtes : les uns au nom de leur doctrine, les autres au nom de leurs habitudes mentales déterminées, les autres encore au nom de leur tempérament, de leurs allergies, c'est-à-dire d'une subjectivité plus simple et capricieuse. Mais aussi bien ceux-ci que ceux-là sont tous plus ou moins docteurs, même s'ils ne le sont point. Il est très évident qu'on ne peut vous juger qu'à travers soi ou ses principes, encore qu'il faille faire l'effort suprême, désirable, d'admettre l'autre, de l'accepter comme tel. C'est là la première règle d'un libéralisme qui, aujourd'hui, est passé de mode, même chez les libéraux.

Toutefois, la question n'est pas exactement là, ou, plutôt, elle est aussi ailleurs que dans les sectarismes qui limitent aussi bien la propre humanité des sectaires que l'horizon de notre intelligence à nous tous, qu'ils s'acharnent à obstruer ou réduire. Il s'agit de savoir quel crédit nous pouvons accorder à l'incohérence de la subjectivité même de ces critiques, déterminant des contradictions passionnelles à l'intérieur de leurs propres critères ou de leurs réactions élémentaires, et à la confusion des divers plans d'appréciation. Il s'agira aussi, bien que cela soit moins essentiel peut-être, de l'extrême variété des jugements, tout de même embarrassante pour un auteur qui voudrait prendre conseil de la critique aussi bien que pour les spectateurs qui voudraient être guidés dans le choix des spectacles qu'ils désireraient voir.

Ce n'est pas cette variété des opinions qui est gênante, même si elles me sont défavorables ; au contraire, l'uniformité des approbations serait de nature à inquiéter. Jean Paulhan dans sa *Petite préface à toute critique* n'a-t-il pas dit que « le blâme des critiques, de nos jours, sert une œuvre mieux encore que l'éloge. Si le marquis de Sade, Baudelaire, Rimbaud, Lautréamont nous parviennent dans leur étonnante fraîcheur, c'est grâce à quelques dénigrements ou diffamations : Jules Janin, Brunetière, Maurras, France, Faguet, Gourmont. L'éreintement conserve un auteur mieux que l'alcool ne fait d'un fruit. Et tout se passe comme si nous étions sensibles, bien plus encore qu'à la part avouée de la critique, explications, broderies et le reste, à cette part secrète (secrète, peut-on supposer, faute de preuves) où le critique admet d'abord qu'un auteur vaut d'être examiné, contesté, démoli... » et démoli, surtout. Bien sûr, mais ce qu'un auteur trouve désagréable c'est qu'on ne veuille pas l'entendre attentivement avant de prendre parti, aussi bien que la malhonnêteté des partis pris : la moindre chose que l'on puisse attendre de la part des critiques ce serait l'objectivité dans la subjectivité, c'est-à-dire la bonne foi.

En Angleterre, deux ou trois critiques dramatiques donnent le ton. Ce sont les critiques les plus éclairés, les plus compétents et les plus écoutés par les amateurs de théâtre et les intellectuels. Ils sont, pour le public tant soit peu supérieur, les guides du théâtre. L'un d'entre eux a une formation artistique et littéraire. Il a le sens de la littérature, ce qui est une chose de plus en plus rare de nos jours, il est libre, il est ouvert, il admet la pluralité des tendances. L'autre critique, dandy, marxisant, est plus jeune, de formation légèrement plus philosophique, ancien élève d'Oxford, très soucieux des idéologies, très attentif aux modes intellectuelles. Aussi bien l'un que l'autre m'ont fait, à Londres, l'honneur de s'occuper de mon théâtre et de le faire connaître, dès la représentation, en anglais, de mes premières pièces, des *Chaises*, par exemple.

Quelque temps après la parution d'un article très élogieux du plus jeune des deux sur la pièce, je rencontre celui-ci chez un ami. Je lui exprime mes remerciements, une conversation s'engage au cours de laquelle il me déclare, soudain, que je pouvais être, si je le voulais bien, le plus grand auteur de théâtre actuel : « Je ne demande pas mieux », lui dis-je, fiévreusement, « donnez-moi vite la recette!

— C'est bien simple », me répondit-il, « on attend de vous que vous nous délivriez un message. Pour le moment, vos pièces n'apportent pas le message que nous espérons de vous. Soyez brechtien et marxiste! »

Je répondis que ce message avait déjà été apporté ; qu'il était donc connu, adopté par les uns, répudié par d'autres, que de toute façon la question était posée, que si j'avais à le dire je ne ferais que le redire et que n'apportant rien de neuf je ne pourrais certainement pas devenir, comme il le disait, « le plus grand auteur de théâtre contemporain ».

Le critique m'en a beaucoup voulu. Il l'a fait voir. A la reprise, quelques mois plus tard, des mêmes *Chaises*, il fit un papier assez long, dans lequel il s'acharnait à démontrer qu'il s'était trompé la première fois dans ses éloges et qu'en voyant la pièce une seconde fois, il s'était rendu compte que, finalement, elle ne tenait pas le coup. A peu près la même chose m'est arrivée à Paris même, avec un jeune critique moins docte que dogmatique. Ce critique m'avait demandé si j'étais d'accord avec ce qu'il avait dit sur quelques-unes de mes premières pièces qu'il considérait être des critiques de la petite bourgeoisie. Je lui ai répondu que je n'étais d'accord qu'en partie avec ses affirmations. En effet, il s'agissait peut-être, dans mes pièces, d'une critique de la petite bourgeoisie, mais la petite bourgeoisie à laquelle je pensais, n'était pas une classe liée à telle ou telle société car le petit bourgeois était pour moi un être se trouvant dans toutes les sociétés, dites révolutionnaires ou réactionnaires ; le petit bourgeois n'est pour moi que l'homme des slogans, ne pensant plus par lui-même, mais répétant les vérités toutes faites, et par cela mortes, que d'autres lui ont imposées. Bref, le petit bourgeois, c'est l'homme dirigé. Je considérai que ce jeune critique même, antibourgeois, pouvait être un petit bourgeois. Du jour au lendemain, les articles de ce critique sur les mêmes pièces devinrent défavorables et pourtant je n'avais pas changé une seule réplique dans les textes en question. J'avais, tout simplement, refusé d'admettre, en tous points, son interprétation ; j'avais refusé d'entrer dans son jeu. Ce même critique avait fait, sur mon théâtre et sur celui d'un confrère, un grand article dans un grand hebdomadaire, illustré, — l'article! — par nos deux photos au beau milieu de la page. Ce que ces deux dramaturges, disait le critique, ont écrit jusqu'à présent c'est très bien, c'est très utile : ils ont « détruit » un certain langage, maintenant ils doivent reconstruire ; ils ont critiqué, ils ont nié, dorénavant ils doivent affirmer. Affirmer quoi? Ce que le critique docteur voulait, bien sûr, qu'on affirmât. Je n'ai pas suivi l'itinéraire que ce docteur voulait me tracer. L'autre auteur l'a suivi : toutes les louanges l'ont accompagné sur cette route fleurie ; moi, je fus excommunié, je me suis attiré des foudres sur la tête, de sa part et de ses amis, car pour eux, une seule espèce de théâtre est admissible, la coexistence est un mot qu'ils ne comprennent pas.

Si j'avais été malin, j'aurais pu, en acceptant, du moins verbalement, son interprétation de mes premières pièces, les sauver à ses yeux. Certains auteurs aiment être appréciés de tout le monde, même par malentendu. Mon manque de diplomatie a fait que ces premières pièces aussi sont devenues, pour quelques docteurs, sujettes à caution. En fait, elles furent invalidées par effet rétroactif : cela fait terriblement douter non seulement de l'objectivité de ces critiques mais aussi, et surtout, cela met en cause la possibilité de toute critique, puisque celle-ci peut affirmer, d'une même œuvre, deux opinions contradictoires, à la fois ou presque.

Et cela est d'autant plus irritant ou angoissant, que, lorsque le critique est suffisamment ingénieux, un jugement aussi bien que l'autre semble également recouvrir l'œuvre, semble l'expliquer parfaitement, et satisfait l'esprit de celui qui lit ce critique. Des esprits éminents se sont demandé, avant moi, si la critique était possible. On pourrait aussi se poser le problème de la validité de toute idéologie. Du moment que l'on peut affirmer indifféremment, selon un critère idéologique ou un autre, d'une œuvre d'art, d'un événement, d'un système politique ou économique, de l'histoire, de la condition humaine, qu'ils sont ceci ou cela, du moment que plusieurs interprétations, sans contradictions internes majeures paraissent expliquer et intégrer les faits dans leur système, et toutes paraissent les expliquer ; du moment qu'on peut trouver, et l'on trouve toujours, si on veut, que ces faits historiques confirment, apportent de l'eau à ce moulin idéologique-ci, mais encore à ce moulin idéologique-là, cela peut prouver qu'aucune idéologie n'est contraignante, qu'elle n'est qu'une vue de l'esprit, un choix personnel, qu'elle n'est pas une vérité objective. Reste la science. Et reste la création artistique qui, en tant que construction, univers autonome, monument, devient une réalité objective, même si, bien sûr, elle est subjectivement interprétée.

Pour en revenir à nos moutons, je veux dire : à nos critiques, je citerai un autre cas d'incohérence chez un de mes juges littéraires. Il s'agit d'un académicien, le type même de l'homme de lettres, humaniste et impressionniste. Évidemment, un impressionniste a plus de droit à l'incohérence que celui qui prétend se soumettre à des critères idéologiques bien établis. Cependant, l'incohérence du critique dramatique en question était trop grave pour ne pas être choquante. Son impressionnisme, ou plutôt ses impressions, étaient facilement prévisibles lorsqu'il allait avoir à critiquer une catégorie d'œuvres dont on savait qu'elles appartenaient à un style auquel il était habitué : pièces classiques ; ou dites « du boulevard » ; ou même d'une écriture différente, mais déjà consacrées. Une œuvre qui ne ressemblait pas tout à fait aux modèles qu'il connaissait déjà, une telle pièce, fût-elle bonne ou mauvaise aux yeux des critiques plus jeunes ou plus hardis, — lui était incompréhensible, il ne la saisissait pas. Au sujet de ma première pièce, *La Cantatrice chauve*, il disait, il y a plusieurs années, à l'occasion de sa parution « qu'elle méritait tout au plus un haussement d'épaules ». Plus tard, après avoir assisté à la représentation d'une autre pièce, *Les Chaises*, au Studio des Champs-Élysées, il écrivit que cela lui rappelait, en beaucoup plus mauvais, bien entendu, un conte d'Anatole France, mais sans fantaisie, sans invention, sans esprit. Il terminait son article en disant qu'il ne s'expliquait pas comment cette œuvre si terne avait pu être écrite par l'auteur « plein de fantaisie et d'humour de la brillante *Cantatrice chauve* ». Presque à chacune de mes pièces nouvellement représentées, il regrettait l'éblouissant auteur de la pièce précédente. L'année dernière, on a donné, au Théâtre Récamier, mon *Tueur sans gages*. Il nous administra un long, soutenu, motivé éreintement, disant que la pièce était anti-théâtrale, inaudible, illisible, incompréhensible. Il terminait sa chronique par la déclaration qu'il ne pouvait être accusé de parti pris, puisqu'il avait aimé et défendu *La Cantatrice chauve, La Leçon, Les Chaises* lors de leur création. Il avait, il est vrai, écrit une critique plutôt favorable, en 1953, de *Victimes du Devoir*. Nous redonnâmes cette pièce, avec Jacques Mauclair, trois semaines après la générale de *Tueur sans gages*. Cette fois, nous étions certains d'avoir une bonne critique pour nos *Victimes du Devoir*, puisque notre académicien n'avait qu'à se référer à ce qu'il avait lui-même déjà écrit là-dessus : déception! Le critique ne pouvait pas, bien entendu, ne pas admettre qu'il avait écrit ce qu'il avait écrit. Volontairement ou non, il trouva un subterfuge pour justifier son article méchant. Les acteurs criaient trop fort, disait-il, ils jouaient moins bien que ceux qui avaient créé, quatre ans auparavant, le même spectacle. Pourtant, à la reprise, nous avions les mêmes comédiens qu'à la création, le même metteur en scène.

C'est toujours cet académicien qui lors de la création, tout de suite après l'autre guerre, de la première pièce, en France, de Pirandello avait déclaré, à propos de cet auteur : c'est un fumiste dont on ne parlera plus. La sincérité de notre critique peut difficilement, pourtant, être mise en doute puisqu'il affirmait, candidement, à un journaliste : « Je ne me suis jamais trompé. » Un tel, lui aussi, avait écrit à propos de mes *Chaises :* « Cela ne vaut rien, ce ne sont que discussions à bâtons rompus », — ce qui ne l'a pas empêché, par la suite, à l'occasion d'un autre spectacle d'affirmer que ce dernier était détestable et que cela l'avait d'autant plus étonné, « qu'il avait tant aimé *Les Chaises* ».

Mais je m'habitue de plus en plus, à tel point qu'il me semble que cela doit être la règle, à me voir traîné dans la boue, pour la nouvelle pièce, par des admirateurs inespérés des anciennes pièces, au nom de ces anciennes pièces qu'ils ont oublié avoir pourtant également traînées dans la boue.

Si un auteur assez naïf pouvait encore nourrir l'espoir de se faire des amis prompts à le censurer et de la critique desquels il voudrait profiter pour être éclairé sur son propre métier, et s'il était l'auteur de la pièce *Rhinocéros*, son esprit s'emplirait de confusion et de désespoir, tellement les avis au sujet de cette pièce différaient du tout au tout et s'opposaient, comme jamais encore, aussi bien sur sa valeur dramatique et sur sa construction, que sur la signification qui pouvait s'en dégager, sur sa portée, sur la mise en scène, sur l'identification possible entre l'auteur et le personnage principal de la pièce. Enfin, les uns ont reproché à l'auteur d'avoir fait un théâtre engagé et d'apporter un « message », tandis que d'autres l'ont loué pour les mêmes raisons, tandis que d'autres encore concluaient qu'il n'y avait pas de message, ce qui est un bien, selon celui-ci, un mal, selon celui-là!

Pour un jeune critique d'une nouvelle revue de théâtre, mon texte ne vaut rien ; il constituerait une véritable abdication de ma part : heureusement, l'excellente mise en scène de Jean-Louis Barrault et le jeu des comédiens réussissent, tant bien que mal, à sauver la face du spectacle ; pour un autre, la pièce aurait pu avoir une portée considérable et une grande force : malheureusement, elle a été amoindrie par le metteur en scène, — qui avait réduit la portée de cette œuvre ; pour une femme de théâtre, critique très connue, la pièce aurait une rigueur, une vigueur, une progression sans bavures, d'une construction parfaite, d'une facture classique ; c'est un chef-d'œuvre, dit un autre ; c'est bien loin d'être un chef-d'œuvre (comme si chaque œuvre ne pouvait être que chef-d'œuvre ou rien), dit un autre encore car il — c'est-à-dire « moi » — ignore la technique de la conversation, les méandres où une action dramatique peut lentement se promener..., les alternances de rythmes, l'emploi des temps morts, etc. Des critiques de province ou des correspondants parisiens de journaux du Maroc ou d'Algérie sont plus catégoriques, plus précis : c'est une honte, disent-ils, de présenter un tel canular stupide et sans aucune signification, une lamentable guignolade qui nous fait bâiller et qui est indigne du Théâtre de France et d'une troupe comme celle de Jean-Louis Barrault, etc. Je vous livre aussi le point de vue d'un contribuable qui est, sans doute, celui de plusieurs autres contribuables et qui, lors d'une des premières représentations de la pièce, confiait à sa voisine puis écrivait : « C'est malheureux quand on pense que c'est un théâtre subventionné par l'État, que c'est avec notre argent à nous que l'on fait cela, que nous payons des impôts ! »

Pour certains critiques, qui ont fait des objections modérées, la première partie de la pièce est bonne : « le délire verbal cher à Ionesco, ses raccourcis temporels, l'analyse féroce du mécanisme des lieux communs ne portent vraiment qu'au cours de la première partie du spectacle », et pour le reste « il ne faut pas se le dissimuler, il y a de longs moments de bavardage et d'ennui », — et la mise en scène de cette première partie est excellente : car elle est « cocasse et mobile ». Pour un autre critique, qui est un philosophe, au contraire, le premier acte lui a semblé être un amoncellement d'inepties, « bien qu'une mise en scène et une interprétation de tout premier ordre, dit-il, m'aient malgré tout diverti. Mais à partir du milieu du second acte, il s'est produit pour moi, — et sûrement pour d'autres, — une sorte de phénomène magique. C'est comme si j'étais brusquement passé de l'autre côté du rideau, comme si ce qui n'avait été encore qu'un spectacle absurde s'était soudain intériorisé et avait pris un sens et une valeur irrécusables ; et à partir de là, jusqu'à la fin, j'ai été continuellement pris et même captivé... J'estime que c'est un spectacle qu'il faut absolument voir. Mais naturellement, il est bon d'être préparé à se sentir quelque peu éberlué ou même irrité par la première partie... En tout cas, théâtralement, il y a là une réussite surprenante à laquelle une mise en scène extraordinairement ingénieuse contribue, d'ailleurs, de la façon la plus efficace... » Ce n'est pas l'avis d'un autre critique, philosophe également, qui, favorable à l'ensemble de la pièce pense que : « l'interprétation de l'Odéon est brillante, mais ni le cadre de ce grand théâtre, ni la présentation ne servent l'ouvrage. Un premier acte trop long, des décors trop compliqués, une musique trop lourdement concrète donnent l'aspect d'une « grande machine » à cette pièce... dont la profondeur serait d'autant plus sensible que la hauteur et la largeur seraient moins imposantes ».

Ce n'est pas du tout l'avis d'un autre, qui conclut : « Chacun se demandait si le Ionesco des petits théâtres se retrouverait aux dimensions du Théâtre de France. Que l'on se rassure, l'auteur n'a pas changé, il n'a pas cherché à s'adapter à de nouvelles conditions et à un nouveau public, il apporte simplement la preuve d'une plus grande maîtrise de son métier d'auteur dramatique. Son accession aux « Subventionnés » a été l'autre soir une montée triomphale... » Et pourtant, dit encore un chroniqueur : « Quel besoin avait-on de transformer une charmante et courte nouvelle de Ionesco en une trop longue farce aux prétentions philosophiques... l'auteur qui, paraît-il, avait voulu trouver l'insolite de la banalité, est tombé, hélas, dans la banalité de l'insolite... Cette pièce, dont l'idée aurait pu être amusante... n'était que le prétexte d'un canular... méritant à peine quarante minutes de spectacle ; on nous a présenté un rhinocéros édenté ». Voici celui-ci qui précise : « La philosophie de la pièce est courte... comme dans toutes les autres pièces de cet auteur », et celui-là qui affirme que « la portée philosophique de la pièce est considérable et, de ce fait, nous avons affaire à une œuvre importante ». Un critique qui ne m'a jamais gâté et qui, s'il m'avait toujours traité jusqu'à ce jour de fumiste, mauvais petit plaisantin, demeuré, aliéné mental et autres gracieusetés, constate bien, en effet, cette fois, que *Rhinocéros* est « l'étude clinique du conformisme, de la contamination », et que « l'ouvrage montre comment naissent les mouvements, comment un fanatisme gagne de proche en proche, comment, par le consentement unanime, se forment les dictatures, comment les hommes participent à la fondation des régimes qui les écraseront » (et je suis tenté moi-même de penser que telle est, comme il dit, « la signification de cette farce ») : pourtant le critique n'approuve pas ce théâtre car, il n'y a « aucune vertu charnelle, dans un tel jeu idéologique et purement démonstratif... aucune vie, aucune âme, c'est, répète-t-il, une simple observation médicale et sociale, un labeur cérébral et canularesque quand même », ce qui ne concorde pas avec le sentiment du philosophe cité il y a quelques instants qui, lui au contraire, n'est-ce pas, « avait été pris et même captivé » et qui comprend très bien que *Rhinocéros* ait pu avoir, en Allemagne, « un succès foudroyant ». Pas étonnant pour l'Allemagne peut-être mais en France ce qui déçoit au théâtre, remarque un professeur, « c'est la grosse invention de ces pièces si peu françaises où s'illustrent

Beckett, Adamov, Ionesco, métaphysiciens d'intention, dont la métaphysique ne consiste guère que dans une parodie de la vie et qui la réalisent sur les planches avec les procédés du Grand-Guignol », — car, en effet, appuie un journaliste : « Ce théâtre, sous des dehors cocasses et farfelus, tombe dans le décevant conformisme de toute pièce à thèse », — et ce n'est, au dire d'un autre journaliste : « qu'un symbolisme aussi puéril que démodé ». En plus, le défaut de la pièce, dit un autre « est dans sa totale absence d'invention, c'est monotone, ça s'alanguit » bien qu'un autre encore puisse affirmer : « l'auteur, partant d'une donnée toute gratuite, s'élance dans la satire avec une liberté superbe, une verve qui s'enchante de ses propres trouvailles. Cette verve ne cessera de se renouveler au long des deux premiers actes de l'ouvrage, elle se fortifiera même à mesure que l'intrigue se développera ». Hélas, apprend-on d'autre part, « cet auteur n'était grand que dans les petits théâtres, *Rhinocéros* n'est qu'une prétention d'épopée », car, pouvons-nous lire dans une autre publication, « l'importance des œuvres de cet auteur a été considérablement exagérée, il ne nous a pas apporté grand-chose ; Allais, Jarry sont allés beaucoup plus loin ; somme toute, la contribution que Ionesco a apportée au théâtre est des plus modestes, il faut la réduire à ses justes dimensions. » Ce qui n'est pas l'avis d'un historien littéraire qui constate : « l'ascension de Ionesco aura duré dix ans. C'est fort peu si l'on songe à l'ampleur de la révolution idéologique et technique dont son théâtre est le véhicule et à l'intervalle immense qui sépare la stupeur incrédule de ses premiers spectateurs et la consécration que constitue son actuel succès à l'Odéon. En 1950, son premier metteur en scène, Nicolas Bataille avait eu du mal à trouver le style juste, mi-comique, mi-sérieux qui convenait à *La Cantatrice chauve*. Le public et la critique furent, dans leur ensemble, lents à comprendre la portée de ce théâtre », qui, nous venons de le voir par la citation précédente, est encore parfaitement contesté. Et ainsi de suite. Et j'avoue que l'attention que l'on veut bien me porter, bienveillante ou malveillante, m'honore, m'exaspère dans mes moments de faiblesse, me trouble, m'inquiète et parfois je suis tenté de croire que le dernier article qui m'est consacré est le seul juste : si bien que je me précipite, après l'avoir lu, sur un article précédent, exprimant une attitude opposée, afin que je ne sombre ni dans la fatuité et l'auto-confiance excessive, ni dans la dépression et le découragement, chaque critique étant pour moi l'antidote de l'autre, ce qui me permet de suivre mon chemin, dans l'équilibre que me donnent les poussées contraires, qui, de cette façon, se neutralisent tout en me servant : car quel est le service qu'elles peuvent me rendre ? De s'annuler pour ne pas me desservir.

Je ne voudrais pas ne pas signaler une sorte de véritable renversement des alliances, provisoire, je n'en doute pas, qui s'est produit à l'occasion de la création de *Rhinocéros*, chez certains des critiques : « Enfin, ça y est ! Depuis des années que nous attendions : ce jour, celui où Ionesco renonçant à ses jeux stériles, deviendrait un auteur digne d'être classique, il s'est enfin levé. Cette fois, plus d'erreur possible : Ionesco écrit en français. Et son *Rhinocéros* est une œuvre d'autant plus grande que tous peuvent en saisir la signification ! » Ce n'est pas l'avis d'un autre : « Je comprends pourquoi *Rhinocéros* a eu un tel retentissement en Allemagne : c'est parce que c'est une pièce essentiellement germanique. » Ou bien : « Enfin, pour la première fois, j'ai été conquis par une œuvre de cet auteur. » Tandis que pour d'autres, c'est l'abomination des abominations : « *La Leçon* est devenue du mauvais Labiche ; *Amédée*, du pâle Bernstein ; un fervent des catacombes a le droit de déplorer qu'après avoir génialement découvert l'insolite de la banalité Ionesco soit tombé dans le symbolisme prédicant qu'il exécrait. »

« Mal écrite et mal jouée, cette pièce n'est pas du Ionesco... » car Ionesco « au lieu de progresser dans cette voie magnifique » (celle qu'il avait suivie jusqu'à présent) ; au lieu de réaliser le « Ionesco au carré » dont on rêvait, s'est copié lui-même en défigurant... son génial pantin d'autrefois. » Pourtant le Ionesco au carré se serait réalisé, à en croire un autre article où il est écrit textuellement : « Cette pièce c'est une fable, c'est un mythe, à la fois Panurge et Prométhée », ce sont « *Les Chaises* à la puissance deux, *Rhinocéros* a gagné la bataille ».

Je ne sais pas, moi, si j'ai gagné ou non la bataille, mais je constate que sur le champ de bataille des critiques, la mêlée est inextricable.

Un thème ressort sans doute de *Rhinocéros*, celui de la réprobation du conformisme, puisque la majorité de la critique le relève. Là, les réactions peuvent se grouper plus facilement. Le conformisme a mauvaise presse. Chacun trouve que « les autres » sont conformistes, mais pas lui-même. Accuser quelqu'un de conformisme, c'est l'accuser de manquer d'intelligence ou de personnalité, cela ne se fait pas, c'est la faiblesse de l'armure de chacun, car chacun se demande s'il n'est pas sot et a peur de l'être.

Lorsqu'on assiste donc à un spectacle où il semble que le conformisme soit dénoncé, on se sent déconcerté ; ou vexé, ou au contraire, encouragé, approuvé dans une attitude que l'on a et qu'on juge soi-même être non conformiste : quelques jours après la générale de *Rhinocéros*, un critique d'art traditionaliste ou modérément moderne écrit dans un hebdomadaire, un grand papier contre les « Rhinocéros » qui sont, à son avis, « les peintres non figuratifs et les amateurs de l'art abstrait qui envahissent la peinture actuelle » ; lui « il n'aimera jamais cette peinture, il résistera à la rhinocérite ». Les rhinocéros, pour un critique dramatique connu de la grande presse bourgeoise ce sont les auteurs et les partisans du théâtre d'avant-garde (ou dit d'avant-garde) que lui, personnellement, quitte à rester le dernier homme, n'acceptera jamais.

Puis, l'accusation se précise de la part de ceux qui se sont sentis touchés et leur réaction est enfantine : « Les rhinocéros », explique un éminent critique non bourgeois pour faire pendant au critique bourgeois : « les rhinocéros ce sont les ionesquiens ».

La contre-accusation se précise davantage et l'on écrit : « Je ne capitule pas! crie le héros de *Rhinocéros*, face aux tentations du conformisme ; pour son héros c'est, malheureusement, chose faite. » Ou bien, un autre : « Lorsque le non-conformisme commence à être approuvé par la masse des conformistes, il se révèle ce qu'il était, un conformisme qui se dissimulait... » car, n'est-ce pas, il est évident que « ce théâtre est un théâtre qui rassure, confortable, un théâtre qui ne touche personne. Jugez-en... » Mais alors, pourquoi toute cette bagarre? Jugeons-en, en effet. Et le même critique poursuit :

« Pourquoi les hommes ont-ils été amenés, dans différents cas, à choisir la condition de rhinocéros ?... et si c'était de la vie médiocre, confinée, que les hommes voulaient s'évader en devenant rhinocéros ? Et si certains totalitarismes offraient un humanisme.. plus vivifiant ? » En effet, c'est peut-être ce que mon héros voulait dire : « Le nazisme était bien un de ces totalitarismes vivifiants, très vivifiant même et très tuant. »

En constatant ma présence sur le plateau de l'Odéon, théâtre subventionné, les uns, qui ont bon caractère, ont considéré cela comme une plaisanterie de la part d'un auteur « non conformiste » ; les autres, de plus méchante humeur, ont considéré que cela constituait une faute grave de nature à invalider toute mon œuvre. Je souligne, en passant, que personne n'a jamais considéré que le fait de monter des spectacles au Palais de Chaillot, également subventionné, devant des ministres qui assistaient aux générales et que Jean Vilar venait saluer, en même temps que tous les gens qui se trouvaient dans la salle, — diminuait la portée de l'esthétique théâtrale de ce grand metteur en scène. Personne ne dit que Roger Planchon et l'auteur qu'il met en scène à l'Odéon sont des conformistes dont les créations, de ce fait, seraient dévalorisées. Deux poids, deux mesures. Peut-être que je n'apporte pas le même message (puisqu'on me reproche ou l'on me loue d'en apporter un), mais, ainsi que nous l'avons vu, la critique elle-même (celle qui dit que j'apporte un message, car il y en a une autre qui prétend que je n'ai pas apporté de message idéologique), ne sait pas elle-même de quel message idéologique il s'agit.

Ce n'est pas à moi de le dire : c'est aux critiques de s'en apercevoir ; c'est à eux d'être pénétrants.

Le public populaire attendait autrefois, à la sortie du spectacle, le comédien qui avait joué le rôle de l'intrigant, pour le lyncher. Aujourd'hui, c'est l'auteur que les critiques identifient grossièrement à ses personnages.

On confond aussi ce que pense l'auteur de son œuvre, — avec l'œuvre elle-même. Un critique anglais concluait qu'Arthur Miller était un grand auteur, car ce que Miller disait de son propre théâtre était intéressant : mais la réussite artistique n'était même pas mise en question ; comme s'il était tout à fait secondaire que Miller eût écrit des pièces ou non, encore moins qu'elles fussent bonnes ou mauvaises.

Un professeur, à son tour, me reproche aimablement de m'établir, sur le plan des principes du moins, dans un nihilisme terroriste que je défends avec une vigueur digne d'une meilleure cause. Mais dit-il : mon théâtre ne serait pas si fort, s'il était vide. Alors pourquoi m'en veut-il ?

L'homme n'est solitaire et angoissé qu'à certaines époques, la nôtre, par exemple, où il y a, dit le même, clivage de la société en deux groupes au moins. Mais le personnage de Hamlet n'exprime-t-il pas la solitude et l'angoisse ; et la cellule de Richard II n'est-elle pas celle de toutes les solitudes ? Il me semble que la solitude et surtout l'angoisse caractérisent la condition fondamentale de l'homme. Et ce professeur qui pense que c'est une révolution économique et politique qui va automatiquement résoudre tous les problèmes de l'homme est un utopiste, et moins intelligent que mon perroquet.

Ce critique me reproche encore de vouloir m'évader du cadre social, car, dit-il, « tout homme vit dans une certaine civilisation qui le nourrit, mais, qui, ajoute-t-il, ne l'explique pas totalement ».

Mes pièces n'ont jamais voulu dire autre chose. Mais simplement que l'homme n'est pas seulement un animal social prisonnier de son temps, mais qu'il est aussi, et surtout, dans tous les temps, différent historiquement dans ses accidents, identique dans son essence. Ainsi si nous dialoguons avec Shakespeare, avec Molière, avec Sophocle, si nous les comprenons, c'est parce qu'ils sont, profondément, en leur essence, comme nous. Je trouve que l'homme universel n'est pas celui d'une humanité générale abstraite mais vraie, concrète ; et l'homme « en général » est plus vrai que l'homme limité à son époque, mutilé. Et j'ai dit, plusieurs fois, que c'est dans notre solitude fondamentale que nous nous retrouvons et que plus je suis seul, plus je suis en communion avec les autres, alors que dans l'organisation sociale, qui est organisation des fonctions, l'homme ne se réduit qu'à sa fonction aliénante.

J'ajouterais que l'œuvre d'art a de la valeur par la puissance de sa fiction, puisqu'elle est fiction avant tout, puisqu'elle est une construction imaginaire ; on la saisit, d'abord, bien sûr, par tout ce qu'elle a d'actuel, de moral, d'idéologique, etc., mais c'est la saisir par ce qu'elle a de moins essentiel. Est-elle inutile, cette construction imaginaire, faite, bien sûr, avec les matériaux tirés du réel ? Pour certains, oui. Mais pourquoi la construction littéraire serait-elle moins admissible que les constructions picturales ou musicales ? Parce que ces dernières peuvent moins facilement être des instruments de propagande : dès qu'on en fait de la propagande, d'une part, elles se dénaturent, d'autre part, elles se dévoilent trop clairement comme propagande. En littérature, l'ambiguïté est plus facile.

Et si certains n'aiment pas les constructions de l'imagination, il n'en est pas moins vrai qu'elles sont là, qu'elles se font parce qu'elles correspondent à une exigence profonde de l'esprit.

Si la confusion est si grande dans l'appréciation d'une œuvre d'art, d'une pièce de théâtre, c'est que personne en somme ne sait ce qu'est exactement une œuvre littéraire, une pièce de théâtre. Relisez la *Petite préface à toute critique*, de Jean Paulhan : il vous dit, infiniment mieux que moi, quelles sont les différentes façons de ne pas le savoir.

En somme, qu'y a-t-il eu de gênant dans les jugements des autres ? Je pense que ce qui m'ennuyait surtout, et ce qui continue de m'ennuyer, c'est que je n'étais pas jugé sur la question. J'ai l'impression d'avoir été jugé non par des critiques littéraires ou par des critiques de théâtre, mais par des moralistes. J'entends par moralistes, les théologiens, fanatiques, dogmatiques, idéologues de tous bords. C'est-à-dire, hors du problème. J'ai la conviction absolue que ce n'est pas ce genre de jugement passionnel qui, en fin de compte, aura le dessus. Je constate également qu'il est, sur le moment, extrêmement irritant. La subjectivité moraliste des contemporains, pris dans la tempête des passions de toutes sortes, ne me semble donc pas seulement irritante mais surtout aveuglée et aveuglante. Pour ce qui est de la subjectivité de la postérité, elle peut sembler aussi inacceptable, si bien qu'on ne sait plus comment en sortir. J'espère toutefois que le temps viendra de l'objectivité relativement absolue, si je puis dire, après les tempêtes.

Je vais essayer de préciser certaines choses. Lorsque je déclare, par exemple, qu'une œuvre d'art, une pièce de théâtre en l'occurrence, n'a pas à être idéologique, je ne veux certainement pas dire qu'il ne faut pas y trouver des idées, des opinions. Je crois simplement que ce ne sont pas les opinions exprimées qui comptent. Ce qui compte, c'est la chair et le sang de ces idées, leur incarnation, leur passion, leur vie.

Une œuvre d'art ne peut pas faire double emploi avec une idéologie car, dans ce cas, elle serait l'idéologie, elle ne serait plus l'œuvre d'art, c'est-à-dire une création autonome, un univers indépendant vivant sa propre vie, selon ses propres lois. Je veux dire qu'une œuvre théâtrale, par exemple, est elle-même sa propre démarche, est elle-même une exploration, devant arriver par ses propres moyens à la découverte de certaines réalités, de certaines évidences fondamentales, qui se révèlent d'elles-mêmes, dans le cheminement de cette pensée créatrice qui est l'écriture, évidences intimes (ce qui n'empêche pas de joindre les évidences intimes des autres, ce qui fait que la solitude finit ou peut finir par s'identifier à la communauté), évidences intimes inattendues au départ, et qui sont surprenantes pour l'auteur lui-même et souvent surtout pour l'auteur lui-même. Cela signifie peut-être que l'imagination est révélatrice, qu'elle est chargée de multiples significations que le « réalisme » étroit et quotidien ou l'idéologie limitative ne peuvent plus révéler : en effet, celle-ci imposant à l'œuvre de n'être que son illustration, l'œuvre n'est plus création en marche, action, surprise ; elle est connue d'avance. Des œuvres réalistes ou idéologiques ne peuvent plus que nous confirmer ou nous enferrer dans des positions préalables trop fermement établies. On cherche trop, dans les œuvres, la défense et l'illustration, la démonstration de ce qui était déjà démontré, donc de ce qui n'était plus à démontrer. L'horizon est bouché, c'est la prison ou le désert, plus d'événements inattendus, donc plus de théâtre. Si bien que j'arrive à avancer que le réalisme, par exemple, est faux ou irréel et que seul l'imaginaire est vrai. Une œuvre vivante est donc celle qui surprend tout d'abord son propre auteur, qui lui échappe, qui met l'auteur et les spectateurs en déroute, en quelque sorte, en contradiction avec eux-mêmes. Autrement, l'œuvre créatrice serait inutile car pourquoi donner un message qui a déjà été donné ? Une œuvre d'art est, pour moi, l'expression d'une intuition originale ne devant presque rien aux autres : en créant un monde, en l'inventant, le créateur le découvre.

Un auteur de théâtre, trop maître de ce qu'il fait, ou un poète dont l'œuvre créatrice veut n'être que démonstration de ceci ou de cela, aboutit à faire une œuvre fermée sur elle-même, isolée de ses mérites profonds. Ce n'est plus un poète, c'est un pion. Je me méfie profondément du théâtre que l'on appelle didactique, car le didactisme tue l'art... et aussi l'enseignement : la même leçon toujours rabâchée est inutile ! Des idéologues plus staliniens que ne l'était Staline lui-même, des auteurs de théâtre parfois considérables, veulent absolument sauver le monde ou l'éduquer. Mais nous savons très bien que lorsque les religions vous parlent du salut de l'âme, c'est surtout à l'enfer qu'elles pensent, où devront aller les âmes rebelles au salut ; nous savons également que lorsque l'on parle d'éducation, on aboutit très vite à la rééducation et nous savons tous ce que cela veut dire. Les pions de tous les côtés, les éducateurs et rééducateurs, les propagandistes de tant de croyances, les théologiens et les politiciens finissent par constituer des forces oppressives contre lesquelles l'artiste doit combattre. J'ai cru devoir affirmer plusieurs fois que deux dangers menaçaient la vie de l'esprit et le théâtre en particulier : la sclérose mentale bourgeoise d'une part, les tyrannies des régimes et directions politiques d'autre part, c'est-à-dire les bourgeoisies de tous les côtés. J'entends par esprit bourgeois, le conformisme d'en haut, d'en bas, de gauche, de droite, l'irréalisme bourgeois aussi bien que l'irréalisme socialiste, les systèmes de convention figés. Souvent, hélas, les pires bourgeois sont les bourgeois anti-bourgeois. Je me demande si l'art ne pourrait pas être cette libération, le réapprentissage d'une liberté d'esprit dont nous sommes déshabitués, que nous avons oubliée, mais dont l'absence fait souffrir aussi bien ceux qui se croient libres sans l'être (les préjugés les en empêchant) que ceux qui pensent ne pas l'être ou ne pas pouvoir l'être.

Je crois pouvoir penser tout de même qu'un théâtre d'avant-garde serait justement ce théâtre qui pourrait contribuer à la redécouverte de la liberté. Je dois dire tout de suite que la liberté artistique n'est pas du tout méconnaissance des lois, des normes. La liberté d'imagination n'est pas une fuite dans l'irréel, elle n'est pas une évasion, elle est audace, invention. Inventer n'est pas démissionner, n'est pas s'évader. Les routes de l'imagination sont innombrables, les puissances de l'invention n'ont pas de bornes. Au contraire, le fait de se trouver dans les limites étroites de ce qu'on appelle une thèse quelconque, et le réalisme, socialiste ou non, constituent justement cette impasse. Celui-ci est déjà desséché, ses révélations sont fanées, il est une académie et un pompiérisme, il est une prison.

Conférence prononcée en Sorbonne en mars 1960 dans le cadre de la « Maison des Lettres ».)

MES CRITIQUES ET MOI

Il y a déjà quelques années, j'eus l'idée, un beau jour, de mettre, l'une à la suite de l'autre, les phrases les plus banales, faites des mots les plus vides de sens, des clichés les plus éculés que j'ai pu trouver dans mon propre vocabulaire, dans celui de mes amis ou, d'une manière plus réduite, dans des manuels de conversation étrangère.

Malheureuse initiative : envahi par la prolifération des cadavres de mots, abruti par les automatismes de la conversation, je faillis succomber au dégoût, à une tristesse innommable, à la dépression nerveuse, à une véritable asphyxie. Je pus tout de même mener à bout la tâche insensée que je m'étais proposée. Un jeune metteur en scène dans les mains duquel tomba, tout à fait par hasard, ce texte, considéra que c'était une œuvre théâtrale et en fit un spectacle : nous lui donnâmes pour titre : *La Cantatrice chauve* et la pièce fit beaucoup rire les gens. J'en fus tout étonné, moi, qui avais cru écrire la « Tragédie du langage! »

Pour empêcher toute confusion possible, je fis une seconde pièce dans laquelle on voyait comment un professeur, atroce, sadique, s'y prenait pour tuer une à une, toutes ses malheureuses élèves. Le public trouva que cela était franchement gai.

Pensant alors comprendre mon erreur et que j'étais un auteur inconsciemment comique j'écrivis des farces : celle, entre autres, de deux personnes presque centenaires, drôlement gâteuses, qui organisent une soirée à laquelle des quantités de gens sont invités, qui ne viennent pas, pour lesquels on entasse une énorme quantité de chaises inutiles. Situation classique de vaudeville : les spectateurs savent qu'il n'y a personne, les héros de la pièce ne le savent pas et prennent les chaises vides pour des êtres en chair et en os, auxquels ils confient, comiquement pathétiques, tout ce qu'ils ont « sur le cœur ». Les spectateurs trouvèrent que la chose était particulièrement macabre.

Je m'étais donc, encore une fois, trompé. Je crus, malgré cela, pouvoir trouver une solution qui ne prêterait plus à confusion aucune : ne pas écrire une comédie, ni un drame, ni une tragédie, mais simplement un texte lyrique, du « vécu » ; je projetai sur scène mes doutes, mes angoisses profondes, les dialoguai ; incarnai mes antagonismes ; écrivis avec la plus grande sincérité ; arrachai mes entrailles : j'intitulai cela *Victimes du Devoir*. On me traita de fumiste, de petit plaisantin.

Soyons plaisantin, me dis-je, tout en recousant ma peau.

Je me mis au travail, composai sept petits sketches qui furent représentés dans un de ces théâtres de la rive gauche que l'on appelle du nom bizarre d'« avant-garde ».

Des critiques écrivirent à cette occasion que la tentative de théâtre abstrait que j'avais faite était sérieuse, posait de subtils problèmes ; cependant, pour intéressante qu'elle fût, elle ne pouvait mener à rien. On me fit observer que le théâtre n'est pas abstrait, car il est concret. Je trouvai que l'objection — un peu en dehors de la question — était juste.

Je voulus savoir alors, de façon précise, si je devais persévérer, oui ou non, et dans quelle direction. A qui demander conseil ? A mes critiques, évidemment. Il n'y avait qu'eux à pouvoir m'éclairer. Je relus donc, et étudiai avec la plus grande attention et le plus grand respect ce que ces derniers avaient bien voulu penser de mes pièces. J'appris ainsi que j'avais du talent : un peu, beaucoup, passionnément, pas du tout ; que j'avais de l'humour ; que j'en étais absolument dépourvu ; que j'étais un maître de l'insolite, un tempérament mystique ; que mes pièces avaient des prolongements métaphysiques ; que — selon un autre — j'étais, dans le fond, un esprit réaliste, psychologue, un bon observateur du cœur humain, et que c'est en ce sens que je devais diriger ma création ; que j'étais assez flou ; que j'avais une écriture nette, claire ; que j'avais une langue pauvre ; une langue riche ; que j'étais un critique violent de la société actuelle ; que le plus grave défaut de mon théâtre consistait dans le fait que je ne dénonçais pas l'ordre social injuste, le désordre établi ; on me reprochait vivement d'être asocial ; je sus encore que je n'étais pas du tout poétique, or, il le fallait, car « pas de théâtre, sans poésie » ; que j'étais poétique, et justement il ne le fallait pas, car « la poésie, qu'est-ce que cela veut dire ? » ; que mon théâtre était trop conscient, trop cérébral, froid ; au contraire, primitif, simple, élémentaire ; que je suis dénué d'imagination, schématique, sec ; que je ne sais pas canaliser une imagination excessive, indisciplinée et que — au lieu d'être sec et dépouillé comme il se doit — je suis prolixe ; que, ce qui est intéressant dans mon cas, je serais l'un des créateurs de la dramaturgie des objets ; « pas d'accessoires au théâtre », prônait un autre, « c'est mauvais, ce qui compte c'est le texte » ; mais si, mais si, les accessoires, cela est très important, cela visualise, théâtralise le thème de la pièce ; pas du tout ; mais si ; mais non...

Je pris ma tête dans mes mains. Je me dis qu'il valait mieux écouter un seul juge. Je lus les chroniques successives d'un de mes critiques, choisi au hasard : celui-ci reprochait à mon théâtre d'être trop facile, sans secrets ; deux mois plus tard, le même m'objectait d'être surchargé de lourds et obscurs symboles et défiait quiconque d'y comprendre quoi que ce soit.

« Voyons-en un autre », me dis-je. Ce second critique chatouillait agréablement mon orgueil : j'appris que j'avais brisé toutes les vieilles conventions théâtrales, que je faisais des pièces tout à fait neuves, originales, hardies, innovais, étais révolutionnaire. Hélas, revenant sur ses propos, ce second critique déclara que je ne faisais que continuer une tradition périmée et répétais tout ce qui avait été dit et redit mille fois avant moi. On me prouva que j'étais très influencé par Strindberg. Cela m'obligea à lire le dramaturge scandinave : je me rendis compte, en effet, que cela était vrai. Non pas par Strindberg, affirmèrent les autres, mais plutôt par Jarry, et que c'était bien, parce que j'avais aussi un apport personnel ; et que ce n'était pas bien, parce que je n'avais aucun apport personnel ; et par Tchékhov, Molière, Flaubert, Monnier, Vitrac, Queneau, Picasso, Raymond Roussel, Pirandello, Courteline, Alphonse Allais, Kafka, Lewis Carroll, les élisabéthains, les expressionnistes, les distanciationnistes avec un côté Synge, un côté Artaud, sans compter le côté Lautréamont, le côté Rimbaud, le côté Daumier, le côté Napoléon, le côté Richelieu, le côté Mazarin et beaucoup d'autres côtés...

Me croira-t-on ? Je me sens vraiment désemparé. J'ai l'intention de relire une vieille fable : « Le meunier, son fils et l'âne ». Peut-être en tirerai-je une conclusion définitive.

Hélas ! C'est encore celle d'un autre...

Arts, 22-28 février 1956.

[illegible]

Armand [illegible] le Plastic [illegible] [illegible] partenant [illegible] des [illegible] faire [illegible] il est [illegible] de [illegible]

[illegible]

[illegible] en 1908, [illegible] gramme est [illegible] de la [illegible] de [illegible] l'action [illegible] le rôle de la [illegible] est symphonique [illegible]

CONTROVERSE LONDONIENNE

I

Kenneth Tynan, dont on a traduit en France un essai : Le Théâtre et la vie (*in* : Les jeunes gens en colère vous parlent), *est un des critiques qui ont le plus bataillé pour faire connaître Ionesco en Angleterre. La bataille gagnée, il eut soudain des doutes et les exposa dans l'*Observer *de 22 juin 1958, sous un titre interrogatif :*

IONESCO : HOMME DU DESTIN?

[...] Au Royal Court Theatre, *Les Chaises* est une reprise. Quant à *La Leçon*, nous l'avions déjà apprise, en 1955, au Théâtre des Arts. Le but de ce programme est, cette fois, de montrer la variété théâtrale de Joan Plowright, qui, d'une pièce à l'autre, rajeunit de soixante-dix ans... Toutefois, l'accueil enthousiaste du public ne s'adressait pas seulement à l'actrice, quelque étonnante qu'elle ait pu être dans le rôle de la vieillarde. Les applaudissements avaient une intensité assourdissante, la sorte de frénésie qui est symptomatique d'un culte nouveau. C'était un culte de Ionesco ; et j'y flaire un danger.

Déçues par la « renaissance poétique » Fry, Eliot, les autruches de notre intelligentsia théâtrale se sont mises en quête d'une autre foi. N'importe quoi aurait fait leur affaire, pourvu que soient brisées « les entraves du réalisme ». Or, une pièce réaliste se définit, en gros, par le fait que personnages et incidents sont visiblement enracinés dans la vie... Gorki, Tchékhov, Arthur Miller, Tennessee Williams, Brecht, O'Casey, Osborne et Sartre ont écrit des pièces réalistes [...] on y exprime une vue humaine du monde avec les mots de tout le monde que nous pouvons tous reconnaître. Comme toutes les disciplines exigeantes, le réalisme peut se corrompre en sentimentalité nauséeuse (N. C. Hunter), en semi-vérité (Terence Rattigan), en simple copie photographique des trivialités humaines. Les auteurs qui s'y sont montrés des maîtres ont créé le durable répertoire du théâtre du xxe siècle ; et j'ai pris soin de ne point exclure Brecht, qui a utilisé des procédés de stylisation pour mettre en relief des personnages essentiellement réalistes.

Ce qui, aux yeux des autruches, suffisait à l'éliminer : il était trop réel. De même, elles préfèrent *Fin de partie*, où l'élément humain était minime, à *En attendant Godot*, où l'on voyait deux clochards d'un réalisme méphitique, qui, en outre, inspiraient à leur créateur une visible affection. Voilant leur désapprobation, les autruches bondirent sur une œuvre de Beckett plus manifestement verbale et la saluèrent comme « l'image authentique d'un monde en pleine désintégration ». Mais ce ne fut qu'avec l'arrivée de M. Ionesco que les autruches crièrent au messie. Enfin, c'était l'avocat passionné de l'*antithéâtre* : il s'opposait ouvertement au réalisme, et tacitement à la réalité même. Il déclarait que les mots n'avaient pas de sens, que la communication entre les hommes était impossible. Les vieillards, comme dans *Les Chaises* sont pris dans un cocon impénétrable de souvenirs hallucinés : ce qu'ils disent n'est intelligible que pour eux-mêmes, incompréhensible pour quiconque d'autre. Le professeur de *La Leçon* ne peut communiquer avec son élève que par les moyens de la violence sexuelle, suivis du meurtre. Les mots, découverte merveilleuse de notre espèce, sont écartés comme inutiles et faux.

M. Ionesco a créé un monde de robots solitaires, conversant entre eux en dialogues pareils à ceux des « Comics » pour enfants, — dialogues parfois désopilants, parfois évocateurs, souvent ni l'un ni l'autre, et qui, alors, distillent un profond ennui. Les pièces de M. Ionesco sont comme les histoires de chiens qui parlent : on ne peut guère les entendre deux fois. J'ai eu cette impression, notamment, avec *Les Chaises*. Ce monde n'est pas le mien, mais je reconnais qu'il s'agit d'une vision personnelle tout à fait légitime, présentée avec beaucoup d'aplomb imaginatif et d'audace verbale. Le danger commence lorsqu'on le présente comme exemplaire, comme le seul accès possible vers le théâtre de l'avenir, — ce lugubre monde d'où seront exclues à jamais les hérésies humanistes de la foi en la logique et de la foi en l'homme.

M. Ionesco offre certes une « évasion du réalisme », mais évasion vers quoi ? Vers une impasse, peut-être, ornée de décorations tachistes sur les murs. Ou une volontaire cloche à vide, dans laquelle l'auteur, sur un ton d'augure, nous invite à observer l'absence d'air. Ou, mieux encore, une randonnée de foire dans le train fantôme, avec des crânes partout et des masques de cire qui hurlent, — mais nous émergeons ensuite dans la réalité de tous les jours, dont la rumeur est beaucoup plus intimidante.

Le théâtre de M. Ionesco est piquant, excitant ; il demeure un divertissement en marge. Il n'est pas situé sur la grand-route, et ce n'est pas lui rendre service, ni au théâtre, que de prétendre qu'il l'est.

Kenneth TYNAN.

Traduit de l'anglais par Jean-Louis Curtis.

II

Ionesco répondit en ces termes à Kenneth Tynan :

LE ROLE DU DRAMATURGE

J'ai été naturellement honoré par l'article que M. Tynan a consacré à mes deux pièces, *Les Chaises* et *La Leçon*, malgré les réserves qu'il contenait, et qu'un critique a le droit de faire. Toutefois, comme certaines de ses objections me paraissent fondées sur des prémisses non seulement fausses, mais étrangères au théâtre, je me crois autorisé à faire certains commentaires.

M. Tynan rapporte que l'on m'aurait désigné, avec mon approbation, comme une sorte de « messie » du théâtre. C'est doublement inexact, car je n'ai pas de goût pour les messies, d'une part, et d'autre part je ne crois pas que la vocation de l'artiste ou du dramaturge soit orientée vers le messianisme. J'ai la nette impression que c'est M. Tynan qui est en quête de messies. Apporter un message aux hommes, vouloir diriger le cours du monde, ou le sauver, c'est l'affaire des fondateurs de religions, des moralistes ou des hommes politiques, — lesquels, entre parenthèses, s'en tirent plutôt mal, comme nous sommes payés pour le savoir. Un dramaturge se borne à écrire des pièces, dans lesquelles il ne peut qu'offrir un témoignage, non point un message didactique, — un témoignage personnel, affectif, de son angoisse et de l'angoisse des autres, ou, ce qui est rare, de son bonheur ; ou bien, il y exprime ses sentiments, tragiques ou comiques, sur la vie.

Une œuvre d'art n'a rien à voir avec les doctrines. J'ai déjà écrit ailleurs qu'une œuvre d'art qui ne serait qu'idéologique, et rien d'autre, serait inutile, tautologique, inférieure à la doctrine dont elle se réclamerait et qui trouverait meilleure expression dans le langage de la démonstration et du discours. Une pièce idéologique n'est rien d'autre que la vulgarisation d'une idéologie. A mon sens, une œuvre d'art a un système d'expression qui lui est propre ; elle possède ses propres moyens d'appréhension directe du réel.

M. Tynan semble m'accuser d'être délibérément, explicitement antiréaliste ; d'avoir déclaré que les mots n'ont pas de sens et que tout langage est incommunicable. Ce qui n'est que partiellement vrai, car le fait même d'écrire et de présenter des pièces de théâtre est incompatible avec une telle conception. Je prétends seulement qu'il est difficile de se faire comprendre, non point absolument impossible, et ma pièce, *Les Chaises*, est une plaidoirie, pathétique peut-être, en faveur de la compréhension mutuelle. Quant à la notion de réalité, M. Tynan me paraît ne reconnaître qu'un seul mode de la réalité [1] : le mode dit « social », à mes yeux le plus extérieur et, pour tout dire, le moins objectif, car sujet en fait aux interprétations passionnelles. C'est pourquoi je pense que des écrivains comme Sartre (auteur de mélodrames politiques), Osborne, Miller, etc., sont les nouveaux « auteurs du boulevard », représentant un conformisme de gauche qui est tout aussi pitoyable que celui de droite. Ces écrivains n'offrent rien que l'on ne connaisse déjà, par les ouvrages et discours politiques.

Ce n'est pas tout. Il n'est pas suffisant d'être un écrivain « social réaliste », il faut aussi, paraît-il, être un adepte militant de ce que l'on appelle « le progrès ». Les seuls auteurs valables, ceux qui sont sur la « grand-route » du théâtre, seraient ceux qui pensent selon certains principes, ou directives, préétablis. (Mais le « progressisme » n'est pas toujours le progrès.)

Voilà qui rétrécirait singulièrement la grand-route, qui réduirait d'une façon considérable les divers plans de la réalité, et limiterait le champ ouvert aux recherches de la création artistique. Je crois que ce qui nous sépare les uns des autres c'est cette « politique », qui élève des barrières entre les hommes et est une somme constante de malentendus.

Si je peux m'exprimer en paradoxe, je dirai que la société véritable, l'authentique communauté humaine, est extra-sociale, — c'est une société plus

1. Comme il l'a dit clairement dans une interview publiée dans « Encounter ».

vaste et plus profonde, celle qui se révèle par des angoisses communes, des désirs, des nostalgies secrètes qui sont le fait de tous. L'histoire du monde est gouvernée par ces nostalgies et ces angoisses que l'activité politique ne fait que refléter, et qu'elle interprète très imparfaitement. Aucune société n'a pu abolir la tristesse humaine, aucun système politique ne peut nous libérer de la douleur de vivre, de la peur de mourir, de notre soif de l'absolu. C'est la condition humaine qui gouverne la condition sociale, non le contraire.

La « réalité » me semble être beaucoup plus vaste et plus complexe que ce à quoi M. Tynan et beaucoup d'autres avec lui veulent se limiter. Le problème est d'aller à la source de notre maladie, de découvrir le langage non conventionnel de cette angoisse, en rompant avec les clichés et formules du langage impersonnel des slogans « sociaux ».

Les caractères « robots » que M. Tynan réprouve me semblent être précisément ceux qui appartiennent uniquement à ce milieu ou à cette réalité « sociale », qui en sont prisonniers et qui — n'étant que « sociaux » — se sont appauvris, aliénés, vidés. C'est précisément le conformiste, le petit bourgeois, l'idéologue de n'importe quelle « société » qui est perdu et déshumanisé. S'il existe quelque chose qui a besoin d'être démystifié, ce sont les idéologies qui offrent des solutions toutes faites (qui sont les alibis provisoires des partis parvenus au pouvoir) et que, en plus, le langage cristallise, fige. Tout doit être continuellement réexaminé à la lumière de nos angoisses et de nos rêves, et le langage figé des « révolutions » installées doit être sans répit dégelé, afin de retrouver la source vivante, la vérité originelle.

Pour découvrir le problème fondamental commun à tous les hommes, il faut que je me demande quel est *mon* problème fondamental, quelle est ma peur la plus indéracinable. C'est alors que je découvrirai quels sont les peurs et les problèmes de chacun. Voilà la vraie grand-route, celle qui plonge dans mes propres ténèbres, *nos* ténèbres, que je voudrais amener à la lumière du jour.

Il serait amusant de faire une expérience pour laquelle la place me manque ici, mais que j'espère bien réaliser un jour. Je pourrais prendre à peu près n'importe quelle œuvre d'art, n'importe quelle pièce, et je parie pouvoir donner successivement à chacune d'entre elles une interprétation marxiste, bouddhiste, chrétienne, existentialiste, psychanalytique ; prouver, tour à tour, que l'œuvre sujette à toutes ces interprétations est une illustration parfaite et exhaustive de chacune de ces croyances, et qu'elle confirme aussi bien cette idéologie-ci que cette idéologie-là de façon exclusive. Pour moi, cela prouve autre chose : que chaque œuvre d'art (à moins qu'elle ne soit une œuvre pseudo-intellectualiste, à moins qu'elle ne soit déjà totalement contenue dans un système idéologique quelconque qu'elle ne fait que vulgariser — comme c'est le cas pour tant de pièces à thèse) est en dehors de l'idéologie, qu'elle n'est pas réductible à une idéologie. L'idéologie ne fait que l'entourer sans la pénétrer. L'absence d'idéologie dans l'œuvre ne signifie pas l'absence d'idées ; au contraire, ce sont les œuvres d'art qui les fertilisent. En d'autres mots, ce n'est pas Sophocle qui a été inspiré par Freud, mais c'est bien Freud qui a été inspiré par Sophocle et par les angoisses dont témoignent l'existence, les œuvres d'art et les révélations qu'elles peuvent déterminer. L'idéologie n'est pas la source de l'art. C'est l'œuvre d'art qui est la source et le point de départ des idéologies ou philosophies à venir (car l'art est la vérité et l'idéologie n'en est que l'affabulation, la morale).

Que doit donc faire le critique ? Où doit-il chercher ses critères ? Dans l'œuvre elle-même, son univers et sa mythologie. Il doit la regarder, l'écouter, et dire uniquement si elle est ou n'est pas logique avec elle-même, cohérente en soi. Le meilleur jugement sera une description attentive de l'œuvre elle-même. Pour cela il faut laisser l'œuvre parler d'elle-même, en faisant taire les idées préconçues, les partis idéologiques et les jugements préfabriqués. La question de savoir si l'œuvre est ou non sur la grand-route, conforme ou non à ce que vous voudriez qu'elle fût, relève d'un jugement préétabli, extérieur, insignifiant et faux. Une œuvre d'art est l'expression d'une réalité incommunicable que l'on essaie de communiquer, — et qui, parfois, peut être communiquée. C'est là son paradoxe, — et sa vérité.

(*N. B. — Ce texte a été, lui aussi, traduit de l'anglais par Jean-Louis Curtis. Ionesco n'a pu retrouver l'original français.*)

III

La réponse de Ionesco provoqua de nombreux commentaires. Kenneth Tynan répondit à cette réponse. Puis Philip Toynbee dit son mot, ainsi que de nombreux lecteurs, dont les lettres furent publiées. Nous donnerons deux fragments de ces lettres.

*Mais voici d'abord, de nouveau, Kenneth Tynan. Cet article parut dans l'*Observer *du 6 juillet 1958 :*

IONESCO ET LE FANTOME

L'article de M. Ionesco sur « le rôle du dramaturge » est discuté ailleurs, dans ce journal, par M. Philip Toynbee et par plusieurs lecteurs. Je voudrais ajouter ce qui ne sera pas, je l'espère, un post-scriptum, car il serait bon que ce débat fût poursuivi.

En lisant le texte de M. Ionesco, j'ai d'abord éprouvé un certain étonnement, puis de l'admiration, enfin du regret. J'ai été surpris de me voir attribuer, par M. Ionesco, des conceptions fort autoritaires touchant une *mission* politique du théâtre. Je m'étais en effet borné à suggérer que le théâtre, comme n'importe quelle activité humaine, fût-ce la plus modeste (achat d'un paquet de cigarettes, par exemple) a des *répercussions* sociales et politiques. J'ai ensuite admiré la sincérité et le talent de prosateur, avec lesquels M. Ionesco a exposé ses idées. J'ai enfin regretté qu'un homme capable d'assumer une attitude positive envers l'art, nie qu'il vaille la peine de prendre une attitude positive envers la vie. Ou même (ce qui est crucial) qu'il y ait, de l'une à l'autre, une relation vitale.

La position vers laquelle évolue M. Ionesco tient l'art pour une activité purement autonome, qui n'a et ne *doit* avoir aucune sorte de correspondance avec quoi que ce soit en dehors de l'esprit de l'artiste. Il se trouve que cette position est à peu près celle d'un peintre français déclarant, voici quelques années, que, rien dans la nature n'étant exactement semblable à rien d'autre, il se proposait de brûler tous ses tableaux, qui ressemblaient peu ou prou à des objets pré-existants.

M. Ionesco n'en est pas encore là. Il en est resté à l'ornière du cubisme (pour garder l'analogie picturale). Les cubistes employaient la déformation pour faire des découvertes sur la nature de la réalité objective. M. Ionesco est sur le point de croire que ses déformations ont plus de valeur et d'importance que le monde extérieur qu'elles sont censées interpréter. Je ne suis pas encore assez sclérosé par la critique dramatique pour avoir oublié (si je puis paraphraser Johnson) que les pièces de théâtre sont filles de la terre, et les objets, fils du ciel. Le danger qui menace M. Ionesco est de s'enfermer dans cette galerie des glaces, connue, en philosophie, sous le nom de solipsisme.

L'art vit de la vie, comme la critique vit de l'art. M. Ionesco et ses disciples brisent le lien, s'isolent, aspirent à une sorte d'immobilisme quiet. Au mieux, ils échouent à l'atteindre. L'inquiétant est qu'ils essaient. Privé de sang, le cerveau engendre des phantasmes, un délire de grandeur. « Une œuvre d'art, dit M. Ionesco, est la source et le matériau brut des idéologies futures. » O hybris! Il arrive qu'art et idéologie influent l'un sur l'autre ; le vrai est qu'ils jaillissent d'une source commune. L'un et l'autre s'appuient sur l'expérience humaine pour expliquer les hommes à eux-mêmes. Ils sont frère et sœur, non père et fille. Dire, comme le fait M. Ionesco, que Freud a trouvé son inspiration dans Sophocle est une grave absurdité. Freud a simplement trouvé dans Sophocle la confirmation d'une théorie qu'il avait élaborée à partir d'une découverte expérimentale.

On peut se demander pourquoi M. Ionesco tient si fort à cette conception fantomatique de l'art comme monde clos, autonome, responsable devant ses propres lois. La réponse est simple : M. Ionesco cherche à se soustraire à tout jugement de valeur. Il voudrait nous rendre aveugles au fait que, spectateurs, nous sommes tous, en un sens, des critiques, qui apportons avec nous au théâtre non seulement ces « nostalgies et angoisses » qui, dit-il avec raison, gouvernent en partie l'histoire du monde, mais aussi tout un ensemble d'idées nouvelles — morales, sociales, psychologiques, politiques — grâce auxquelles nous espérons pouvoir, un jour futur, nous libérer enfin de la vétuste tyrannie de l'*Angst*. Ces idées qui nous sont chères, M. Ionesco nous assure qu'elles n'ont rien à faire avec le théâtre. Notre fonction de critiques consiste à écouter la pièce et à « dire tout simplement si elle est ou non fidèle à sa propre nature ». Non point fidèle à la nôtre, remarquez bien ; ni même relevant de notre juridiction. Auditeurs, on nous ôte le droit d'écouter en tant qu'êtres doués de conscience et d'affectivité. « Le diagnostic est clair, docteur : c'est un cancer. » — « Bon, bon, laissez-le tranquille, puisqu'il est fidèle à sa nature. »

Que M. Ionesco le veuille ou non, toute œuvre théâtrale digne d'attention affirme quelque chose. Elle est une affirmation, formulée à la première personne du singulier, à l'adresse de la première personne du pluriel ; et celle-ci doit se réserver le droit de n'être pas d'accord. Dans *Encounter*, on me reproche de m'être élevé contre la philosophie nihiliste implicite dans *Le Songe* de Strindberg. « L'important, dit mon interlocuteur, n'est pas de savoir si le nihilisme de Strindberg est moral, mais plutôt si Strindberg l'a bien exprimé. » Strindberg l'a certes exprimé avec force, mais il y a des choses plus importantes. Si un homme me dit une chose que je crois mensongère, dois-je m'abstenir de toute réaction autre qu'un compliment pour le brio avec lequel il m'a menti ?

Cyril Connolly a dit un jour, avec une mélancolique concision, que c'était « l'heure de la fermeture dans les jardins de l'Occident ». La cadence de la phrase est suave, mais je nie ce qui suit : « à dater d'aujourd'hui, un artiste sera jugé uniquement sur la résonance de sa solitude ou la qualité de son désespoir. » Pas par moi, s'il vous plaît. Je saurai, je l'espère, apprécier toujours la sincérité de tels témoignages ; mais c'est autre chose encore que je demande à l'artiste, — quelque chose de plus solide : je lui demande de ne pas se contenter d'être un symptôme passif, mais de se vouloir aussi, de temps à autre, agent d'une possible guérison. M. Ionesco dit avec raison que nulle idéologie n'a jamais aboli la peur, la souffrance et la tristesse. Nulle œuvre d'art, non plus. Mais l'une et l'autre s'y essaient. Que faut-il faire d'autre ?

Kenneth Tynan.

IV

Philip Toynbee exprima son opinion dans un article qui s'intitulait :

UNE ATTITUDE DEVANT LA VIE

Dans l'*Observer* de la semaine dernière, M. Eugène Ionesco écrivait ce qui suit : « ... des auteurs comme Sartre, Osborne, Miller, Brecht, etc., sont les nouveaux auteurs du boulevard ; ils représentent un conformisme de gauche tout aussi lamentable que celui de droite. Ils n'offrent rien que l'on ne connaisse déjà par des ouvrages ou des discours politiques, » et « Je crois que ce qui nous sépare les uns des autres, c'est le social ou, si vous préférez, la politique. C'est cela qui élève des barrières entre les hommes et crée des malentendus ».

Il semble, d'après ces quelques lignes, que Sartre est le seul dramaturge que M. Ionesco ait lu, de tous ceux qu'il a choisi d'attaquer. On doute que M. Ionesco soit familier avec l'œuvre de Miller, car accuser ce dernier de « conformisme de gauche » est aussi absurde que si l'on accusait M. Ionesco d'être le porte-parole des colons algériens.

La frivolité des remarques de M. Ionesco souligne une des qualités qui, à mes yeux, font de Miller un dramaturge plus important que M. Ionesco. Écrire que ce qui nous sépare les uns des autres c'est le social, c'est comme si l'on disait que l'espèce humaine est horriblement gênée dans sa liberté de mouvements par l'atmosphère qui pèse si lourd sur notre planète.

Philip Toynbee.

V

*Et voici deux opinions de lecteurs de l'*Observer. *La seconde lettre s'achève sur une phrase qui pourrait être de Robert Kemp.*

Sir, M. Ionesco a une conception de la vie, une conception de l'Histoire, voire une conception de l'avenir. L'ensemble constitue une idéologie aussi définie que celle de Kenneth Tynan.

L'article de foi de M. Ionesco est que « aucun système politique ne saurait nous libérer de la souffrance de vivre, de la peur de la mort, de notre soif de l'absolu ». M. Ionesco croit enfin que tout ce qui est en dehors de lui-même est « superficiel ».

La majorité des hommes attendent, des systèmes politiques, qu'ils les libèrent de la pauvreté et qu'ils satisfassent leur soif de connaissance. Ils ont découvert aussi que leurs relations avec les autres hommes impliquent la vie et la mort.

John Berger
Newland (Glos).

Sir,

Je ne suis certes pas un admirateur des œuvres de M. Ionesco ; ce que j'en connais m'a paru déplaisant et — pour employer son propre vocabulaire — incommunicable. Mais je tiens sa réponse à la critique de M. Tynan pour une des plus brillantes réfutations de la théorie actuelle du « réalisme social ». On devrait réimprimer cet essai et lui assurer la plus large diffusion possible. Si seulement M. Ionesco pouvait mettre un peu de cette clarté et de cette sagesse dans ses pièces, il pourrait devenir un grand dramaturge.

H. F. GARTEN
London S W 10.

VI

*Dans le débat intervint alors une personnalité de grand format, Orson Welles. Il donna son avis sur ce que doit être le rôle du dramaturge dans un article qui fut publié le 13 juillet dans l'*Observer *et qui s'intitule :*

L'ARTISTE ET LE CRITIQUE

Le récent article de M. Eugène Ionesco en réponse à Kenneth Tynan offre, me semble-t-il, un témoignage involontaire en faveur des vues célèbres du dramaturge français sur l'incommunicabilité du langage.

M. Ionesco a l'air de croire que le critique de l'*Observer* est en quelque sorte un agent de la circulation, qui lui a intimé l'ordre de regagner la grand-route. En fait, la remarque dont il s'est formalisé ne s'adressait pas à l'artiste ni à son art ; ce que l'on déplorait était simplement la singulière ferveur du public. En tant qu'admirateur enthousiaste de M. Ionesco, j'ai eu l'impression que M. Tynan exagérait un peu. Un admirateur, même fervent, n'est pas nécessairement le fidèle d'un culte. Prendre plaisir à une pièce de théâtre n'est pas nécessairement approuver son « message ». Quand j'applaudissais *Les Chaises*, est-ce que je participais à une démonstration en faveur du nihilisme ? Voilà qui me paraissait tiré par les cheveux... Après avoir lu la réplique de M. Ionesco, je n'en suis plus si sûr.

Si l'homme ne peut communiquer, comment pourrait-il contrôler sa destinée ? Les déductions les plus sombres de M. Tynan paraissent justifiées dans la mesure où M. Ionesco accepte les conséquences extrêmes de sa propre logique : à savoir qu'on ne prouve pas la faillite du langage sans prouver du même coup la faillite de l'homme.

(*Orson Welles nie que le critique doive se contenter de juger si l'œuvre est conforme ou non à ses lois internes. Un critique est un être humain, il a droit à ses réactions personnelles, à l'expression de ses propres idées.*)

L'artiste peut-il se soustraire à la politique ? Il devrait assurément éviter la polémique. « Diriger le cours du monde, écrit M. Ionesco, c'est l'affaire des fondateurs de religion, des moralistes et des politiciens. » Mais la moindre parole que profère un artiste est l'expression d'une attitude sociale ; et je ne consens pas, avec M. Ionesco, à ce que ces expressions soient toujours moins originales que les pamphlets politiques ou les discours. Un artiste doit confirmer les valeurs de la société dans laquelle il vit ; ou bien il doit les contester. [...]

Insistant, comme il le fait, sur l'élément personnel dans l'art, sur l'individuel, l'unique, M. Ionesco ne s'aviserait sûrement pas d'aller chercher refuge dans les pays totalitaires. Il ne peut guère espérer introduire en contrebande son petit univers intime dans un univers politique ou l'intimité est tenue pour crime, et où l'individu souverain est un proscrit. Hautain et glacial, fier et intouchable, il s'en remet à la merci des partisans de la liberté.

Je résiste au délicat instinct qui me pousse à présenter mes excuses à M. Ionesco pour l'emploi de ce mot « liberté ». Ce qui est précieux porte souvent un nom galvaudé. Toutefois, nous ne sommes pas encore suffisamment dégoûtés par les parlotes sur la liberté, pour renoncer d'un cœur léger à la liberté d'expression. Dans le pays de M. Ionesco, cette liberté, précisément, n'est guère, à l'heure actuelle, plus assurée qu'ailleurs. Partout dans le monde, un grand nombre de libertés subissent l'assaut, et toutes, à commencer par le droit que réclame M. Ionesco, de tourner le dos à la politique, furent, à telle ou telle époque de l'histoire, des conquêtes politiques. Ce n'est pas « la politique » qui est l'ennemie de l'art, c'est la neutralité, parce qu'elle nous enlève le sens du tragique. D'ailleurs, la neutralité est, elle aussi, une position politique, dont les conséquences pratiques ont pu être méditées par beaucoup de confrères de M. Ionesco, dans la seule tour d'ivoire vraiment étanche que notre siècle ait su ériger, — le camp de concentration.

Qu'il vaille mieux abandonner la politique à des professionnels c'est un argument conservateur parfaitement respectable ; mais M. Ionesco avait soin d'ajouter qu'à son avis les politiciens professionnels s'en tiraient bien mal. Je voudrais pouvoir dire que ces deux sentiments — celui du conservateur et celui du révolutionnaire — s'annulent. Mais, pour une fois, M. Ionesco ne parlait pas comme les personnages de ses pièces ; en fait, il parlait de démission. Car dénoncer l'incompétence des gouvernants, et déclarer ensuite que la « direction » du monde devrait être laissée exclusivement entre ces mains incompétentes, c'est manifester un bien extraordinaire désespoir.

Dans les circonstances actuelles, l'incitation à abandonner le bateau qui coule n'est pas seulement quelque chose de futile ; c'est aussi un cri de panique. Si nous sommes vraiment condamnés, que M. Ionesco vienne se battre à côté de nous tous. Il devrait avoir le courage d'assumer nos platitudes.

Orson WELLES.

VII

*Le débat est inépuisable. Pour lui donner une conclusion (provisoire) nous donnerons le texte d'une réponse de Ionesco à Kenneth Tynan. Ce texte est inédit. L'*Observer *en a acheté les droits pour l'Angleterre mais ne l'a pas publié.*

LE CŒUR N'EST PAS SUR LA MAIN

Je ne pourrai pas répondre à tous les problèmes soulevés, dans son dernier article (*Ionesco and the Phantom*) par mon courtois ennemi M. Kenneth Tynan. Ce serait trop long et je ne puis continuer d'abuser de l'hospitalité de l'*Observer*. Ce serait aussi, en partie, inutile, car nous n'arriverions qu'à nous répéter. C'est ce que, pour sa part, M. Kenneth Tynan commence déjà à faire. Je tâcherai donc de me préciser surtout et de répondre aux questions qui me semblent essentielles.

M. Tynan me reproche d'être à tel point séduit par les moyens d'exprimer la « réalité objective » (mais qu'est-ce que la réalité objective ? cela c'est une autre question), — que j'en oublie la réalité objective elle-même au profit des moyens d'expression pris pour but. En d'autres termes, je crois comprendre que c'est de formalisme qu'il m'accuse. Mais qu'est-ce que l'histoire de l'art, l'histoire de la littérature sinon, en premier lieu, l'histoire de son expression, l'histoire de son langage ? L'expression est pour moi fond et forme à la fois. Aborder le problème de la littérature par l'étude de son expression (et c'est ce que doit faire, à mon avis, le critique) c'est aborder aussi son fond, atteindre son essence. Mais s'attaquer à un langage périmé, tenter de le tourner en dérision pour en montrer les limites, les insuffisances ; tenter de le faire éclater, car tout langage s'use, se sclérose, se vide ; tenter de le renouveler, de le réinventer ou simplement de l'amplifier, c'est la fonction de tout « créateur » qui par cela même, ainsi que je viens de le dire, atteint le cœur des choses, de la réalité, vivante, mouvante, toujours autre et la même, à la fois. Ce travail se fait aussi bien consciemment qu'instinctivement, avec humour si l'on veut et dans la liberté, avec des idées mais sans idéologie, si j'entends par idéologie un système de pensées fermé, un système de slogans médiocres ou supérieurs, hors de toute vie, qu'il ne parvient plus à intégrer, mais qui continue de vouloir s'imposer comme s'il était expression même de la vie. Je ne suis pas le premier à avoir signalé les écarts qu'il y a, dans l'art aussi bien que dans la vie « politique », entre les idéologies et les réalités. Je situe donc l'art davantage sur le plan d'une certaine connaissance libre que sur celui d'une morale, d'une morale politique. Il s'agit bien entendu d'une connaissance affective, participante, d'une découverte objective dans sa subjectivité, d'un témoignage non pas d'un enseignement, d'un témoignage de la façon dont le monde apparaît à l'artiste.

Renouveler le langage c'est renouveler la conception, la vision du monde. La révolution c'est changer la mentalité. Toute expression artistique nouvelle est un enrichissement correspondant à une exigence de l'esprit, un élargissement des frontières du réel connu : elle est aventure, elle est risque, elle ne peut donc pas être répétition d'une idéologie cataloguée, elle ne peut être servante d'une autre vérité (parce que celle-ci étant dite, elle est déjà dépassée) que la sienne. Toute œuvre qui répond à cette nécessité peut apparaître insolite au départ, puisqu'elle communique ce qui n'a pas encore été, de cette façon, communiqué. Et comme tout est dans l'expression, dans sa structure, dans sa logique interne, c'est son expression qui doit être examinée. On doit voir dans un raisonnement si la conclusion découle logiquement de ses données ; car il est une construction, qui semble (qui semble seulement) être indépendante, hors de tout, — comme une pièce de théâtre, par exemple, est une construction que l'on doit décrire pour la contrôler dans sa cohésion interne. Les données elles-mêmes de tout raisonnement se contrôlent, bien entendu, par d'autres raisonnements qui sont également encore des constructions.

Je ne crois pas qu'entre création et connaissance

il y ait contradiction car les structures de l'esprit reflètent, probablement, les structures universelles.

A quoi ressemblent un temple, une église, un palais? Y a-t-il là-dedans du réalisme? Certainement pas. Pourtant, l'architecture est révélatrice des lois fondamentales de la construction ; chaque édifice témoigne de la réalité *objective* des principes de l'architecture. Et à quoi sert un bâtiment? une église? Apparemment à loger des gens, abriter des fidèles. C'est là leur emploi le moins important. Ils servent surtout à révéler, à être l'expression de ces lois architectoniques, et c'est pour les étudier et les admirer que nous visitons les temples désaffectés, les cathédrales, les palais déserts, les vieilles maisons inhabitables. Tous ces édifices servent-ils donc à améliorer le sort de l'homme (ce qui doit être, selon M. Tynan, le but essentiel de toute pensée et de toute œuvre d'art)? Certainement pas. Et à quoi sert la musique sinon à être elle aussi révélatrice d'autres lois? En un sens on pourrait donc dire qu'une colonne, une sonate ne servent strictement à rien. Elles servent à être ce qu'elles sont. L'une à tenir debout, l'autre à se faire entendre. Et l'existence universelle à quoi sert-elle? A exister, uniquement. Mais si l'existence se rend service en existant, c'est une affaire d'appréciation et un autre problème, impensable, d'ailleurs, car elle ne peut pas ne pas exister.

Lorsque M. Tynan défend les auteurs réalistes, parce qu'ils s'expriment dans un langage que tout le monde peut immédiatement reconnaître, c'est tout de même un réalisme étroit qu'il défend, bien qu'il se défende de défendre un tel réalisme qui ne contient plus le réel et qui doit éclater. Lorsque tout le monde l'admet, c'est qu'il n'est plus admissible.

Il y a eu, au début de ce siècle, ce qu'il est convenu d'appeler une vaste avant-garde dans tous les domaines de l'esprit. Une révolution, un bouleversement dans nos habitudes mentales. Les découvertes continuent certainement et l'intelligence progresse dans ses recherches qui la transforment elle-même et modifient de fond en comble la compréhension du monde. En Occident, cette rénovation continue dans la musique et dans la peinture notamment. Dans la littérature et surtout dans le théâtre ce mouvement semble s'être arrêté, depuis 1925, peut-être. Je voudrais bien pouvoir espérer que l'on me considère comme un des modestes artisans qui en prennent la suite. J'ai essayé, par exemple, d'extérioriser l'angoisse (que M. Tynan veuille bien excuser ce mot) de mes personnages dans les objets, de faire parler les décors, de visualiser l'action scénique, de donner des images concrètes de la frayeur, ou du regret, du remords, de l'aliénation, de jouer avec les mots (et non pas de les envoyer promener peut-être même en les dénaturant, — ce qui est admis chez les poètes et les humoristes. J'ai donc essayé d'amplifier le langage théâtral. Je crois avoir, dans une certaine mesure, un peu réussi à le faire. Ceci est-il condamnable? Je ne sais. Je sais seulement que l'on ne m'a pas jugé sur ces pièces, car cela ne semble pas entrer dans les préoccupations d'un critique dramatique de l'importance pourtant de M. Tynan qui n'est tout de même pas aveugle.

Mais revenons, une dernière fois, au réalisme. Il m'est arrivé, tout récemment, de voir une exposition internationale de peinture. Il y avait là des tableaux « abstraits » (que M. Tynan semble ne pas priser) et des tableaux figuratifs : impressionnistes, post-impressionnistes, et « réalistes-socialistes ». Au pavillon soviétique il n'y avait, évidemment, que ceux-ci. C'étaient des œuvres mortes : des portraits de héros, figés dans des poses conventionnelles, irréelles ; des marins et des francs-tireurs dans des châteaux conquis, académiques à tel point qu'ils n'étaient plus croyables ; et aussi des tableaux non politiques, des fleurs gelées ; et la rue d'une ville, avec des gens *abstraits*, une femme, au milieu, vidée de toute vie, inexpressive, mais exacte, déshumanisée. C'était bien curieux. Ce qui l'était encore plus, — c'est que les gros bourgeois de la ville se pâmaient d'admiration. Ils disaient que le pavillon en question était le seul à mériter d'être vu ; car même les fauves ou les impressionnistes les dépassaient. Ce n'était pas la première fois que je pouvais constater l'identité des réactions des bourgeois réalistes staliniens et des bourgeois réalistes capitalistes. Par un retour des choses encore plus curieux, il est évident que les peintres réalistes-socialistes étaient formalistes et académiques justement parce qu'ils n'avaient qu'insuffisamment tenu compte des moyens formels, pour tenir compte surtout du fond. Le fond leur avait échappé et les moyens formels s'étaient retournés contre eux et s'étaient vengés et avaient étouffé la réalité.

Dans le pavillon français, par contre, les œuvres de Masson (qui est bien un peintre exclusivement attentif à ses procédés, à ses moyens d'expression, à sa technique) témoignaient d'une émouvante vérité, d'un extraordinaire dramatisme pictural. Une lumière prodigieusement intense vibrait là, encerclée par la nuit qui la combattait. Des trajectoires se dessinaient, des lignes se cabraient violentes et, à travers des plans compacts, une trouée nous faisait apparaître l'espace infini. Puisque Masson, artisan, avait laissé la réalité humaine tranquille, puisqu'il ne l'avait pas dépistée, n'ayant songé qu'à « l'action de peindre », la réalité humaine et son tragique s'étaient dévoilés, pour cette raison, justement, librement. C'est donc ce que M. Tynan appelle l'anti-réalité qui était devenue réelle, un incommunicable qui se communique ; et c'est là aussi, derrière l'apparent refus de toute vérité humaine concrète et morale, que s'était tenu caché son cœur vivant alors qu'il n'y avait, chez les autres, les anti-formalistes, que des formes desséchées, vides, mortes : le cœur n'est pas sur la main.

M. Tynan est d'accord avec moi pour constater que « no ideology has yet abolished fear, pain or sadness. Nor has any work of art. But both are in the business of trying. What other business is there ? »

Autre chose à faire : de la peinture, par exemple. Ou avoir de l'humour. Un Anglais ne devrait pas en manquer. Je vous en supplie, M. Tynan, n'essayez pas, par les moyens de l'art ou par d'autres, à améliorer le sort de l'homme. Je vous en supplie. Nous avons eu assez de guerres civiles jusqu'à présent, et du sang, et des larmes, et des procès iniques, et de « justes » bourreaux, et « d'ignobles » martyrs, et d'aspirations détruites, et des bagnes.

N'améliorez pas le sort de l'homme, si vous lui voulez vraiment du bien.

Quelques mots pour M. Philip Toynbee. Je retire tout le mal que j'ai pu dire d'Arthur Miller. M. Toynbee juge l'œuvre dramatique de celui-ci d'après les idées que M. Arthur Miller a lui-même de la création dramatique. Je croyais que cela ne pouvait tout au plus constituer qu'un préjugé favorable. Je me trompais sans doute. Je vais donc la juger favorablement, moi aussi, d'après quelque chose qui est, en dehors de l'œuvre même. Je jugerai donc l'œuvre de M. Arthur Miller d'après la photo de M. Miller, publiée dans l'*Observer*. En effet, M. Miller a l'air d'un très brave garçon. Alors j'admire son œuvre.

D'autre part, je suis un peu étonné par l'étonnement de M. Philip Toynbee devant l'affirmation que l'homme peut être gêné dans ses mouvements par le social ou par l'air qu'il respire. Je pense qu'on a bien du mal à respirer et à vivre ; je pense aussi que l'homme peut ne pas être un animal social. L'enfant a bien du mal à se socialiser, il lutte contre la société, il s'y adapte difficilement, les éducateurs en savent quelque chose. Et s'il s'y adapte difficilement c'est que, dans la nature humaine quelque chose doit échapper au social ou être aliéné par le social. Et une fois que l'homme est socialisé, il ne s'en tire pas toujours très bien. La vie sociale, la vie avec les autres, ce que cela peut donner, nous a été présenté par Sartre lui-même (que M. Toynbee veut bien me permettre de citer) dans sa pièce *Huis-Clos*. C'est un enfer, le social, un enfer, les autres. On voudrait bien pouvoir s'en passer. Et Dostoïevski ne disait-il pas qu'on ne pouvait pas vivre plus de quelques jours avec quiconque sans commencer à le détester ? Et le héros de *Homme pour homme* ne perd-il pas son âme, son nom, ne se désindividualise-t-il pas jusqu'à l'aliénation totale en entrant dans l'irresponsabilité collective des uniformes ?

J'ai fait moi-même mon service militaire. Mon adjudant me méprisait parce que je cirais mal mes bottes. Comment lui faire comprendre qu'il y avait aussi d'autres critères de valeur que le cirage des bottes ? Et que le cirage de bottes n'épuisait pas entièrement mon humanité ? Les filles ne voulaient pas danser avec moi, au bal, parce que je n'étais pas lieutenant. J'étais un homme pourtant, extra-militairement. Quant à mon général, il était à tel point défiguré moralement qu'il croyait qu'il n'était que général et devait coucher avec son uniforme. J'ai été employé plus tard et j'avais également le sentiment d'être aussi « autre chose » qu'un employé. Je crois que j'ai bien eu conscience de mon aliénation sociale, telle que le marxiste le plus marxiste la dénonce, celle qui empêche le libre épanouissement de l'homme. Ma pièce *Les Chaises* a été jouée à Varsovie et dans quelques autres villes polonaises, et l'on a reconnu, dans mes personnages, non pas des aliénés mentaux, mais des aliénés sociaux. Ils portaient d'ailleurs des vêtements de travail de prolétaires, d'ouvriers. Je crois que *toute* société est aliénante, même ou surtout « socialiste » (en Occident, en Angleterre, en France, les classes se nivellent ou s'interpénètrent davantage) où le chef politique se pense élite parce que chef éclairé, et où il est absorbé par sa fonction. Où il y a fonction sociale, il y a aliénation (le social c'est l'organisation des fonctions), car encore une fois l'homme n'est pas que fonction sociale.

Mon lieutenant, rentré chez soi, ou mon patron, seul dans sa chambre, pouvait, par exemple, tout comme moi, extra-socialement, avoir peur comme moi de la mort, avoir les mêmes rêves et les mêmes cauchemars ou, soudain, avoir tout oublié de sa personne sociale et se retrouver nu, comme un corps sur une plage, étonné d'être là, étonné de son étonnement, étonné d'en prendre conscience, face à l'immense océan de l'infini, seul sous le soleil éclatant, inconcevable et irréfutable de l'existence. Et c'est là que le général et le patron s'identifient à moi. C'est dans leur solitude qu'ils me rejoignent. Et c'est pour cela que la vraie société transcende la machinerie sociale.

Mais cela n'a rien à voir avec le théâtre. Excusez-moi. I am sorry.

(Republiée dans *Cahiers des saisons*. Hiver 1959.)

ENTRETIENS

ENTRETIEN AVEC LES CAHIERS LIBRES DE LA JEUNESSE

— *Vous avez dit que seule la réalité était susceptible de devenir cauchemar. Qu'entendez-vous par là ?*

— Mes personnages plaisantent, de temps à autre, ou bien ils s'expriment d'une façon humoristique ; ils disent aussi des sottises ; ou encore ils s'expriment avec gaucherie, ils ne se connaissent pas très bien eux-mêmes, ils se cherchent à travers leur propre maladresse ; ils sont des hommes comme la plupart des hommes, ils ne pontifient pas chaque fois qu'ils ouvrent la bouche ; ils disent aussi le contraire de ce que je pense ou de ce que pense le héros opposé. Je n'ai pas dit, moi, que « la réalité, contrairement au rêve tournait au cauchemar » : c'est un de mes personnages qui a prononcé cette phrase. Il faut donc voir ce qu'est ce personnage ; s'il a parlé sérieusement, s'il s'est moqué ; dans quelle situation il a dit ce qu'il a dit ? pourquoi ? qu'entend-il par là ?... etc. Et surtout sait-il bien dire ce qu'il veut dire ? C'est à mes personnages que l'on doit poser ces questions, pas à moi.

— *Mais quelle est la part de l'individu dans ce « cauchemar réel » ? Est-ce à dire que la réalité est rêvée ? Ou que le rêve est réalité ?*

— Maintenant, si vous me demandez mon avis personnel sur ce « cauchemar réel » je vous avoue, tout à fait entre nous, que j'ai bien le sentiment que la vie est cauchemardesque, qu'elle est pénible, insupportable comme un mauvais rêve. Regardez autour de vous : guerres, catastrophes et désastres, haines et persécutions, confusion, la mort qui nous guette, on parle et on ne se comprend pas, nous nous débattons, comme nous pouvons, dans un monde qui semble atteint d'une grande fièvre ; l'homme n'est-il pas, comme on l'a dit, l'animal malade, n'avons-nous pas l'impression que le réel est faux, qu'il ne nous convient pas ? que ce monde n'est pas notre vrai monde ? Autrement, non seulement nous ne voudrions rien changer, mais nous n'aurions même pas conscience de son imperfection, du mal. Ce qu'il y a de plus étrange c'est que nous sommes attachés à ce cauchemar réel, et que sa précarité nous semble plus scandaleuse encore que son horreur. Nous sommes faits pour tout comprendre, nous ne comprenons que très peu, et nous ne nous comprenons pas ; nous sommes faits pour vivre ensemble et nous nous entre-déchirons ; nous ne voulons pas mourir ; c'est donc que nous sommes faits pour être immortels mais nous mourons. C'est horrible et ce n'est pas sérieux. Quel crédit puis-je accorder à ce monde qui n'a aucune solidité, qui fiche le camp ? J'aperçois Camus, j'aperçois Atlan et soudain je ne les aperçois plus. C'est ridicule. Cela me fait presque rire. Bref, le roi Salomon a déjà épuisé ce sujet.

Si le monde n'est qu'illusion ? Je ne puis vous répondre. Adressez-vous aux métaphysiciens de l'Orient pour avoir des lumières là-dessus. En fait cela ne compte guère : il nous apparaît comme réalité et c'est évidemment avec cette réalité (bien que précaire) que nous luttons.

— *S'agit-il d'une réalité sociale ? Et dans ce cas, est-ce ce caractère à la fois onirique et social qui vous permet de tirer parti de cette réalité en artiste ?*

— Il s'agit bien sûr d'une réalité sociale, individuelle, biologique, physique, etc., d'une réalité humaine, c'est-à-dire telle qu'elle peut apparaître aux hommes. De quelle autre réalité pourrait-il s'agir ? D'ailleurs, en un sens, tout est social. Je crois toutefois que l'homme ne se réduit pas à l'organisation sociale, à la machinerie sociale. J'ai déjà dit, moi aussi, en forçant un peu les termes, que la profonde société est extra-sociale. Nos rêves essentiels ne sont-ils pas les mêmes ? Ne révèlent-ils pas nos angoisses communes, nos désirs communs ? Et l'organisation sociale n'est-elle pas aliénante ? C'est bien ce qui fait qu'il y a des « asociaux ». Lorsque je suis le plus profondément moi-même, je rejoins une communauté oubliée. Souvent la société (extérieure) m'aliène, c'est-à-dire elle me sépare de moi-même et des autres à la fois. Je préfère le mot communauté à celui de social, sociologie, etc. Cette communauté extra-historique me paraît être fondamentale. Nous pouvons la rejoindre par-delà les barrières (et barricades), castes, classes, etc. On a dit et répété que l'homme est un animal sociable. Mais vous n'avez qu'à voir ce qui se passe dans le métro : tous les passagers se précipitent sur les sièges à une place, et, dans l'autobus la place qui est toujours occupée est celle qui se trouve à l'avant du véhicule, où le passager est assis seul. Les fourmis, les abeilles, les oiseaux sont sociables. L'homme est plutôt asociable. Il est tout de même social, ce n'est pas possible autrement.

Être asocial c'est finalement être tout de même social d'une façon différente. Seulement, aujourd'hui, sous le mot social s'abritent, volontairement ou non, un grand nombre de malentendus. Ainsi, une action, une œuvre doivent avoir, dit-on, un intérêt social : cela veut dire souvent qu'elles ont un intérêt politique (elles expriment la tendance d'un mouvement politique déterminé) ou de propagande, ou un intérêt pratique.

Pour en revenir à l'aspect onirique de mon œuvre, puisque vous me posez la question je dois vous dire que lorsque je rêve je n'ai pas le sentiment d'abdiquer la pensée. J'ai au contraire l'impression que je vois, en rêvant, des vérités, qui m'apparaissent, des évidences, dans une lumière plus éclatante, avec une acuité plus impitoyable qu'à l'état de veille, où souvent tout s'adoucit, s'uniformise, s'impersonnalise. C'est pour cela que j'utilise, dans mon théâtre, des images de mes rêves, des réalités rêvées.

— *Vous dites aussi que vous n'expliquez pas, mais que vous vous expliquez. Qu'est-ce qu'un témoin qui s'explique ?*

— Quand je dis que je suis un témoin, je veux surtout dire que je ne suis pas juge. Je ne suis pas le président du tribunal, ni le procureur, ni l'avocat. Si le témoin a été choisi par la défense ou l'accusation, c'est l'affaire de celles-ci. Le témoin (en principe!) ne prend pas parti. S'il est probe, il doit être objectif... dans sa subjectivité. Le procureur qui accable l'accusé (c'est son rôle), l'avocat qui le défend (c'est son métier) sont tendancieux, sont partisans : ils font... de la politique et de la stratégie. Le président du tribunal c'est le Pape, le Chef de l'État et tous ceux qui — la Bible, le Code, des Dogmes en main — ont l'audace de juger.

Le témoin raconte une histoire, ou même pas ; il expose comment des faits lui sont apparus. Il dit la vérité... subjective, bien entendu.

Il est malgré tout un petit peu juge ; il l'est par erreur. Le témoin absolu ne devrait pas l'être, puisqu'il ne doit pas avoir de parti pris.

Je n'explique pas, oui. Je suis témoin c'est-à-dire soumis aux explications et interprétations des autres. Mais je m'explique. C'est-à-dire, lorsque les juges trouvent que mon exposé n'est pas clair, je tâche de le préciser. C'est bien ce que vous me faites faire en ce moment. Je tâche de me préciser surtout lorsque (cela m'arrive souvent) on veut me faire dire des choses que je n'ai pas dites.

Le témoin (c'est-à-dire : le poète) raconte donc comment le monde apparaît à sa conscience. Mais tout témoignage est une sorte de re-création, ou de création, puisque tout est subjectif. Nous savons aussi que les subjectivités se rencontrent. L'objectivité est donc un consensus des subjectivités. Ainsi pour en revenir à votre question de tout à l'heure, il n'est pas trop risqué de dire que nous rêvons tous, collectivement, la même réalité, puisqu'elle n'est que ce que nous nous figurons qu'elle est.

Au tribunal, c'est le témoin qui est l'homme le plus libre. Ensuite vient l'accusé, même s'il est enchaîné. Les vrais prisonniers ce sont les juges, prisonniers de leur code, de leurs dogmes. Ils n'ont même pas la liberté de leur subjectivité puisqu'ils sont soumis aux critères juridiques.

Il est ennuyeux d'être jugé. Moins grave qu'on ne le pense : après le tribunal, il y a la Cour d'Appel, la Cour de Cassation. Une quantité indéfinie de Cours d'Appel et de Cassation. Si les jugements varient, le témoignage, enregistré, reste le même. Il se passe une chose paradoxale : le témoignage (qui est, bien sûr, témoignage de quelque chose) devient finalement, une sorte de témoignage en soi, autonome, permanent, alors que les tribunaux, autour du témoignage, passent, se contredisent, passent les uns après les autres. Les lois changent et les points de vue.

Le témoignage, vous l'avez compris, c'est l'œuvre d'art. Les tribunaux ce sont les sociétés, l'historicité.

Les tribunaux, ce n'est pas sérieux : c'est du théâtre, une cérémonie de théâtre.

— *Votre théâtre a donc quand même un rôle de miroir pour votre public. Sous quelle forme doit-il s'y redécouvrir ?*

— Évidemmment. Je l'espère. Puisque, je le répète, je suis comme tous les autres, au plus profond de moi-même ; tout en étant moi-même. Les asociaux doivent au moins s'y reconnaître.

Mais lorsque je suis à la surface sociale de moi-même je suis impersonnel. Ou je suis très peu moi-même.

On a cru définir l'homme bourgeois, l'homme prolétaire, l'homme artisan, le militaire, le mari, etc. Ne croyez-vous pas que l'homme artisan, militaire, etc., n'est pas tout l'homme ; que vous le déshumanisez en le « sociologisant » ? Ne croyez-vous pas que vous l'aliénez en le déterminant ainsi ? Et que vous aliénez justement ce qui est essentiel ? Et qu'il y a une autre communauté « non sociologisée » — celle que j'évoquais à l'instant ?

— *Vous dites même que vos spectateurs doivent se sentir gênés. N'est-il pas là ce rôle didactique de vos œuvres que pourtant vous reniez ?*

— J'ai dit cela, je crois, une fois : dans les indications scéniques données aux acteurs, pour *Jacques ou la Soumission*. Je voulais que leur jeu fût « pénible », afin de communiquer un malaise aux spectateurs, répondant au ridicule des personnages.

Vous voyez là du didactisme. Évidemment, on peut tirer une leçon de n'importe quoi et même d'une leçon, si on veut en tirer une ; et il est sans doute bon d'en tirer. On peut donc dire que tout est une leçon. On peut dire aussi qu'une chaise est une table si je m'en sers comme table. Et dans ce cas elle l'est effectivement. On peut encore dire que cette même chaise est un avion : je n'ai qu'à y ajouter une hélice, des ailes et un moteur. Pourtant, il me serait, je l'admets, difficile de dire que la chaise est une tablette de chewing-gum ou du sucre d'orge, bien qu'il puisse exister un sucre d'orge en forme de chaise. On peut donc dire que tout est didactique, que tout est social, même l'asocial, car rien d'humain n'est hors de la société comme rien n'est hors du cosmos (c'est ce que ne comprennent pas les sociologues qui ne croient qu'à la société et ignorent le cosmos dont ils nous séparent). Et que tout est psychologique. Et que tout est nombre, mathématifiable, etc.

Pourtant, il y a des facteurs, des policiers, des zouaves, des professeurs et des poètes. Le professeur est par sa fonction essentiellement didactique. Si vous vouliez faire du poète un professeur il ne serait plus poète, il serait professeur. S'il y a le poète, s'il y a la poésie, c'est sans doute que le poète est autre chose qu'un professeur et que ce qu'il fait est autre chose qu'une leçon. On peut tirer d'*Œdipe-Roi*, l'enseignement que si on désobéit (même involontairement et alors quelle est l'utilité de la leçon ?) aux lois morales il peut vous arriver les pires embêtements. Mais si cette tragédie est réussie c'est parce qu'elle est une histoire imaginaire, une fiction d'une puissance telle qu'on y croit, que l'on vit la douleur des personnages avec les personnages ; parce qu'elle est tout un monde né de la force créatrice du poète antique ; parce que les héros sont vivants ; parce que ce monde inventé s'introduit dans le monde réel et qu'il se fait réel, alors qu'il n'existait même pas, qu'il aurait pu ne pas exister. Il a été gratuitement créé (ne me taquinez pas sur le mot « gratuitement »), ou librement, si vous voulez.

Et toutefois, en même temps, cette œuvre est aussi un témoignage : issu peut-être de certaines données réelles, mais les dépassant, les rendant vivantes, les transfigurant. C'est un « témoignage » par la fiction » : il n'y a pas, dans l'art, de contradiction profonde, peut-être, entre témoigner et imaginer.

L'imagination créatrice révèle. Comme un rêve lucide. Nous ne pouvons guère mentir. Chacun ment à sa façon et cette façon-là l'exprime.

Le professeur n'est pas un témoin. Il est juge. Juge et partie. Il n'imagine pas non plus.

Le didactisme est surtout une tournure d'esprit et l'expression d'une volonté de domination.

— *Bérenger, lui, ne permet-il pas à vos spectateurs de ne plus avoir honte de s'accepter et Bérenger résistant n'est-ce pas alors Ionesco renonçant ? Pourquoi ?*

— Bon. Admettons que vous me prenez en flagrant délit de contradiction et que j'ai été tenté de faire du « théâtre engagé », de plaider et d'accuser. Mais nous nous contredisons tous, plus ou moins, dans la vie. Les plus importants philosophes se contredisent à l'intérieur même de leur système. Mais un poète qui fait tantôt une œuvre tantôt une autre ? Je ne crois pas qu'il faille surmonter, résoudre les contradictions. Ce serait s'appauvrir. Il faut laisser les contradictions s'épanouir en toute liberté ; les antagonismes se réuniront d'eux-mêmes, peut-être, tout en s'opposant en un équilibre dynamique. On verra ce que cela va donner.

Je puis faire une fois ceci : du théâtre libre et gratuit ; puis cela : *Tueur sans gages*, *Rhinocéros*, mais là encore je ne juge pas, je raconte une histoire qui est arrivée à Bérenger ; et je sollicite des explications (que peut-être je n'admettrai pas). Je ne juge pas ? Peut-être, quand même. Plaider c'est aussi avoir jugé : et dans ce cas je pense que Bérenger, mon héros de *Rhinocéros*, est tout à fait (comme le dit si bien J.-P. Sartre dans l'interwiev qu'il vous a accordée) un de ceux qui « dans une société d'oppression, dans sa forme politique, la dictature où tout le monde paraît consentant, témoignent de l'avis de ceux qui ne sont pas consentants : car c'est alors que le pire est évité ». C'est bien cela Bérenger, il me semble.

Toutefois, Bérenger est, j'espère, surtout un personnage. Et s'il résiste au temps c'est parce qu'il aura été un personnage ; il doit, s'il est valable, survivre même après que son « message » aura été périmé. Poétiquement, ce n'est pas sa pensée mais sa passion et sa vie imaginaire qui compteront, car son message peut aussi être dit aujourd'hui par un journaliste, un philosophe, un moraliste, etc. L'intérêt actuel d'une position, malgré son importance humaine devient secondaire par rapport à l'importance durable de l'art.

— *Comment pouvez-vous alors ne pas renoncer à l'art lui-même ?*

— Renoncer à l'art ? Puis-je, malgré mon pessimisme, ma mauvaise humeur, renoncer à respirer? La poésie, le besoin d'imaginer, de créer, est aussi fondamental que celui de respirer. Respirer c'est vivre et non pas s'évader de la vie. Est-ce déserter que de composer une sonate? Et à quoi sert-elle cette sonate? Et à quoi sert une peinture? Est-ce qu'un tableau non figuratif (ou même figuratif) est une prise de position pratique? C'est social, bien sûr ; mais pas pratique.

La création artistique répond à une exigence très nécessaire, impérative, de l'esprit.

Les gens qui en sont privés, à qui on refuse la liberté d'inventer, la liberté du jeu, la liberté de créer des œuvres d'art, au-delà de tout « engagement » souffrent profondément. Même s'ils ne s'en aperçoivent pas clairement tout de suite.

J'en connais. Il faut les aider à ne pas s'asphyxier.

Cahiers libres de la jeunesse, 1960.

ENTRETIEN AVEC ÉDITH MORA

En décembre 1949, une très jeune troupe jouait, à 6 heures de l'après-midi, au théâtre des Noctambules, devant un public aussi restreint que lettré, la pièce d'un auteur inconnu : La Cantatrice chauve. *Les uns, entre deux éclats de rire, disaient : « C'est du génie! » les autres, de glace, quittaient la salle.*

Dix ans après, le vieil Odéon devenu jeune Théâtre de France inauguré par le Président de la République, affiche, pour le mois de janvier, la dernière pièce du même Ionesco, Rhinocéros, *qui vient de remporter un triomphe en Allemagne. Quel nouveau secret du rire a donc découvert l'auteur des* Chaises, *de* La Leçon, *de* Tueur sans gages, *ces comédies que certains ont appelées des « anti-pièces » ?*

— Rire... rire..., certainement, je ne peux pas dire que je ne cherche pas à faire rire, toutefois, ce n'est pas là mon propos le plus important! Le rire n'est que l'aboutissement d'un drame, qu'on voit, sur la scène, ou qu'on ne voit pas quand il s'agit d'une pièce comique, mais alors il est sous-entendu, et le rire vient comme une libération : on rit pour ne pas pleurer...

— *Vous avez pourtant bien des personnages qui font rire par eux-mêmes, par leur simple comportement ?*

— Quelquefois certains sont comiques parce qu'ils sont dérisoires, mais, eux, ne le savent pas. Tous, en tout cas, sont comiquement ridicules : tel Amédée de *Comment s'en débarrasser ?* et tous les personnages de *La Cantatrice chauve* ; ceux-là, s'ils sont comiques, c'est peut-être parce qu'ils sont inhumanisés, vidés de tout contenu psychologique, parce qu'ils n'ont pas de drame intérieur, alors que d'autres sont comiques parce que ridicules dans leur manière d'être humains au contraire : comme les personnages de *Victimes du Devoir*, ou les vieux des *Chaises.*

— *Comme aussi Bérenger de* Tueur sans gages?

— Lui est touchant, à peine comique ; son comique vient de sa naïveté.

— *Est-il ainsi dans* Rhinocéros, *où nous le retrouvons ?*

— Là, il y a du comique au départ, puis ce comique finit par être submergé.

Le comique, dans mes pièces, n'est souvent qu'une

étape de la construction dramatique, et même un moyen de construire la pièce. Il devient de plus en plus un outil, pour faire contrepoint avec le drame ; c'est visible, je crois, dans *La Leçon.*

— *On pourrait ainsi arriver à une définition du comique qui vous serait propre ?*

— Oui... je crois que c'est une autre face du tragique.

— *N'est-ce pas assez proche de la caricature de Jarry, ou à la Jarry ?*

— Oui, dans *La Cantatrice chauve* j'étais près de Jarry, mais ensuite je l'ai de moins en moins suivi. On peut trouver ce genre de... de grotesque (après tout ce mot pourrait convenir) chez Ghelderode, que j'aime beaucoup ; mais chez lui, il y a une grande exubérance de langage que je n'ai pas du tout.

— *Mais n'est-ce pas aussi, et déjà, le comique d'Arnolphe, de George Dandin ?*

— Ah! Molière! bien sûr, c'est notre maître à tous — malgré son réalisme... Mais les auteurs anciens, quand ils utilisent le comique mêlé au tragique, finalement leurs personnages ne sont pas drôles : c'est le tragique qui prend le dessus. Dans ce que je fais, c'est le contraire : ils partent du comique, sont tragiques à un moment et finissent dans le comique ou le tragi-comique.

— *Mais votre point de départ à vous, ce qui vous incite à écrire votre comédie, est-il tragique ou comique ?*

— Je ne sais pas, c'est très difficile de dissocier. Pourtant, peut-être est-ce plutôt comique, puis je suis gagné par une sorte d'attendrissement en suivant mes personnages, et la comédie devient dramatique ; mais alors j'ai un revirement, et je retourne à mon point de départ. Cela doit se sentir avec *Amédée.* Mais ça ne se passe pas toujours ainsi, et dans mes deux dernières pièces, c'est même le contraire.

— *Peut-être êtes-vous en train d'évoluer ?*

— Peut-être, en ce moment. Mais je ne sais pas ce qui va se passer demain en moi !

— *Alors parlez-moi de ce qui s'est passé hier ! Comment êtes-vous devenu auteur... disons : comique ?*

— Bon ! Allons-y pour la grande histoire ! A dix-sept ans, j'ai écrit des poèmes, mélange bizarre de Maeterlinck et de Francis Jammes, avec quelques notes surréalistes...

— *Le surréalisme vous a ébloui ? libéré ?*

— Oui, peut-être, mais je me suis bien rendu compte qu'on ne se libère qu'à condition de prendre conscience de ce qui est ainsi révélé, et de diriger ces révélations du monde extraconscient. Je crois que chez un écrivain, et même un auteur de théâtre, il faut qu'il y ait un mélange de spontanéité, d'inconscience et de lucidité ; une lucidité qui n'ait pas peur de ce que la spontanéité imaginative peut donner. Si on établit qu'il faut être lucide *a priori*, c'est comme si on fermait les vannes. Il faut laisser s'épancher le flot, mais, après, on trie, on dirige, on comprend, on saisit. Mais, je le répète, cette lucidité, je ne l'ai pas au départ. Ce que je pense de mon théâtre n'est pas un programme, mais le résultat d'une expérience de travail.

— *Excusez-moi si je reviens au surréalisme, mais vous êtes, je crois, considéré par les grands surréalistes survivants comme la meilleure réussite du surréalisme — Philippe Soupault me le disait récemment.*

— Quand, en 1952-53, lui, Breton et Benjamin Péret ont vu mes pièces, ils m'ont dit en effet : « Voilà ce que nous voulions faire ! » Mais je n'ai jamais fait partie de leur groupe, ni des néo-surréalistes, bien que le mouvement m'ait intéressé. Je m'explique bien d'ailleurs pourquoi on a pu arriver, seulement récemment, à un théâtre surréaliste : le théâtre est toujours en retard de vingt ou trente ans sur la poésie, alors que le cinéma, lui, est en avance sur le théâtre.

Au théâtre, toute tentative un peu hardie est aussitôt sanctionnée par une critique sclérosée, par un réalisme terre à terre, et puis par cette peur qu'ont les auteurs et les spectateurs de laisser se libérer les forces imaginatives... On n'ose pas faire au théâtre ce qui, pourtant, ne peut se faire qu'au théâtre!

— *C'est ce que vous avez dit, cet été, au congrès de l'Institut international du théâtre, à Helsinki ?*

— Oui, on peut tout faire au théâtre, où l'auteur a une possibilité extraordinaire de déploiement de l'imagination : et on n'ose pas! On veut faire, au théâtre, tout, même de l'éducation — ou de la rééducation — en l'espèce par le truchement d'une sous-pensée — et la rééducation, vous voyez où ça mène... Il y a des philosophes qui écrivent pour le théâtre, et leur théâtre, au lieu d'être le produit d'un système d'expression propre au théâtre, n'est que l'expression discursive, apoétique, adramatique, d'une idéologie. Or, le théâtre devrait marcher parallèlement avec une idéologie, et non être son esclave. Un auteur de pièces de théâtre peut avoir son univers, mais un univers qui ne peut s'exprimer qu'en langage de théâtre, comme la musique ne peut s'exprimer qu'en musique et la peinture qu'en peinture.

— *Vous-même, comment avez-vous compris que votre expression propre était le théâtre ?*

— Je me suis rendu compte que c'était là ma voie, mon système d'expression personnel. Quand j'arrive à me détacher du monde, et à pouvoir le regarder, il me paraît comique dans son invraisemblance.

— *Vous ne dites pas, comme c'est la mode, son... absurdité ?*

— Justement, c'est trop à la mode. Et puis, l'absurde c'est, en quelque sorte, à l'intérieur de l'existence qu'on le place. Or, pour moi, à l'intérieur de l'existence, tout est logique, il n'y a pas d'absurde. C'est le fait d'être, d'exister, qui est étonnant... Et je crois que c'est à cette faculté, non pas seulement d'observation, mais de détachement, et de dédoublement vis-à-vis de moi-même, que je dois d'être auteur comique. Tenez, quand je vais consulter un médecin, il est toujours étonné que je lui décrive les symptômes de mes maux comme un clinicien, et non pas comme le patient que je suis pourtant... Et moi, ça me soulage du « tragisme ».

— *Êtes-vous donc ainsi, parfois, le « patient » en même temps que le clinicien ou plutôt le chirurgien dans vos comédies ?*

— Oh, je me suis toujour moqué de moi-même dans ce que j'écris! Il faut d'ailleurs avouer que j'y arrive de moins en moins, et que je me prends de plus en plus au sérieux quand je parle de ce que je fais... Je finis par tomber dans une sorte de piège. Mais, après tout, le fait de me dénoncer, comme je le fais en ce moment, me libère peut-être du piège ?

— *Vous venez d'évoquer vos écrits : en est-il d'autres que vos pièces ?*

— Oui et non. J'ai écrit trois contes, comico-tragiques, assez fantastiques, comme mon théâtre, qui sont devenus trois pièces : *Amédée*, puis *Tueur sans gages* et *Rhinocéros*. C'est quand ils ont été écrits que je me suis rendu compte qu'ils étaient, en fait, écrits comme de petites pièces.

— *Vous venez de citer les titres de vos deux dernières pièces, celles dont vous me disiez qu'elles différaient notablement des précédentes. N'y a-t-il pas là le signe d'un glissement de votre conception du théâtre ?*

— En y réfléchissant, il faut bien reconnaître qu'en effet ces deux dernières pièces sont peut-être, malgré moi, un peu moins purement théâtrales, et un peu plus littéraires que les autres. J'ai peut-être fait, en les écrivant, certaines concessions... *Rhinocéros* est un conte que j'ai rendu scénique, c'est une histoire, alors que d'ordinaire ce qui m'intéresse surtout, dans le théâtre, c'est *la forme théâtrale*. La vraie pièce de théâtre, pour moi, c'est plutôt une construction qu'une histoire : il y a une progression théâtrale, par des étapes qui sont des états d'esprit différents, de plus en plus denses.

— *Cette densité n'est-elle pas fatale au comique ?*

— Si, lorsqu'elle empêche l'auteur de se tourner contre lui-même, ce qui doit être une règle absolue de qui veut être comique. Il ne faut pas céder à l'engourdissement de la sentimentalité. Il faut une certaine cruauté, un certain sarcasme vis-à-vis de soi-même. Ce qui est le plus difficile, c'est de ne pas s'attendrir sur soi ni sur ses personnages — tout en les aimant. Il faut les voir avec une lucidité, non pas méchante, mais ironique. Quand l'auteur est pris par son personnage, le personnage est mauvais. J'ai vu des auteurs pleurer à la générale de leurs pièces, s'écrier : « C'est sublime!... »

— *Mais si le personnage est particulièrement émouvant ?*

— Il ne faut pas qu'il le soit totalement. Il doit être aussi comique qu'émouvant, aussi douloureux que ridicule. D'ailleurs, on ne peut pas faire jaillir de soi un personnage parfait, car l'auteur n'est pas parfait : il est un sot, comme tous les hommes!

Les Nouvelles littéraires, 1960.

BOUTS DE RÉPONSE A UNE ENQUÊTE

Je ne sais pas très bien comment je suis venu au théâtre. Il m'est impossible de vous donner des détails plus précis à ce sujet. Tout ce que je puis vous dire, c'est que je n'ai pas voulu illustrer une idéologie ; ni indiquer à mes contemporains la voie du salut. Si la planète est aujourd'hui en danger mortel, c'est parce qu'il y aura eu des sauveurs : un sauveur hait l'humanité, puisqu'il ne l'accepte pas. Sans doute ai-je dû sentir, à un moment donné, la nécessité de faire œuvre de création. J'avais déjà écrit, vers l'âge de douze ans, une pièce de théâtre et un scénario de film que j'ai égarés. Ensuite j'ai été pris par d'autres choses, par ce qu'on appelle la vie. J'ai retrouvé, beaucoup plus tard, non pas ma première pièce, mais le désir ou le besoin d'en écrire d'autres. Le besoin d'inventer, d'imaginer est inné chez l'homme. Nous avons tous écrit ou essayé d'écrire, de peindre, de jouer la comédie, de composer de la musique ou de construire, au moins, des cages à lapins dont l'utilité pratique n'est que le prétexte apparent, comme la foi n'est que l'impulsion motrice de l'élévation des cathédrales.

Ceux qui n'arrivent pas à bâtir une œuvre d'art ou simplement un pan de mur isolé, rêvent, mentent ou se jouent la comédie à eux-mêmes.

Il ne faut pas empêcher le déploiement libre des forces imaginatives. Pas de canalisations, pas de dirigisme, pas d'idées préconçues, pas de limites. Je pense qu'une œuvre d'art en est une dans la mesure où l'intention première est dépassée ; dans la mesure où le flot imaginatif est allé au-delà des limites ou des voies étroites que voulait s'imposer, au départ, le créateur : messages, idéologies, désir de prouver ou d'enseigner. Cette liberté absolue d'imaginer, les esprits tristes de notre temps la nomment fuite, évasion alors qu'elle est création. Faire un monde : cela exprime une exigence pure de l'esprit qui, s'il était empêché d'y répondre, mourrait d'asphyxie. L'homme est peut-être l'animal qui rit, comme on l'a dit. Où il n'y a pas d'humour, il n'y a pas d'humanité ; où il n'y a pas d'humour (cette liberté prise, ce détachement vis-à-vis de soi-même) il y a le camp de concentration. Mais l'homme est surtout l'animal créateur.

J'ai écrit du théâtre, probablement, après avoir essayé d'écrire autre chose, parce qu'à un moment j'ai dû sentir que le théâtre était l'art suprême, celui qui permet la matérialisation la plus complexe de notre profond besoin de créer des mondes.

Non. Les réactions du public n'ont pas eu d'influence sur moi. C'est le public qui a fini par s'habituer à moi ; il me suit (pour le moment). Je n'ai jamais tenu compte du public.

Pourtant si, peut-être. J'ai plutôt l'impression que j'ai lutté contre lui ; il ne m'en a pas voulu. Les œuvres s'imposent par la force.

Je n'ai pas tenu compte des critiques non plus. Ni des critiques favorables, ni des critiques défavorables. Je veux dire que je n'en ai pas tenu compte dans ma création. Toutefois, les critiques hostiles m'ont bien embêté, personnellement. Peut-être suis-je vaniteux, mais je ne puis m'empêcher de penser que quelques-uns de mes critiques « intellectuels » ont été inférieurs à ce que je leur présentais. Ils pouvaient faire venir ou empêcher de faire venir du monde au théâtre : c'est en cela seulement qu'ils m'ont embêté. Je me suis moqué d'eux. Mais ils m'ont irrité surtout. Ils n'ont été d'aucune utilité. Ils auront été infiniment encombrants : trois ou quatre d'entre eux ont essayé de tirer mes pièces à eux, d'en faire les supports, les instruments de leurs idéologies. J'ai refusé de leur être asservi. Ils m'en ont voulu. Ils m'ont déclaré, il y a quelques années, que mon théâtre était une impasse, que j'avais un public restreint de snobs, que j'étais mort. Récemment, ils ont de nouveau déclaré que j'étais mort parce que j'avais atteint le grand public. La moindre audace, la moindre liberté, l'humour, le jeu, la caricature les énervent. (Et même lorsque l'esprit n'est pas très fin, la pièce à moitié réussie, pourquoi se fâcher tellement ?) Lorsqu'ils finissent par s'habituer à une manière d'être que vous êtes parvenu à leur imposer au bout de quelques années, ils sont déroutés par le plus petit changement de cette manière d'être, rien ne doit brouiller l'image qu'ils se sont faite. Ils manquent de souplesse, de bonne humeur, souvent de bonne foi.

Je crois qu'une partie de la critique est responsable de ce qu'on appelle la crise du théâtre et du mauvais théâtre. Ils sont la routine et le fanatisme : routine et fanatisme réactionnaires, routine et fanatisme d'avant-garde, routine et fanatisme « révolutionnaires ».

L'esprit de sérieux bâtit les prisons, l'esprit de sérieux est inquisiteur, l'esprit de sérieux est didactique, l'esprit de sérieux est ennuyeux, l'esprit de sérieux fait les guerres, l'esprit de sérieux tue. Je sais bien que nous ne vivons pas une époque de grand art. Les esprits sont étriqués. Mais que cherche-t-on au théâtre, si on n'y vient pas pour « jouer » ?

Oui. Si le « succès » n'était pas venu j'aurais continué d'écrire pour le théâtre : cela m'était devenu indispensable. D'ailleurs le succès est souvent un malentendu, un échec masqué.

Le théâtre est-il un art de divertissement ou un art de réflexion ? me demandez-vous. Je n'ai jamais compris ce genre de question, ni cette distinction. Je ne nie pas que le théâtre change avec le langage et avec les mœurs. L'histoire de l'art n'est, bien entendu, que l'histoire de son expression. Oui, il y a quelque chose qui change, quelque chose qui ne peut changer : c'est ce qui fait que le nô, les tragédies de Sophocle, les drames de Shakespeare sont du théâtre qui peut être compris par les hommes de partout. Les procédés de théâtre peuvent se modifier, les lois essentielles de la théâtralité sont immuables. Un même esprit vit à travers ses avatars différents. L'art précolombien nous parle. Rien de plus actuel qu'une colonne grecque.

Le théâtre est, évidemment, un reflet de l'inquiétude de notre époque. Rien ne peut l'empêcher d'être aussi l'expression des inquiétudes de toujours.

On mourait d'amour il y a cent ans ; on mourait aussi de la peur de mourir ; comme aujourd'hui.

Ces inquiétudes s'expriment mieux, elles sont plus authentiques, plus complexes et plus profondes lorsqu'elles sont charriées par la puissance imaginative. Plus nous sommes désentravés, libérés des partis pris ou autres aliénations que nous voulions nous imposer, et des démonstrations limitatives, plus la création porte des significations multiples et riches. Un témoignage, plus il est contradictoire, plus il est vrai. On vous dit que pour être de votre temps il faut vous inscrire à tel parti. Cela restreint, cela fausse notre vérité essentielle. « L'engagement », tel qu'il est conçu est une catastrophe. Peut-être est-il bon de militer pour quelque chose, de choisir dans la vie pratique. Il est encore plus nécessaire, sous peine de suffocation de créer en liberté, d'ouvrir les portes et les fenêtres à l'air pur de l'imagination, il est indispensable de rêver. Lorsqu'on veut être de son temps, il arrive que l'on n'est d'aucun temps. Toute vue uniforme, unilatérale, partisane, est l'expression d'une mauvaise foi. L'histoire a une multiplicité de directions. Les inquiétudes de l'époque nous les portons avec nous, tout naturellement. L'artiste doit les laisser s'exprimer avec une liberté toute naturelle : dans leurs contradictions vivantes, elles nous révéleront une vérité complexe, étonnante, beaucoup plus instructive que n'importe quelle leçon : les leçons sont faites pour nous mener par le bout du nez et nous cacher la vérité complexe, dans ses contradictions.

La leçon du théâtre est au-delà des leçons.

FINALEMENT JE SUIS POUR LE CLASSICISME[1]

QUESTION : *Dans votre dernière pièce* L'Impromptu de l'Alma *que Jacques Mauclair répète en ce moment au Studio des Champs-Élysées, on vous voit aux prises avec certains « docteurs » de la critique parisienne. Pouvez-vous nous dire ce que vous pensez du métier de critique, de la critique en général ?*

RÉPONSE : En matière de critique, je n'ai pas de critères. J'ai détruit mes critères. Autrefois, j'ai fait moi-même de la critique. J'avais écrit une série d'articles sur un grand poète d'un pays étranger. J'avais démonté pièce par pièce son œuvre, afin de démontrer qu'elle ne valait rien. Ces articles avaient entraîné des polémiques. Puis, quelques semaines après, j'avais écrit une nouvelle série d'articles pour prouver que ce poète n'avait écrit que des chefs-d'œuvre. Après, on ne m'a plus pris au sérieux, comme critique. Et pourtant, peut-on l'être davantage et peut-on être plus honnête ? Lisez les critiques dramatiques, suivez-les et voyez comme ils se contredisent, la plupart, d'une année à l'autre. Je n'avais fait que précipiter le mouvement : chez moi, les contradictions étaient presque simultanées. En réalité, on prouve tout ce que l'on veut, tout est décidé à l'avance. La critique est tout aussi variable que les conditions atmosphériques. Elle ne change

1. Réponse écrite à des questions posées par *Bref* et parues, avec certaines modifications dans le numéro du 15 février 1956. Je donne ici le texte écrit, sans les changements rédactionnels.

rien à la chose. Une œuvre semble n'exister que dans ce qu'on en pense. Si le critique a de l'autorité on croit ce que lui-même croit ou veut penser. Un grand critique est celui que l'on croit sur parole. S'il est de bonne foi, il est moins changeant que les autres dans ce qu'il croit penser.

Dès que l'on affirme une chose, on sent nécessairement le besoin ou la tentation d'en penser et d'en dire le contraire. Un critique honnête devrait faire une critique double de chaque œuvre, une critique contradictoire. Cela serait révélateur, aussi bien pour la critique, que pour le mécanisme de la pensée humaine. Ce serait aussi révélateur pour l'œuvre. *L'Impromptu de l'Alma* est une mauvaise plaisanterie. J'y mets en scène des amis : Barthes, Dort, etc. En grande partie cette pièce est un montage de citations et de compilations de leurs savantes études : ce sont eux qui l'ont écrite. Il y a aussi un autre personnage qui est Jean-Jacques Gautier. Ce personnage n'est pas réussi. Malgré sa férocité verbale, je ne lui en veux pas. Et pourtant, c'est le critique dramatique le plus dangereux, non pas à cause de son intelligence puisqu'il n'est pas intelligent, ni à cause de sa sévérité qui ne se fonde sur rien, mais parce que l'on sait que lorsqu'il s'attaque à un auteur, celui-ci est prêt à se croire un génie.

Il y a peut-être une possibilité de faire de la critique : appréhender l'œuvre selon son langage, sa mythologie, accepter son univers, l'écouter. Dire si elle est vraiment ce qu'elle veut être : la faire parler toute seule, ou la décrire, dire exactement ce qu'elle est, non pas ce que le critique voudrait qu'elle fût.

Ainsi, il y a donc peut-être le critère de l'expression, comme unique critère possible. L'expression est fond et forme à la fois. Quand il y a nouveauté d'expression, c'est un signe de valeur. Le renouvellement de l'expression est destruction des clichés, d'un langage qui ne veut plus rien dire ; le renouvellement de l'expression résulte de l'effort de rendre l'incommunicable de nouveau communicable. Là réside donc le but, peut-être principal, de l'art : rendre au langage sa virginité. Le cliché c'est ce qui avilit, à travers le langage, certaines réalités essentielles qui ont perdu leur fraîcheur, que l'on doit redécouvrir comme l'on déterre des villes ensevelies sous le sable.

Q. : *Parlez-nous de votre processus de création. Que pensez-vous de votre théâtre ?*

R. : La création suppose une liberté totale. Il s'agit là d'une démarche tout autre que celle de la pensée conceptuelle. Il y a deux sortes de connaissances : la connaissance logique et la connaissance esthétique, intuitive. (Je cite Croce.) Quand j'écris une pièce, je n'ai aucune idée de ce qu'elle va être. J'ai des idées *après*. Au départ, il n'y a qu'un état affectif. *L'Impromptu de l'Alma* est une exception. L'art pour moi consiste en la révélation de certaines choses que la raison, la mentalité quotidienne me cachent. L'art perce ce quotidien. Il procède d'un état second.

Q. : *N'avez-vous pas certains thèmes ?*

R. : J'appelle cela des obsessions. Ou des angoisses. Celles de tout le monde. C'est sur cette identité, cette universalité que se fonde la possibilité de l'art. Il y a aussi, bien entendu, les obsessions du *petit bourgeois* que Barthes veut essayer d'analyser. La peur d'être petit-bourgeois est une obsession de petit bourgeois « intellectuel ». Mais celles-là sont surtout les siennes :

c'est lui le *petit bourgeois*. Dort me reproche de limiter mes pièces à un univers familial. Cela n'est vrai que pour quelques-unes de mes pièces et puis l'univers familial existe : si B. Dort ne le connaît pas, cela n'empêche pas qu'il soit aussi important que l'univers intérieur ou que l'univers collectif, qui est le plus extérieur. Dans cet univers totalitaire où les gens ne sont que des camarades et non plus des amis, surgira la révolte qui restaurera, je l'espère, l'homme dans son intériorité, dans son humanité réelle, dans sa liberté et son équilibre.

L'univers familial est en somme une communauté, la société en raccourci. Il y a autant ou plus à trouver dedans que dehors. Pour moi, le théâtre de boulevard et le théâtre politique sont des théâtres de divertissement.

Q. : *Mais Dort ne vous reprochait pas de faire un théâtre de boulevard...*

R. : Pour moi, tout théâtre qui s'attache à des problèmes secondaires (sociaux, histoires des autres, adultères) est un théâtre de diversion. Kafka raconte dans *Les Armes de la Ville* l'histoire de gens qui voulaient édifier la Tour de Babel et se sont arrêtés au deuxième étage parce que la solution des problèmes liés à l'édification de la Tour (logement du personnel, constitution de syndicats, situations, etc.) était devenu l'objectif principal. Ils avaient oublié qu'ils devaient construire la Tour. Ils avaient oublié le *but*. Seul est capital mon conflit avec l'univers. L'obstacle, c'est l'univers.

Q. : *Votre théâtre a donc un caractère d'agressivité, de provocation à l'égard des spectateurs, du monde ?*

R. : Je crois, je ne le fais pas exprès.

Q. : *D'ailleurs vos premières pièces constituaient un « anti-théâtre ».*

R. : Elles étaient, en effet, une critique des lieux communs, une parodie d'un théâtre qui n'était plus du théâtre. C'était évidemment la critique du langage *creux* que les manuels de conversation m'ont révélé, la critique des idées reçues, des slogans. Le petit bourgeois, c'est pour moi l'homme de ces idées reçues que l'on retrouve dans toutes les sociétés, dans tous les temps : le conformiste, celui qui adopte le système de pensée de sa société quelle qu'elle soit (ou de l'idéologie dominante) et ne critique plus. Cet homme moyen est partout.

Je me suis aperçu, finalement, que je ne voulais pas vraiment faire de l'anti-théâtre, mais du théâtre. J'espère avoir retrouvé, intuitivement, en moi-même, les schèmes mentaux permanents du théâtre. Finalement, je suis pour le classicisme : c'est cela, *l'avant-garde*. Découverte d'archétypes oubliés, immuables, renouvelés dans l'expression : tout vrai créateur est classique... Le *petit bourgeois* est celui qui a oublié l'archétype pour se perdre dans le stéréotype. L'archétype est toujours jeune.

Q. : *Quels sont depuis dix ans, à Paris, les spectacles qui vous ont le plus frappé ?*

R. : Je n'en vois guère. Mais je puis citer Shakespeare, Molière, Racine, dernièrement Marivaux, Kleist. Les auteurs plus jeunes, je les connais mal. Je n'ai pas aimé *Le Mari idéal* d'Oscar Wilde, trop prisonnier de son temps, n'exprimant que son temps ; l'œuvre d'art doit être à cheval sur le temporel et l'intemporel.

Q. : *Les autres ne vous intéressent guère ?*

R. : Je suis moi-même les autres, mes problèmes ne peuvent être essentiellement que ceux des autres. Je suis comme tout le monde. On est, qu'on le veuille ou non, tout le monde. « Tout le monde » ne s'en rend pas toujours compte.

Q. : *Êtes-vous sûr qu'il n'y a dans votre théâtre aucune préoccupation morale, aucune tendance... éducative ?*

R. : Je crois faire un théâtre objectif... à force de subjectivité. Je suis peut-être social sans le vouloir.

Q. : *Parlez-nous maintenant des* Chaises. *Dites-nous, par exemple, quel est le rôle des accessoires dans* Les Chaises ?

R. : Ils expriment la prolifération matérielle. Le trop de présence des objets exprime l'absence spirituelle. Le monde me semble tantôt trop lourd, encombrant, tantôt vide de toute substance, trop léger, évanescent, impondérable.

Q. : *Vous identifiez-vous à certains personnages de vos pièces ?*

R. : Toute pièce procède, chez moi, d'une sorte d'auto-analyse...

Q. : *... d'exhibitionnisme ?*

R. : Non. Car le moi que l'on veut « exhiber » c'est un moi qui est nous... Évidemment, il faut réussir à atteindre ce moi universel, à le dégager. Le monde intérieur peut être aussi riche que le monde du dehors. L'un et l'autre ne sont, d'ailleurs, que les deux aspects d'une même réalité.

Q. : *Le fait que vos pièces soient jouées loin de la Rive Gauche, en Belgique, en Hollande, en Suisse, en Allemagne, en Finlande, en Suède, en Argentine, en*

Angleterre, au Canada, le fait que Saul Steinberg les illustre aux États-Unis, que Buñuel monte Jacques *à Mexico prouve peut-être qu'elles correspondent, cependant, à un certain besoin de notre époque. Et puisque nous parlons de la diffusion de votre théâtre, dites-nous ce que vous pensez d'un théâtre populaire accessible à un nouveau public de gens qui ne vont pas au théâtre pour le moment ?*

R. : Cela, c'est l'affaire des animateurs. En ce qui me concerne, je pense que mon théâtre est très simple, très aisé à comprendre, visuel, primitif, enfantin. Il s'agit simplement de se débarrasser de certaines habitudes mentales raisonneuses. D'autre part, je pense qu'il ne faut pas opposer systématiquement *théâtre populaire* à *théâtre bourgeois*, car ces deux notions ne sont pas nécessairement antinomiques. L'esprit petit bourgeois peut se trouver, comme je vous l'ai dit, dans n'importe quelle catégorie sociale. Je ne crois pas non plus à un théâtre prophétique, chargé d'un « message ». La thèse c'est l'intrusion de l'intention rationnelle là où il s'agit d'autre chose. Tous les auteurs ont voulu faire de la propagande. Les grands sont ceux qui ont échoué.

Q : *Pensez-vous que votre théâtre s'inscrive dans un mouvement, qu'il soit un chaînon d'une évolution ?*

R. : Ce n'est pas à moi de le dire. Il devrait contribuer, s'il était valable, à une destruction et à une rénovation de l'expression. J'essaie de retrouver la tradition, qui n'est pas académisme. C'est même son contraire.

Je puis dire que mon théâtre est un théâtre de la dérision. Ce n'est pas une certaine société qui me paraît dérisoire. C'est l'homme. Vous voyez bien qu'il y a des thèmes éternels.

BOUTS DE DÉCLARATIONS POUR LA RADIO

Je ne sais si un drame ou une comédie sont plus probants qu'une symphonie ou un tableau. Ce que je sais c'est que le théâtre a beaucoup plus de mal à être théâtre que la musique à être musique. La musique elle-même est un reflet de son temps et, à la fois, d'un hors-temps. La preuve qu'elle est de son temps, c'est qu'elle évolue, qu'elle s'encadre dans le complexe stylistique de son temps. Mais aussi, comme tous les arts, elle est compréhensible, à travers les siècles, pour les hommes. Les chansons du Moyen Age, Bach, Beethoven, Wagner, Mozart, Stravinsky, Schönberg, Bartok, Webern, non seulement ne s'excluent pas les uns les autres, mais constituent la variété dans l'unité de la musique. La musique a l'avantage d'avoir pu échapper le mieux aux dirigismes des régimes, aux dictatures politiques, elle a échappé aux tyrannies. Pour la peinture aussi, la vie a été plus facile : en faisant tel portrait de tel roi, de tel cardinal, de telle dame de la cour, le peintre pouvait faire de la peinture, indépendamment du sujet. Le théâtre a été beaucoup moins libre, beaucoup plus prisonnier de son temps, beaucoup plus surveillé par les pouvoirs en place, et, cela semble paradoxal, c'est dans la mesure où l'art est trop prisonnier d'un régime, qu'il exprime moins à la fois l'universalité et son temps lui-même. Un régime politique, ou une certaine idéologie politique ne résument pas toute une époque. Pour cette raison, le théâtre étant moins libre, il a eu beaucoup plus de mal à trouver sa voie propre : cela se constate très bien dans les régimes totalitaires, aujourd'hui aussi.

On peut exprimer le monde qu'on appelle « le monde extérieur » en ayant l'air de ne regarder qu'à l'intérieur de soi, comme on peut très bien exprimer le monde dit intérieur en ayant l'air de parler des autres.

C'est aux philosophes d'expliquer, de se laisser éclairer par les œuvres d'art.

Je n'aime pas Brecht, justement parce qu'il est didactique, idéologique. Il n'est pas primitif, il est primaire. Il n'est pas simple, il est simpliste. Il ne donne pas matière à penser, il est lui-même le reflet, l'illustration d'une idéologie, il ne m'apprend rien, il est redite. D'autre part, l'homme brechtien est plat, il n'a que deux dimensions, celles de la surface, il n'est que social : ce qui lui manque c'est la dimension en profondeur, la dimension métaphysique. Son homme est incomplet et il n'est souvent qu'un pantin. Ainsi dans *L'Excepion et la Règle* ou dans *Homme pour Homme*, l'être humain, chez Brecht, est conditionné uniquement par le social et un social conçu, d'autre part, d'une certaine façon. Il y a, aussi en nous, un aspect extra-social : celui qui, vis-à-vis du social, nous donne une liberté. C'est un autre problème de savoir s'il s'agit vraiment d'une liberté ou d'un conditionnement plus complexe de l'être humain. De toutes façons, l'homme brechtien est infirme, car son auteur lui refuse sa réalité la plus intérieure; il est faux, car il lui aliène ce qui le définit. Il n'y a pas de théâtre sans secret qui se révèle; il n'y a pas d'art sans métaphysique, il n'y a pas non plus de social sans arrière-fond extra-social.

Beckett est essentiellement tragique. Tragique, parce que, justement, chez lui, c'est la totalité de la condition humaine qui entre en jeu, et non pas l'homme de telle ou telle société, ni l'homme vu à travers et aliéné par une certaine idéologie qui, à la fois, simplifie et ampute la réalité historique et métaphysique, la réalité authentique dans laquelle l'homme est intégré. Que l'on soit pessimiste ou optimiste, c'est un autre problème. L'important, la vérité, c'est que l'homme apparaisse dans ses dimensions, ses profondeurs multiples. Chez Beckett, c'est le problème des fins dernières de l'homme qui se pose ; l'image que cet auteur donne de l'histoire, de la condition humaine, est plus complexe, mieux fondée.

Évidemment le théâtre ne peut faire abstraction de l'univers social. Mais pour Brecht il n'y a qu'un problème social : celui du conflit des classes. En réalité, il ne s'agit là que d'un seul aspect du social. Pourtant mes rapports avec mon voisin sont aussi des rapports sociaux. Les rapports entre deux époux ou deux amants sont également des rapports sociaux. L'homme n'étant pas seul, tout est naturellement social. On peut parler d'une sociologie du mariage, d'une sociologie du voisinage, d'une sociologie de l'usine, d'une sociologie concentrationnaire, hélas, d'une sociologie des communautés religieuses, d'une sociologie écolière ou militaire ou du travail, qui fait que le social et que les conflits ne sont pas uniquement de *classes*. Réduire tout le social à cela, c'est donc diminuer et le social et l'homme.

En réalité, c'est le théâtre politique qui est insuffisamment social ; il est déshumanisé puisqu'il ne nous présente qu'une réalité humaine et sociale réduite, celle d'un parti pris.

Ce qui, personnellement, m'obsède, ce qui m'intéresse profondément, ce qui m'engage c'est le problème de la condition humaine, dans son ensemble, social ou extra-social. L'extra-social : c'est là où l'homme est profondément seul. Devant la mort, par exemple. Là, il n'y a plus de société. Et aussi, lorsque, par exemple, je me réveille, à moi-même et au monde et que je prends ou que je reprends conscience soudainement, que je suis, que j'existe, qu'il y a quelque chose qui m'entoure, des sortes de choses, une sorte de monde et que tout m'apparaît insolite, incompréhensible, et que m'envahit l'étonnement d'être. Je plonge dans cet étonnement. L'univers me paraît alors infiniment étrange, étrange et étranger. A ce moment, je le contemple, avec un mélange d'angoisse et d'euphorie; à l'écart de l'univers, comme placé à une certaine distance, hors de lui; je regarde et je vois des images, des êtres qui se meuvent, dans un temps sans temps, dans un espace sans espace, émettant des sons qui sont une sorte de langage que je ne comprends plus, que je n'enregistre plus. « Qu'est-ce que c'est que cela ? » je me demande, « qu'est-ce que cela veut dire ? » et de cet état d'esprit que je sens être le plus fondamentalement mien naît dans l'insolite, tantôt un sentiment de la dérision de tout, de comique, tantôt un sentiment déchirant, de l'extrême fragilité, précarité du monde, comme si tout cela était et n'était pas à la fois, entre l'être et le non-être : et c'est de là que proviennent mes farces tragiques, *Les Chaises* par exemple, dans laquelle il y a des personnages dont je ne saurais dire moi-même s'ils existent ou s'ils n'existent pas, si le réel est plus vrai que l'irréel ou le contraire.

Pour moi, c'est comme si l'actualité du monde était à tout moment parfaitement inactuelle. Comme s'il n'y avait rien ; comme si le fond des choses n'était rien, ou comme s'il nous échappait. Une seule actualité, pourtant : le déchirement continuel du voile de l'apparence ; la destruction continuelle de tout ce qui se construit. Rien ne tient, tout s'en va. Mais je ne fais que répéter ce que disait le roi Salomon : tout est vanité, tout retourne en poussière, tout n'est que des ombres. Je ne vois pas d'autre vérité. C'est le roi Salomon qui est mon maître.

Maintenant, comment tout ceci devient théâtre, c'est-à-dire comment tout ceci devient action ? Je ne sais.

Cela a l'air au départ d'être langage, plutôt qu'action, puisqu'il s'agit d'un état lyrique. Pourtant, en même temps apparaissent des personnages ou des fantômes qui se meuvent sur scène en parlant ce langage et il leur arrive des aventures. Ils parlent de ce qu'ils ressentent, agissent selon ce qu'ils ressentent.

Mais tout est langage au théâtre : les mots, les gestes, les objets, l'action elle-même car tout sert à exprimer, à signifier. Tout n'est que langage. Un langage essayant de révéler l'a-histoire, peut-être même d'intégrer celle-ci dans l'histoire.

PORTRAITS

PORTRAIT DE CARAGIALE[1]
1852-1912

Né en 1852, dans les environs de Bucarest, I. L. Caragiale écrivit d'excellents contes et quelques pièces de théâtre qui « révolutionnèrent » le théâtre roumain, facile à révolutionner, puisqu'il n'existait pour ainsi dire pas. En fait, il le créa. Par la valeur de ses comédies de mœurs et de caractères, écrites, hélas, dans une langue sans circulation mondiale, I. L. Caragiale est, probablement, le plus grand des auteurs dramatiques inconnus. Dégoûté par la société de son temps, ayant aggravé son dégoût en la dénigrant, dans toute son œuvre, avec violence et raison, talent et humour, I. L. Caragiale profita d'un héritage tardif pour s'expatrier à la fin de sa vie à Berlin, où il mourut en 1912, à soixante ans et cinq mois.

Il avait refusé, en janvier de la même année, de revenir à Bucarest pour les quelques jours nécessaires à la célébration *officielle* de ses soixante ans

1. Une pièce de cet auteur *La Lettre égarée*, a été représentée à Paris, en 1955, au Théâtre de poche, dans une mise en scène de Marcel Cuvelier. (Paru dans la collection « Les hommes célèbres », 3e tome, édité par G. Mazenod.)

et de sa carrière, car, à force d'avoir injurié ses compatriotes, ceux-ci avaient fini par l'admirer.

I. L. Caragiale prit à partie, dans son œuvre, les commerçants, l'administration, les politiciens : ses griefs étaient justes, naturellement.

Comme I. L. Caragiale avait fréquenté, dans sa jeunesse, un club politique et littéraire conservateur sous l'égide duquel il publia ses deux premières comédies (*Une Nuit orageuse* et *Léonida face à la réaction*) représentées respectivement en 1879 et 1880, certains voulurent voir dans cet auteur un ennemi du libéralisme, de la démocratie. Ce n'était vrai qu'en partie. Plus tard, Caragiale fut l'ami intime du créateur du mouvement socialiste roumain et participa à des manifestations socialistes. Dans sa comédie la plus importante (*La Lettre égarée*, jouée en 1833), I. L. Caragiale attaque avec la même objectivité dans la véhémence, conservateurs aussi bien que libéraux. On en profita pour découvrir, dans son œuvre, des sympathies socialistes, des tendances révolutionnaires. Ceci est peut-être plus exact, pour la bonne raison que le gouvernement socialiste n'existant pas, il n'avait pas à lui en vouloir. En réalité, partant des hommes de son temps, Caragiale est un critique de l'homme et de toute société. Ce qui lui est particulier, c'est la virulence exceptionnelle de sa critique. En effet, l'humanité, telle qu'elle nous est présentée par cet auteur, semble ne pas mériter d'exister. Ses personnages sont des exemplaires humains à tel point dégradés, qu'ils ne nous laissent aucun espoir. Dans un monde où tout n'est que dérision, bassesse, seul le comique pur, le plus impitoyable, peut se manifester.

La principale originalité de Caragiale c'est que

tous ses personnages sont des imbéciles. Imaginez-vous les petites gens d'Henri Monnier poussés plus à fond, sombrant tout à fait dans l'irrationalité du crétinisme. Ces anthropoïdes sociaux sont cupides et vaniteux : sans intelligence, ils sont, par contre, étonnamment rusés ; ils veulent « parvenir » ; ils sont les héritiers, les bénéficiaires des révolutionnaires, des héros, des illuminés, des philosophes qui ont bouleversé le monde par leur pensée, ils sont le résultat de ce bouleversement. Il faut bien que quelqu'un en profite. Ce qui est déprimant, c'est que les idées elles-mêmes, vues à travers ce chaos intellectuel, se dégradent, perdent toute signification, si bien que, finalement, hommes et idéologies, tout est compromis. Caragiale ne prend pas les choses à la légère et se trouve bien loin d'un Feydeau dont il a, par ailleurs, le génie constructeur, ou d'un Labiche avec lequel peut-être a-t-il, cependant, des affinités de technique formelle. Esprit naturaliste, c'est dans le monde quotidien qu'il a choisi ses personnages, mais il nous les a révélés dans leur essence profonde. Il en a fait des types, des modèles : on fut bien obligé d'admettre leur existence. Tout le monde pouvait voir, dans les ministres du pays, le préfet prévaricateur de *La Lettre égarée* ; dans les députés bafouilleurs, l'avocat conservateur de la même pièce ; dans les journalistes à l'esprit confus, le poète de *La Nuit orageuse* ; dans les petits rentiers, le père Léonida.

Vues de plus près, et d'abord dans leur aspect local, les choses deviennent encore plus graves. A l'issue d'un moyen âge balkanique qui s'était prolongé dans les provinces roumaines jusqu'au milieu du siècle dernier, le pays débouchait, soudain, en pleine Europe libérale. Des réformes rapides donnèrent à cette nation une nouvelle structure sociale ; une classe bourgeoise se constituait de toutes pièces ; le petit bourgeois, commerçant vêtu de l'uniforme de garde civique, apparaissait, identique à son confrère français, au petit bourgeois universel, mais encore plus sot. Quant à la haute bourgeoisie, elle ne semblait guère différente de la petite. Son ignorance était plus complexe. Ne comprenant rien à l'évolution de l'Histoire, quelques-uns de ces personnages, les moins heureux, avaient tout de même comme l'ambition d'y comprendre quelque chose sans y réussir : c'est aussi cet effort mental, retombant, épuisé, dans le vide, que nous présente Caragiale, dans son pénible éclat.

Les héros de Caragiale sont fous de politique. Ce sont des crétins politiciens. A tel point qu'ils ont déformé leur langage le plus quotidien. Les journaux sont l'aliment de toute la population : écrits par des idiots, ils sont lus par d'autres idiots. La déformation du langage, l'obsession politique, sont si grandes que tous les actes de la vie baignent dans une bizarre éloquence, faite d'expressions aussi sonores que merveilleusement impropres, où les pires non-sens s'accumulent avec une richesse inépuisable et servent à justifier, noblement, les actions inqualifiables : on trahit des amis, « dans l'intérêt du parti » ; trompée par son amant, une femme lui jette du vitriol à la figure parce qu' « elle a un tempérament républicain » ; on « signe avec courage » une délation anonyme, que l'on envoie au ministre conservateur ; on est faussaire pour le bien de la patrie ; on veut être député pour l'amour de la « chère petite patrie » ; on fait partie de tous les régimes parce qu'on est « impartial » ; on ne donne des postes qu'aux « fils de la Nation » ; on découvre qu'un individu louche est digne d'intérêt « parce qu'il est des nôtres » ; seul un enfant de la Nation « a droit à être décoré, car les décorations sont faites avec la sueur du peuple » ; il faut envoyer au bagne « tous ceux qui mangent le peuple » ; une petite rébellion locale « est un grand exemple pour l'Europe entière qui a les yeux fixés sur nous » ; le préfet qui ne veut pas donner son appui à un candidat député est « un buveur du sang populaire » ; « bien que Jésuite, le Pape n'est pas bête » ; Léonida veut « un gouvernement qui verserait, à tous les citoyens, une forte pension mensuelle et vous interdirait de payer les impôts ». Il y a aussi les grands principes : « J'aime la trahison, mais je hais les traîtres » ; « un peuple qui ne va pas de l'avant reste sur place » ; « tous les peuples ont leurs faillis, il faut que la Roumanie aussi ait les siens ».

L'écart qu'il y a entre un langage aussi obscur qu'élevé et la ruse mesquine des personnages, leur politesse cérémonieuse et leur malhonnêteté foncière, les adultères grotesques se mêlant à tout ceci, font que finalement ce théâtre, allant au-delà du naturalisme, devient absurdement fantastique. Jamais habités par un sentiment de culpabilité, ni par l'idée d'un sacrifice, ni par aucune idée (« une fois qu'on a une tête, à quoi servirait l'intelligence », se demande ironiquement Caragiale), ces personnages, à la conscience étonnamment tranquille, sont les plus bas de la littérature universelle. La critique de la Société acquiert ainsi chez Caragiale une férocité inouïe.

Finalement on s'aperçoit que ce ne sont pas les principes des nouvelles institutions que combat Caragiale, mais la mauvaise foi de leurs représentants, l'hypocrisie dirigeante, l'innommable sottise bourgeoise, toutes causes qui firent que la machine démocratique, comme sabotée, fut détraquée avant d'avoir pu fonctionner, et la nouvelle société, décomposée avant d'être composée ; tout s'écroule dans le chaos. I. L. Caragiale ne nous dit pas que l'ancienne société était meilleure. Il ne le croit pas. Il pense que telle est « la société ». Tout est toujours à refaire. L'auteur, lui, s'en lave les mains (*il s'est toujours défendu de faire autre chose que de l'art pour l'art*) et se retire à l'étranger où il n'arrivera jamais à connaître suffisamment les gens pour qu'ils lui deviennent aussi insupportables que ceux qu'il a trop bien connus chez lui.

PRÉSENTATION DE TROIS AUTEURS

L'humour, c'est la liberté. Nous avons besoin d'humour, de cocasserie. Au théâtre, et dans la littérature actuelle, l'humour, le cocasse sont bannis par les bien-pensants : nous y rencontrons soit l'esprit boulevardier, mondain, soit la sordide « littérature » de l'engagement. Cette absence d'humour, ce féroce engagement, caractérisent notre manière d'être depuis un certain temps déjà. Hitler n'admettait pas l'humour ; Maurras mettait le « politique » d'abord ; les bourgeois du stalinisme, en Russie ou en Occident, ne comprennent pas et interdisent à l'imagination d'être imaginative, c'est-à-dire d'être libre et révélatrice de vérités dans sa liberté ; le réalisme sévit, un réalisme borné, limité à un plan de la réalité si étroit, si faussé par son fanatisme qu'il n'est que celui de l'irréalité elle-même ; et les sartrismes nous engluent, nous figent, dans les cachots et dans les fers de cet engagement qui devait être liberté. Tous « engagements », d'aujourd'hui ou d'hier, ont mené ou peuvent encore mener tout droit dans les camps de concentration des fanatismes les plus divers et contradictoires, ou à l'instauration, matérielle et intellectuelle, des régimes dont les différences et oppositions apparentes ne font que masquer l'identité profonde, le même esprit « sérieux ».

L'humour fait prendre conscience avec une lucidité libre de la condition tragique ou dérisoire de l'homme ; il ne peut y avoir de vérité qu'en laissant à l'intelligence la plénitude de sa démarche, cette démarche ne pouvant être menée que par l'artiste qui, sans idées reçues, sans écran idéologique s'interposant entre lui et la réalité est seul en mesure d'avoir, par cela même, un contact direct, donc authentique, avec cette réalité.

Les trois pièces publiées dans ce numéro de *l'Avant-Scène* (*Les Trois Chapeaux-claque*, de Mihura, *Sur une plage de l'ouest*, de Carlos Larra, et *Le Naufrage ou Miss Ann Saunders*, de Simone Dubreuilh) ont l'avantage de pouvoir unir l'humour au tragique, la vérité profonde au cocasse qui, en tant que principe caricatural, souligne et fait ressortir, en la grossissant, la vérité des choses. Le style « irrationnel » de ces pièces peut dévoiler bien mieux que le rationalisme formel ou la dialectique automatique, les contradictions aberrantes, la stupidité, l'absurdité. La fantaisie est révélatrice ; tout ce qui est imaginaire est vrai ; rien n'est vrai s'il n'est imaginaire. Pour ce qui est de l'humour il n'est pas seulement la seule vision critique valable, il n'est pas seulement l'esprit critique même, mais — contrairement à l'évasion, à la fuite qui résulte de l'esprit de système nous entraînant sous le nom de *réalisme* dans un rêve, hors de toute réalité — l'humour est l'unique possibilité que nous ayons de nous détacher — mais seulement après l'avoir surmontée, assimilée, connue — de notre condition humaine comico-tragique, du malaise de l'existence. Prendre conscience de ce qui est atroce et en rire, c'est devenir maître de ce qui est atroce. Les tueurs se trouvent chez ceux qui ne savent pas rire, chez les aveugles-nés de l'esprit, chez les enchaînés par vocation pour lesquels la fureur, la tuerie sont les seuls moyens de se décharger. Les tueurs sont ceux qui interdisent l'amitié, l'amour, les nobles sentiments pour ne garder que les mauvais : la haine et la fureur.

On parle beaucoup en ce moment de « démystification » ; hélas ! les démystificateurs remplacent les tabous par des tabous anti-tabous qui deviennent des tabous bien plus encombrants que les anciens tabous. Les démystificateurs ne font donc que nous mystifier et nous enchaîner, et nous fournir un vocabulaire figé, un nouveau langage aveuglant et trompeur.

Une seule démystification reste vraie : celle qui est produite par l'humour, surtout s'il est noir ; la logique se révèle dans l'illogisme de l'absurde dont on a pris conscience ; le rire est seul à ne respecter aucun tabou, à ne pas permettre l'édification des nouveaux tabous anti-tabous ; le comique est seul en mesure de nous donner la force de supporter la tragédie de l'existence. La nature authentique des choses, la vérité, ne peut nous être révélée que par la fantaisie plus réaliste que tous les réalismes.

Les trois pièces de Mihura, de Simone Dubreuilh et de Carlos Larra demandent un petit effort, une certaine souplesse d'esprit de la part du spectateur ou du lecteur : saisir le rationnel à travers l'irrationnel ; passer d'un plan du réel à un autre ; de la vie au rêve ; du rêve à la vie. Cette désarticulation apparente est, dans le fond, un excellent exercice pour enrichir l'expression théâtrale, multiplier, varier les champs du « réel » soumis à la prospection de l'auteur dramatique. Dans ces trois pièces, également, l'atroce se marie à la plaisanterie, la douleur à la bouffonnerie, le dérisoire à la gravité. C'est une très utile gymnastique intellectuelle.

L'Avant-Scène, 15 février 1959.

COMMUNICATION POUR UNE RÉUNION D'ÉCRIVAINS FRANÇAIS ET ALLEMANDS

Pour qui, pourquoi écrit-on ? Si l'on écrit une lettre, un discours, une leçon, une pétition, c'est pour exprimer des idées ou des sentiments à quelqu'un, pour demander, enseigner, convaincre, protester, etc. Le but de l'action d'écrire n'est pas en soi. L'écriture est un moyen. On écrit aux autres, pour les autres.

Je peux aussi écrire quelque chose en vue de prouver, convaincre, enseigner, etc., et je peux intituler poème, comédie, tragédie, etc., la lettre, le manifeste, le discours que j'aurais écrits. En réalité, je n'aurais là qu'une lettre, qu'un sermon, qu'une pétition et non pas un poème, une pièce de théâtre, etc.

Je peux encore vouloir écrire une lettre, une pétition, et que ce soit malgré moi un poème ; une leçon illustrée, et que ce soit une comédie ou bien une tragédie : l'intention profonde, extraconsciente du créateur peut ne pas être en accord avec son intention superficielle, apparente.

Un architecte construit un temple, un palais, une petite maison. Un musicien compose une symphonie. C'est, nous dit l'architecte, pour que les fidèles y aient un lieu fait pour prier ; pour que le roi ait une demeure assez spacieuse pour y recevoir des hôtes de marque, des dignitaires et de nombreux soldats ; pour que le paysan ait où s'abriter avec son cochon et sa famille.

Et la symphonie, nous dira le musicien, exprime mes sentiments ; elle est un langage.

Mais l'architecte est bien attrapé : les fidèles sont morts, la religion est en ruine, le temple ne l'est pas, il est toujours debout ; et les générations viennent admirer le temple désaffecté, le palais vide, la vieille maison pittoresque qui n'abrite que des meubles ou que des souvenirs.

Pour ce qui est de la symphonie, c'est la manière même dont elle est composée qui, par-dessus tout, passionne les connaisseurs de musique : les petits sentiments du musicien sont morts avec lui.

L'édifice, la symphonie ne révèlent plus que les lois de l'architecture, ou les principes de cette architecture mouvante qu'est la musique. L'édifice, la symphonie sont restitués à eux-mêmes, ils sont la manifestation pure de leur essence.

Qu'est-ce donc que ce temple, ou cette symphonie ? Ce sont des structures, tout simplement. Je n'ai même pas besoin de savoir que cet édifice est un lieu de prière, sa destination importe peu, elle est hors de question, elle ne lui retire ni ne lui ajoute rien, elle ne l'aide ni ne l'empêche à tenir debout et c'est bien cela le propre d'un édifice : il est construit. D'ailleurs ce temple n'aura été un temple que parce que j'aurai voulu qu'il fût un temple ; je nie sa qualité de temple. Mais je ne peux absolument pas nier qu'il est un édifice. Il peut servir à quelque chose ou non. Mais il n'a pas besoin de servir à quelque chose, pour être un édifice :

pour être un édifice il n'a pas besoin de public. On peut même déplorer qu'il ne serve à rien, par ces temps où il y a si peu d'églises chrétiennes ; on peut en faire aussi une caserne, un garage.

Et dans ce cas le temple pourra être en effet église chrétienne, caserne, garage, hôpital, asile de fous, lieu de réunions politiques, etc. Je peux aussi le démolir.

Mais autre qu'église, salle de spectacles ou écurie ou siège de parti communiste, ou académie de distanciationnisme, ce temple est ou aura été avant tout et après tout une construction répondant aux lois de la construction, une réalité en soi.

Une pièce de théâtre aussi est une construction imaginaire qui doit également tenir, de bout en bout ; sa qualité est d'être telle qu'on ne puisse la confondre ni avec un roman dialogué, ni avec un sermon, ni avec une leçon, un discours, une ode, car à ce moment-là elle ne serait plus une pièce de théâtre mais leçon, discours, sermon, etc., avec lesquels elle se confondrait. Une pièce de théâtre ne peut être ni plus ni moins, exactement, que ce que ne sont pas toutes les choses qui ne sont pas des pièces de théâtre.

Si un édifice, bâti pour des fidèles, n'a pas besoin de fidèles pour être quand même un édifice, s'il n'a pas besoin de public, — la pièce de théâtre non plus n'a pas besoin de spectateurs pour être une pièce de théâtre.

Mais la pièce de théâtre a tout de même été écrite pour le public, pour le public de son temps ; elle ne peut être conçue en dehors des spectateurs pour lesquels elle est destinée.

Cela non plus n'est pas très sûr, quoi que puisse très

souvent en dire l'auteur lui-même qui est un créateur authentique dans la mesure où sa propre œuvre lui échappe, tout comme les fils se libèrent de l'emprise de leurs pères et leur échappent.

L'œuvre d'art demande à naître, comme l'enfant demande à naître. Elle surgit des profondeurs de l'âme. L'enfant ne naît pas pour la société bien que la société s'en empare. Il naît pour naître. L'œuvre d'art naît également pour naître, elle s'impose à son auteur, elle demande à être, sans tenir compte ou sans se demander si elle est appelée ou non par la société. Évidemment la société peut également s'emparer de l'œuvre d'art ; elle peut l'utiliser comme elle veut ; elle peut la condamner ; elle peut la détruire ; elle peut remplir ou non une fonction sociale, mais elle n'est pas cette fonction sociale ; son essence est extra-sociale.

Tout comme une symphonie, tout comme un édifice, une œuvre de théâtre est, tout simplement, un monument, un monde vivant ; elle est une combinaison de situations, de mots, de personnages ; elle est une construction dynamique ayant sa logique, sa forme, sa cohérence, propres. Elle est une construction dynamique dont les éléments s'équilibrent en s'opposant.

Bien sûr, on nous dira que les personnages de la pièce de théâtre et qui sont les incarnations des antagonismes qui font qu'il y a théâtre, parlent de quelque chose, expriment des passions, des idées, voire des idéologies, et qu'ils sont pris dans leur temps et qu'ils le reflètent, qu'ils prennent parti pour ou contre quelque chose. Mais tout cela n'est que la matière du drame, la matière de la pièce de théâtre-monument, tout comme la pierre n'est que la matière de l'édifice architectural. Peut-on objecter qu'une œuvre dramatique ainsi conçue est une illusion, une chose inutile ? Dans ce cas on pourrait dire aussi d'un édifice qu'il est une illusion, d'une sonate qu'elle est une illusion et qu'elle est inutile. A quoi sert donc cette pièce de théâtre ? Elle sert à être une pièce de théâtre. Comme la sonate ne sert qu'à être une sonate. L'œuvre d'art répond donc au besoin de faire œuvre de création. La pièce de théâtre répond au besoin de créer des êtres, d'incarner, de donner des figures à des passions. Le monde ainsi créé n'est pas l'image du monde ; il est à l'image du monde.

En ce qui me concerne, depuis que je me connais, j'ai toujours voulu écrire des poèmes ou des contes ou des pièces. J'ai toujours été hanté par des mondes que je voulais mettre au monde ; lorsque j'avais douze ans, je n'écrivais vraiment pour personne, mais par besoin. Ou j'écrivais pour moi. Plus tard encore, pendant longtemps, j'aurais écrit même dans le désert.

Par la suite, comme tout le monde, j'écrivis pour dire des choses, pour m'exprimer, pour défendre certaines choses, pour les combattre. En réalité, je croyais que c'était pour cela que j'écrivais. Mais je me trompais. Cela n'était que le point de départ, l'impulsion originaire : donner vie à des personnages, une forme palpable à des phantasmes, c'était cela la raison secrète qui me faisait écrire.

On me dira encore que je suis bien d'un milieu, encadré dans mon contexte historique, que je ne suis que de mon temps. Qu'il y a une histoire de la langue, donc qu'il y a une histoire. Que je participe à un moment de l'histoire. Que le français que j'écris n'est pas celui du Moyen Age, que la musique actuelle est très différente de celle de Lulli, que la peinture non figurative n'existait pas au XVIe siècle. Cela ne veut pas dire que je suis prisonnier de mon temps, que je ne dois m'adresser, ou que je ne le puis, qu'au public de mon temps. Je ne sais pas quel est le public de mon temps. On ne connaît que soi-même. En fait l'œuvre d'art part d'un sol, d'un temps, d'une société ; elle en part mais elle ne va pas vers ce temps, ce sol ; elle n'y retourne pas. Il ne faut pas confondre le point de départ avec le point d'arrivée.

Avant tout une œuvre d'art est donc bien une aventure de l'esprit.

Et s'il faut absolument que l'art ou le théâtre serve à quelque chose, je dirai qu'il devrait servir à rapprendre aux gens qu'il y a des activités qui ne servent à rien et qu'il est indispensable qu'il y en ait : la construction d'une machine qui bouge, l'univers devenant spectacle, vu comme un spectacle, l'homme devenant à la fois spectacle et spectateur : voilà le théâtre. Voilà aussi le nouveau théâtre libre et « inutile » dont nous avons tellement besoin, un théâtre vraiment libre (car le théâtre libre d'Antoine était le contraire d'un théâtre libre).

Mais les gens, aujourd'hui, ont une peur atroce et de la liberté, et de l'humour ; ils ne savent pas qu'il n'y a pas de vie possible sans liberté et sans humour, que le moindre geste, la plus simple initiative, réclament le déploiement des forces imaginatives qu'ils s'acharnent, bêtement, à vouloir enchaîner et emprisonner entre les murs aveugles du réalisme le plus étroit, qui est la mort et qu'ils appellent vie, qui est la ténèbre et qu'ils appellent lumière. Je prétends que le monde manque d'audace et c'est la raison pour laquelle nous souffrons. Et je prétends aussi que le rêve et l'imagination, et non la vie plate, demandent de l'audace et détiennent et révèlent les vérités fondamentales, essentielles. Et même que (pour faire une concession aux esprits qui ne croient qu'à l'utilité pratique) si les avions sillonnent aujourd'hui le ciel, c'est parce que nous avions rêvé l'envol avant de nous envoler. Il a été possible de voler parce que nous rêvions que nous volions. Et voler est une chose inutile. Ce n'est qu'après coup qu'on en a démontré ou inventé la nécessité, pour nous excuser de l'inutilité profonde, essentielle, de la chose. Inutilité qui était pourtant un besoin. Difficile à faire admettre, je le sais.

Regardez les gens courir affairés, dans les rues. Ils ne regardent ni à droite, ni à gauche, l'air préoccupé, les yeux fixés à terre, comme des chiens. Ils foncent tout droit, mais toujours sans regarder devant eux, car ils font le trajet, connu à l'avance, machinalement. Dans toutes les grandes villes du monde c'est pareil. L'homme moderne, universel, c'est l'homme pressé, il n'a pas le temps, il est prisonnier de la nécessité, il ne comprend pas qu'une chose puisse ne pas être utile ; il ne comprend pas non plus que, dans le fond, c'est l'utile qui peut être un poids inutile, accablant. Si on ne comprend pas l'utilité de l'inutile, l'inutilité de l'utile, on ne comprend pas l'art ; et un pays où on ne comprend pas l'art est un pays d'esclaves ou de robots, un pays de gens malheureux, de gens qui ne rient pas ni ne sourient, un pays sans esprit ; où il n'y a pas l'humour, où il n'y a pas le rire, il y a la colère et la haine. Car ces gens affairés, anxieux, courant vers un but qui n'est pas un but humain ou qui n'est qu'un mirage, peuvent tout d'un coup, aux sons de je ne sais quels clairons, à l'appel de n'importe quel fou ou démon se laisser gagner par un fanatisme délirant, une rage collective quelconque, une hystérie populaire. Les rhinocérites, à droite, à gauche, les plus diverses, constituent les menaces qui pèsent sur l'humanité qui n'a pas le temps de réfléchir, de reprendre ses esprits ou son esprit, elles guettent les hommes d'aujourd'hui qui ont perdu le sens et le goût de la solitude. Car la solitude n'est pas *séparation* mais *recueillement*, alors que les groupements, les sociétés ne sont, le plus souvent, comme on l'a déjà dit, que des solitaires réunis. On n'a jamais parlé « d'incommunicabilité » du temps où les hommes pouvaient s'isoler ; l'incommunicabilité, l'isolement sont, paradoxalement, les thèmes tragiques du monde moderne où tout se fait en commun, où l'on nationalise ou socialise sans arrêt, où l'homme ne peut plus être seul, — car même dans les pays « individualistes » la conscience individuelle est, en fait, envahie, détruite par la pression du monde accablant et impersonnel des slogans : supérieurs ou inférieurs, politiques ou publicitaires, c'est l'odieuse propagande, la maladie de notre temps. L'intelligence est à tel point corrompue que l'on ne comprend pas qu'un auteur refuse de s'engager sous la bannière de telle ou telle idéologie courante — c'est-à-dire de se soumettre.

Cependant, si les spectateurs disent qu'ils voient dans une pièce une leçon, cela sera encore la chose la moins importante qu'ils auront pu y voir. Et qu'est-ce qu'il y a de plus important à voir qu'une leçon dans une pièce ? C'est simple : des événements, des choses qui se passent, se nouent, se dénouent et passent.

Ce n'est pas la sagesse, la morale des fables de

La Fontaine qui peut encore nous intéresser, — car cette sagesse est la sagesse élémentaire et permanente du bon sens, — mais bien la façon dont elle devient vivante, matière d'un langage, source d'une merveilleuse mythologie. C'est cela l'art : du merveilleux vivant. Et c'est cela surtout que doit être le théâtre.

Il est menacé de mourir en Europe comme en Amérique, parce qu'il n'est plus cela.

Le commercial, le « réalisme » tuent le théâtre, ils ne le font pas vivre : car aussi bien le théâtre sans audace, le théâtre de confection de Broadway et du Boulevard, que le théâtre réaliste, à thèses archi-connues, enfermé dans ses thèses, ligoté, — est, dans le fond, un théâtre irréaliste : l'irréalisme bourgeois d'un côté, l'irréalisme dit socialiste de l'autre — voilà les grands dangers qui menacent le théâtre et l'art, les pouvoirs de l'imagination, la force vivante et créatrice de l'esprit humain.

(Février 1961.)

TÉMOIGNAGES

LORSQUE J'ÉCRIS...

Lorsque j'écris, je ne me pose pas le problème de savoir si « je fais de l'avant-garde ou non », si je suis ou non « un auteur d'avant-garde ». Je tâche de dire comment le monde m'apparaît, ce qu'il me semble être, le plus honnêtement possible, sans souci de propagande, sans intention de diriger les consciences des contemporains, je tâche d'être témoin objectif dans ma subjectivité. Puisque j'écris pour le théâtre je me préoccupe seulement de personnifier, d'incarner un sens comique et tragique, à la fois, de la réalité. D'ailleurs, cela ne constitue pas un difficile problème : la mise en scène de mes êtres imaginaires — et que je tiens pour vrais, aussi vrais qu'imaginaires — s'effectue naturellement ou pas du tout. Vouloir être de l'avant-garde avant d'écrire, ne pas vouloir en être, refuser ou choisir une avant-garde c'est, pour un créateur, prendre les choses par le mauvais bout, c'est être à l'extérieur de sa vérité et de la question, c'est être de mauvaise foi. Je suis ce que je suis, c'est à prendre ou à laisser. Réussir à être soi-même, c'est là la véritable prise de conscience. Et c'est en étant tout à fait soi-même que l'on a des chances d'être aussi les autres.

J'habitais, étant gosse, près du square de Vaugirard. Je me souviens, — il y a si longtemps! — de la rue mal éclairée, un soir d'automne ou d'hiver : ma mère me tenait par la main, j'avais peur, une de ces peurs d'enfant ; nous faisions les courses pour le repas du soir. Sur les trottoirs, des silhouettes sombres s'agitaient, des gens qui se pressaient : ombres fantomatiques, hallucinantes. Quand cette image de la rue revit dans ma mémoire, quand je pense que presque tous ces gens sont morts aujourd'hui, tout me paraît ombre, évanescence, en effet. Je suis pris de vertige, d'angoisse. C'est bien cela, le monde : un désert ou des ombres moribondes. Les révolutions peuvent-elles y changer quoi que ce soit? Les tyrans aussi bien que les illuminés qui se sont manifestés depuis, sont morts aussi. Le monde est autre chose encore ; je n'avais pas dépassé l'âge de l'enfance lorsque, dès mon arrivée dans mon second pays, je pus voir un homme assez jeune, grand et fort, s'acharner sur un vieillard, à coups de pied et de poing. Ces deux-là aussi sont morts, depuis.

Je n'ai pas d'autres images du monde, en dehors de celles exprimant l'évanescence et la dureté, la vanité et la colère, le néant ou la haine hideuse, inutile. C'est ainsi que l'existence a continué de m'apparaître. Tout n'a fait que confirmer ce que j'avais vu, ce que j'avais compris dans mon enfance : fureurs vaines et sordides, cris soudain étouffés par le silence, ombres s'engloutissant, à jamais, dans la nuit. Qu'ai-je à dire d'autre?

C'est bien banal, évidemment. Cela a été dit des milliers de fois. Mais un enfant se l'était dit avant de l'avoir appris chez tant d'autres qui n'ont donc fait que confirmer sa vision enfantine. Il m'importe peu de savoir si cette vision est ou n'est pas surréaliste, naturaliste, expressionniste, décadente, romantique ou socialiste. Il me suffit de penser qu'elle est on ne peut plus réaliste, c'est dans l'irréel que plongent les racines de la réalité. Est-ce que nous ne mourrons pas ?

Cette vue du monde et de la mort est petite bourgeoise, dira-t-on. Est-ce que les enfants sont déjà petits bourgeois ? Peut-être. Cette vision du monde, je la retrouve chez une quantité de « petits bourgeois » de tous les siècles ; chez le petit bourgeois Salomon, qui était roi cependant, chez le petit bourgeois Bouddha, qui était prince ; chez le petit bourgeois Shakespeare, le petit bourgeois saint Jean de la Croix et chez beaucoup d'autres petits bourgeois encore : saints, paysans, citadins, philosophes, croyants, athées, etc...

Je constate également que cette même « vision », de la vie ou de la mort, très ancienne et permanente, est aussi moderne, contemporaine : en lisant Proust, nous voyons quel sentiment de la précarité de l'existence se dégage de son univers de fantômes en dentelles, d'amours et de souvenirs; dans *L'Éducation sentimentale* de Flaubert, ne voyons-nous pas l'illustration de la déperdition de l'homme dans le temps, un temps dans lequel rien ne se réalise, où tout se dissout dans le fracas des révoltes, dans un décor mobile de sociétés bouleversées, reconstruites, bouleversées ? Et ne prenons-nous pas conscience à peu près de la même chose dans *Mère Courage*, de Brecht ? Cette œuvre est une pièce contre la guerre, bien sûr, mais ce n'est là que son second propos : le temps use et tue, on nous le montre à l'occasion d'une guerre, mais cela n'en paraît que plus violent, plus évident, la destruction est plus accélérée et, dans le fond, ce n'est pas de la déperdition de l'homme par la guerre qu'il s'y agit, mais bien plutôt de la déperdition de l'homme dans le temps, dans l'existence.

Le thème de tant de pièces de Tchékhov n'est-il pas aussi celui de l'évanescence ? Ce n'est pas surtout l'agonie d'une société que je vois dans *La Cerisaie* ou *Les Trois Sœurs* mais bien, à travers une certaine société, le destin de toutes les sociétés et des hommes.

Chez tous ces auteurs, on voit des situations diverses, des pays différents, des époques différentes, des idéologies opposées, mais toutes ces situations particulières ne sont que des actualités multiples dans lesquelles je retrouve une situation unique, une actualité permanente dans des actualités changeantes qui sont comme les langages variés d'une pensée invariable.

Je ne conteste pas la possibilité d'une autre attitude de l'esprit ; je ne m'oppose pas à l'espoir des disciples de Teilhard de Chardin ou à celui des marxistes, mais je crois pouvoir affirmer que l'œuvre d'art ne peut pas ne pas exprimer l'une ou l'autre des attitudes fondamentales, qu'elle n'est rien si elle ne va pas au-delà des vérités ou obsessions temporaires de l'histoire, si, ne dépassant pas telle ou telle mode symboliste, naturaliste, surréaliste ou réaliste-socialiste, elle n'accède pas à un universalisme certain, profond.

L' « avant-garde » n'est donc que l'expression actuelle, historique, d'une actualité inactuelle (si je puis dire), d'une réalité trans-historique. La valeur de *Fin de partie* de Beckett, par exemple, réside dans le fait qu'elle est plus proche du *Livre de Job* que des pièces du Boulevard ou des chansonniers. Cette œuvre a retrouvé, à travers les temps, à travers les modes éphémères de l'Histoire, une histoire-type moins éphémère, une situation primordiale d'où découlent les autres.

Ce qu'on appelle « avant-garde » n'est intéressant que si c'est un retour aux sources, si cela rejoint une tradition vivante, à travers un traditionalisme sclérosé, à travers les académismes réfutés.

Il suffit d'une présence, d'une sincérité aveugle et, par cela même, clairvoyante, pour être de son temps : on l'est (par le langage), ou on ne l'est pas, à peu près naturellement. On a l'impression, également, que plus on est de son temps, plus on est de tous les temps (si on brise la croûte de l'actualité superficielle). L'effort de tout créateur authentique consiste à se débarrasser des scories, des clichés d'un langage épuisé, pour retrouver un langage simplifié, essentialisé, renaissant, pouvant exprimer des réalités neuves et anciennes, présentes et inactuelles, vivantes et permanentes, particulières, et à la fois, universelles.

Les œuvres d'art les plus jeunes, les plus neuves, se reconnaissent et parlent à toutes les époques. Oui, c'est le roi Salomon qui est mon chef de file ; et Job, ce contemporain de Beckett.

Avril 1958, Réponse à une enquête, Lettres françaises.

JE N'AI JAMAIS RÉUSSI

Je n'ai jamais réussi à m'habituer, tout à fait, à l'existence, ni à celle du monde, celle des autres, ni surtout, à la mienne. Il m'arrive de sentir que les formes se vident, tout à coup, de leur contenu, la réalité est irréelle, les mots ne sont que des bruits dépouillés de sens, ces maisons, ce ciel ne sont plus que les façades du rien, les gens me semblent se mouvoir automatiquement, sans raison ; tout semble se volatiliser, tout est menacé — y compris moi-même — d'un effondrement imminent, silencieux, dans je ne sais quel abîme, au-delà du jour et de la nuit. Par quelle sorcellerie tout cela peut-il encore tenir ? Et que veut dire tout ceci, cette apparence de mouvement, cette apparence de lumière, ces sortes de choses cette sorte de monde ? Cependant, je suis là, entouré du halo de la création, ne pouvant étreindre ces fumées, n'y comprenant rien, dépaysé, arraché à je ne sais quoi qui fait que tout me manque. Je me contemple moi-même, me vois assailli par une souffrance incompréhensible, des regrets sans nom, des remords sans objet, par une sorte d'amour, par une sorte de haine, par un semblant de joie, par une étrange pitié (de quoi ? de qui ?) ; je me vois déchiré par des forces aveugles, montant du plus profond de moi, s'opposant en un conflit désespérant, sans issue ; il me semble m'identifier à l'une ou l'autre d'entre celles-ci, sachant bien, pourtant, que je ne suis pas entièrement l'une ou l'autre (que me veulent-elles ?), car je ne puis évidemment pas savoir qui je suis, ni pourquoi je suis.

Aucun événement, aucune magie particulière ne m'étonnent, aucun enchaînement de la pensée ne m'entraîne (pas d'intérêt pour la culture), aucune chose ne peut me paraître plus insolite qu'une autre, car tout est nivelé, noyé dans l'invraisemblance, l'insolite universels. C'est d'exister, de se servir d'un langage, qui me semble inadmissible. Ceux qui ne sentent pas que l'existence est insensée, peuvent trouver, à l'intérieur de l'existence, que seulement ceci et cela est sensé, logique, faux, juste. Pour moi, l'existence ne me semblant pas imaginable, à l'intérieur de l'existence tout me paraît concevable. Aucune frontière personnelle ne peut séparer, pour moi, le réel de l'irréel, le vrai du faux, je n'ai pas de critères, pas de préférences. Je me sens là, à la limite de l'être, étranger au déroulement historique, pas du tout *dans le coup*, hébété, immobilisé dans cette stupéfaction primordiale. Les portes me sont fermées, ou, peut-être, ont-elles toutes disparu, avec les murs, les distinctions.

Sans doute, ce que je viens de dire ci-dessus ne représente que la pointe extrême de mon état d'esprit, la plus vraie. Je vis, malgré tout. Et il m'arrive d'écrire... des pièces de théâtre, par exemple. On me fait l'honneur de me demander de dire ce que je crois penser du théâtre. Ce qui précède peut donc sembler avoir l'air d'être sans aucun rapport avec le sujet. J'ai, en fait, la conviction de n'avoir parlé que de cela, de ne pas avoir cessé d'être dans le vif du sujet. Oui et non, pourtant, le théâtre, ainsi que la littérature ou n'importe quelle manifestation de la vie culturelle, ne présente pour moi qu'un intérêt médiocre, ne me touche qu'à moité, je n'attache pas vraiment de prix à ce qui est communicable, ou plutôt déjà communiqué, extérieur, au déroulement des choses, aux actions, à l'action.

Pour moi, le théâtre — le mien — est, le plus souvent, une confession ; je ne fais que des aveux (incompréhensibles pour des sourds, cela ne peut être qu'ainsi), car que puis-je faire d'autre ? Je tâche de projeter sur scène un drame intérieur (incompréhensible à moi-même) me disant, toutefois, que, le microcosme étant à l'image du macrocosme, il peut arriver que ce monde intérieur, déchiqueté, désarticulé, soit, en quelque sorte, le miroir ou le symbole des contradictions universelles. Pas d'intrigue, alors, pas d'architecture, pas d'énigmes à résoudre mais de l'inconnu insoluble, pas de caractères, des personnages sans identité (ils deviennent, à tout instant, le contraire d'eux-mêmes, ils prennent la place des autres et vice versa) : simplement une suite sans suite, un enchaînement fortuit, sans relation de cause à effet, d'aventures inexplicables ou d'états émotifs, ou un enchevêtrement indescriptible, mais vivant, d'intentions, de mouvements, de passions sans unité, plongeant dans la contradiction : cela peut paraître tragique, cela peut paraître comique, ou les deux à la fois, car je ne suis pas en mesure de distinguer le dernier du premier. Je ne veux que traduire l'invraisemblable et l'insolite, mon univers.

Peut-être pourrais-je, tout de même, établir certaines différences : lorsque mon regard se pose, attentivement, sur ce qui semble m'apparaître du dehors, et dont je suis détaché, alors, la précarité de la création, le comportement des créatures, celui des humains, leur langage qu'il me semble percevoir, et qui est pour moi hermétique ou vide et comme *arbitrai-*

rement inventé, leurs démarches, tout se décompose, s'égare dans le non-sens, tourne infailliblement au dérisoire ou au burlesque, au pénible, et c'est de ce vide existentiel que peuvent naître les comédies.

Lorsque, au contraire, on laisse éclore ses propres fantômes, auxquels s'accrochent, encore, des résidus de couleurs obscures, des passions aussi violentes qu'incohérentes, on sait que ces contradictions s'entre-déchireront, dans leur véhémence, donnant naissance au drame.

Je me sens donc, toutefois, emporté par le mouvement dramatique. Mais comme les histoires ne sont jamais intéressantes, je rêve de retrouver les schémes du théâtre à l'état pur, de les reproduire en des mouvements scéniques purs.

(Arts, 1953).

CELUI QUI OSE NE PAS HAÏR DEVIENT UN TRAÎTRE

Dans « l'affaire » Pasternak, une chose me paraît éclatante, terrible. Pasternak a été accusé, par les écrivains officiels de son pays, d'être un renégat, un traître, un mauvais patriote, un homme plein de haine. Pourquoi ? Tout simplement parce qu'il a eu et exprimé le sentiment que les gens d'en face, les adversaires, étaient, malgré tout, eux aussi, des êtres humains, aussi humains que leurs ennemis, et qu'ils avaient droit, comme les autres, à la pitié, au respect, à la compréhension et même à l'amour.

Ainsi en sont les choses : lorsqu'on aime, on vous accuse de haïr ; lorsque votre cœur est rempli de haine, on vous félicite parce que « vous aimez », dit-on.

En fait, il n'est pas permis, semble-t-il, de notre temps, de ne pas haïr ; toute charité est interdite. La pire des fautes est donc de succomber « à la tentation de bonté ».

Jamais je n'ai pu considérer que mon adversaire était une vipère lubrique : dans ce cas, moi-même je me sentirais une vipère lubrique haïssant une autre vipère lubrique. Ou, plutôt, l'adversaire ne risque de devenir une vipère lubrique que lorsqu'il considère lui-même que je suis, moi, une vipère lubrique. Chaque fois que j'affirme une chose, que je défends un point de vue, je suis tenté de penser que le point de vue contraire est plus justifié, ou tout aussi justifié que le mien. Je n'ai pas l'âme d'un partisan. Si je déteste quelque chose, c'est l'esprit partisan : à tel point, souvent, qu'à détester la haine, je deviens haineux moi-même, j'entre dans le jeu de la haine. Est-ce une infirmité de donner raison à tout le monde et à personne ? Plus ou autant aux autres qu'aux siens ? Est-ce une infériorité intellectuelle de ne pas avoir une position catégorique, bornée ? De ne pas s'en tenir à des mots d'ordre et des doctrines, à une passion, bien déterminés, bien fixés, justifiant totalement son action, ses ressentiments, canalisant sa colère, permettant le libre cours d'une volonté de tuer ? La férocité vengeresse ou « justicière » dépasse infiniment son but « rationnel ».

Il me semble que de notre temps et de tous les temps, les religions ou les idéologies ne sont et n'ont jamais été que les alibis, les masques, les prétextes de cette volonté de meurtre, de l'instinct destructeur, d'une agressivité fondamentale, de la haine profonde que l'homme a de l'homme ; on a tué au nom de l'Ordre, contre l'Ordre, au nom de Dieu, contre Dieu, au nom de la patrie, pour défaire un Ordre mauvais, pour se libérer de Dieu, pour se désaliéner, pour libérer les autres, pour punir les méchants au nom de la race, pour rééquilibrer le monde, pour la santé du genre humain, pour la gloire ou parce qu'il faut bien vivre et arracher son pain de la main des autres : on a massacré surtout et torturé au nom de l'Amour, et de la Charité. Au nom de la justice sociale! Les sauveurs de l'humanité ont fondé les Inquisitions, inventé les camps de concentration, construit les fours crématoires, établi les tyrannies. Les gardiens de la société ont fait les bagnes, les ennemis de la société assassinent : je crois même que les bagnes ont apparu avant les crimes.

Je ne dis rien de nouveau si je déclare que je crains ceux qui désirent ardemment le salut ou le bonheur de l'humanité. Quand je vois un bon apôtre, je m'enfuis comme lorsque je vois un dément criminel armé d'un poignard. « Il faut choisir », nous dira-t-on, aujourd'hui. « Il faut choisir le moindre mal. Est meilleur ce qui va dans le sens de l'histoire » : mais où est le sens de l'histoire ? Je crois que c'est là une tromperie nouvelle, une nouvelle justification idéologique de la même permanente impulsion assassine : car « on s'engage » de cette façon, et l'on a une raison plus subtile de pactiser ou de s'inscrire dans l'un ou l'autre des partis des tueurs. C'est là que réside la plus récente des hypocrisies de la toute dernière mystification. Nous l'avons bien vu : celui qui ose ne pas haïr est mis au ban de la société : il devient un traître, un paria.

Pourtant ma pièce, *Tueur sans gages*, a été écrite bien avant l'affaire Pasternak qui, à mes yeux, n'a fait que confirmer une fois de plus ce que j'avais essayé, dans mon œuvre, de mettre en évidence.

Mais n'allons-nous pas tous vers la mort ? La mort est bien le terme, le but de toute existence. La mort n'a pas à être appuyée par une idéologie. Vivre c'est mourir et c'est tuer : chaque créature se défend en tuant, tue pour vivre. Dans la haine de l'homme pour l'homme — qui a besoin, lui, d'une doctrine lui permettant de tuer avec bonne conscience — dans cet instinct inné du crime (politique, patriotique, religieux, etc.) n'y a-t-il pas comme une détestation souterraine de la condition même de l'homme, de la condition mortelle ?

Peut-être sentons-nous, plus ou moins confusément, au-delà de toutes les idéologies, que nous ne pouvons être, à la fois, que des assassins et des assassinés, fonctionnaires et administrés naturels, instruments et victimes de la mort triomphante ?...

... Et pourtant, pourtant, nous sommes là. Il se peut qu'il y ait une raison, au-delà de notre raison, d'exister : cela aussi est possible.

(*Arts*, 3 *mars 1959*.
(Avant-première pour *Tueur sans gages*.)

MES PIÈCES ET MOI

Deux états de conscience fondamentaux sont à l'origine de toutes mes pièces : tantôt l'un, tantôt l'autre prédomine, tantôt ils s'entremêlent. Ces deux prises de conscience originelles sont celles de l'évanescence et de la lourdeur; du vide et du trop de présence ; de la transparence irréelle du monde et de son opacité ; de la lumière et des ténèbres épaisses. Chacun de nous a pu sentir, à certains moments, que le monde a une substance de rêve, que les murs n'ont plus d'épaisseur, qu'il nous semble voir à travers tout, dans un univers sans espace, uniquement fait de clartés et de couleurs ; toute l'existence, toute l'histoire du monde devient, à ce moment, inutile, insensée, impossible. Lorsqu'on ne parvient pas à dépasser cette première étape du dépaysement (car on a bien l'impression de se réveiller dans un monde inconnu) la sensation de l'évanescence vous donne une angoisse, une sorte de vertige. Mais tout cela peut, tout aussi bien, devenir euphorique : l'angoisse se transforme soudain en liberté ; plus rien n'a d'importance en dehors de l'émerveillement d'être, de la nouvelle, surprenante conscience de notre existence dans une lumière d'aurore, dans la liberté retrouvée; nous sommes étonnés d'être, dans ce monde qui apparaît illusoire, fictif, et le comportement humain révèle son ridicule, toute histoire son inutilité absolue; toute réalité, tout langage semble se désarticuler, se désagréger, se vider, si bien que tout étant dénué d'importance, que peut-on faire d'autre que d'en rire ? Pour moi, à l'un de ces instants, je me suis senti tellement libre, ou libéré, que j'avais le sentiment de pouvoir faire ce que je voulais avec les mots, avec les personnages d'un monde qui ne me paraissait plus être qu'une apparence dérisoire, sans fondement.

Certainement, cet état de conscience est très rare, ce bonheur, cet émerveillement d'être dans un univers qui ne me gêne plus, qui n'est plus, ne tient guère; je suis, le plus souvent, sous la domination du sentiment opposé : la légèreté se mue en lourdeur ; la transparence en épaisseur ; le monde pèse ; l'univers m'écrase. Un rideau, un mur infranchisable s'interpose entre moi et le monde, entre moi et moi-même, la matière remplit tout, prend toute la place, anéantit toute liberté sous son poids, l'horizon se rétrécit, le monde devient un cachot étouffant. La parole se brise, mais d'une autre façon, les mots retombent, comme des pierres, comme des cadavres ; je me sens envahi par des forces pesantes contre lesquelles je mène un combat où je ne puis avoir que le dessous.

C'est là, certainement, le point de départ de quelques-unes de mes pièces que l'on considère comme dramatiques : *Comment s'en débarrasser* ou *Victimes du Devoir*. A partir d'un tel état, les mots, évidemment, dénués de magie, sont remplacés par les accessoires, les objets : des champignons innombrables poussent dans l'appartement des personnages, Amédée et Madeleine; un cadavre, atteint de « progression géométrique » y pousse également, déloge les locataires ; dans *Victimes du Devoir* des centaines de tasses s'amoncellent pour servir du café à trois personnes ; les meubles, dans *Le Nouveau Locataire*, après avoir bloqué les escaliers de l'immeuble, la scène, ensevelissent le personnage qui voulait s'installer dans la maison ; dans *Les Chaises*, des dizaines de chaises, avec des invités invisibles, occupent tout le plateau; dans *Jacques* plusieurs nez poussent sur le visage d'une jeune fille. Lorsque la parole est usée, c'est que l'esprit est usé. L'univers, encombré par la matière, est vide, alors, de présence : le « trop » rejoint ainsi le « pas assez » et les objets sont la concrétisation de la solitude, de la victoire des forces antispirituelles, de tout ce contre quoi nous nous débattons.

Mais je n'abandonne pas tout à fait la partie dans ce grand malaise et si, comme je l'espère, je réussis dans l'angoisse et malgré l'angoisse, à introduire l'humour, — symptôme heureux de l'autre présence, — l'humour est ma décharge, ma libération, mon salut.

Je n'ai pas l'intention de porter un jugement sur mes pièces. Ce n'est pas à moi de le faire. J'ai tâché simplement de dire un peu de quelle substance émotive elles étaient faites, de quoi elles sont parties : d'un état d'âme, non pas d'une idéologie ; d'une impulsion, non d'un programme ; la cohésion donnant une structure aux émotions à l'état pur répond à une nécessité interne, non pas à la logique d'une construction extérieurement imposée ; pas d'assujettissement à une action prédéterminée, mais extériorisation d'un dynamisme psychique.

La Cantatrice chauve est la seule de mes pièces considérée par la critique comme « purement comique ». Là encore, pourtant le comique me semble être l'expression de l'insolite. Mais l'insolite ne peut surgir, à mon avis, que du plus terne, du plus quelconque quotidien, de la prose de tous les jours, en le suivant jusqu'au-delà de ses limites. Sentir l'absurdité du quotidien et du langage, son invraisemblance, c'est déjà l'avoir dépassée ; pour la dépasser, il faut d'abord s'y enfoncer. Le comique c'est de l'insolite pur ; rien ne me paraît plus surprenant que le banal ; le surréel est là, à la portée de nos mains, dans le bavardage de tous les jours.

Début d'une causerie faite à Lausanne, novembre 1954.

ON M'A SOUVENT PRIÉ...

On m'a souvent prié de dire quel était mon but, quelles étaient mes intentions quand j'écrivais telle ou telle pièce. Lorsqu'on m'a demandé de m'expliquer sur *La Cantatrice chauve* par exemple, ma première pièce, j'ai dit qu'elle était une parodie du théâtre de boulevard, une parodie du théâtre tout court, une critique des clichés de langage et du comportement automatique des gens ; j'ai dit aussi qu'elle était l'expression d'un sentiment de l'insolite dans le quotidien, un insolite qui se révèle à l'intérieur même de la banalité la plus usée ; on a dit que c'était une critique de la petite bourgeoisie, voire plus précisément de la bourgeoisie anglaise que d'ailleurs je ne connaissais nullement ; on a dit que c'était une tentative de désarticulation du langage ou de destruction du théâtre ; on a dit aussi que c'était du théâtre abstrait, puisqu'il n'y a pas d'action dans cette pièce ; on a dit que c'était du comique pur, ou la pièce d'un nouveau Labiche utilisant toutes les recettes du comique le plus traditionnel ; on a appelé cela de l'avant-garde, bien que personne ne soit d'accord sur la définition du mot « avant-garde », on a dit que c'était du théâtre à l'état pur, bien que personne non plus ne sache exactement ce que c'est que le théâtre à l'état pur.

Si je dis moi-même que ce n'était qu'un jeu tout à fait gratuit, je n'infirme ni ne confirme les définitions ou explications précédentes, car même le jeu gratuit, peut-être surtout le jeu gratuit, est chargé de toutes sortes de significations qui ressortent du jeu même. En réalité, en écrivant cette pièce, puis en écrivant celles qui ont suivi, je n'avais pas « une intention » au départ, mais une pluralité d'intentions mi-conscientes, mi-inconscientes. En effet, pour moi, c'est dans et grâce à la création artistique que l'intention ou les intentions se précisent. La construction n'est que le surgissement de l'édifice intérieur se laissant ainsi découvrir.

Arts. 1955 (?)

INTERMÈDE

Les gammes

PREMIÈRE SÉRIE

— Quand vous vous promenez dans un parc, n'est-ce pas ? (Répondre par oui ou par non.)

*

— Ça alors.

*

— L'enfant paraît (lorsque ?)

*

— N'insistez pas.

*

— Quand j'allais à l'école.

*

— Pensée : le concept n'est pas ce que croient les gens. Il est autre chose. Ce qui est tout différent. Par ailleurs, par exemple, moi, j'ai une.

*

— Ce qu'on est gourmand.

*

— Voyez-vous.

*

— Si une forêt surgit pour vous empêcher d'avancer, écartez les arbres. Les ronces vous suivront.

*

— Dans un cas, aussi bien que dans l'autre, si je puis m'expliquer ainsi.

*

— J'aime le printemps, ses feuilles transparentes ; l'été, ses feuilles lourdes. L'automne, ses feuilles rousses. L'hiver, ses feuilles qui n'existent pas : c'est parce qu'elles sont blanches. Enfin, toutes les saisons, enfin, enfin, enfin. C'est pas les saisons, c'est les arbres, ou, plutôt, ce sont.

*

— Ce n'est pas rien, dites donc.

*

— Si vous (vous).

*

— J'avais, jadis, à la maison, j'avais.

*

— Quand j'étais gosse, tous les jeudis, tout en respirant, quand j'étais gosse, tout en.

*

— Pourquoi, madame?

*

— Il y a.

*

— Il portait sur la tête un chapeau mou imaginez-vous! Enlève-le. Qu'est-ce que ça peut vous faire ça vous gêne? Il se mit en colère allons fais pas l'andouille de quoi? moi je dansais avec des comtesses qui avaient des gants jusqu'aux coudes jusqu'aux épaules jusqu'aux seins jusqu'aux épaules jusqu'aux ventres jusqu'à la gorge pour la recouvrir parce qu'elles étaient toutes nues ; et alors quoi quoi alors comment quoi alors quoi comment alors ; ben explique celui-là il est c... ; s'il est c... c'est pas la peine ; alors encore alors ? Attendez alors dis-le-moi ; à toi c'est pas la peine t'es pas bête t'as qu'à voir comme tout le monde ; c'est l'instinct de l'observation (non, non, s'écria l'autre, dans un suprême sursaut, l'observation n'a pas d'instinct! et il s'écroula).

*

— Ah, le soupirail, la voie ferrée, le pont des soupirs, la soupe populaire, les peupliers, peuples liés et opprimés, pas un sou l'homme du peuple, pas un sou. Met la tête sur les rails en soupirant. Que de souvenirs.

*

— Les oies de la mère Pipe.

*

— Chut, prenez le bas ton d'hermine.

*

— Tout le monde en a : hommes, femmes, enfants. S'ils n'en ont pas, on leur en prête. Les uns préfèrent, les autres pas. Et même les objets, quand ils sont utiles ; mais pas d'argent. Il n'y a pas que ça dans la vie. L'espace aussi, loin de là.

*

— Conseil : faut pas se (dé)gonfler.

*

DEUXIÈME SÉRIE

— Quand j'étais, j'aimais beaucoup me. Les gens pour votre foie, mon ami. C'était un touriste américain. J'ordonnai des. Toujours impopulaires! Pourtant, depuis que Votre Majesté, de son gré, c'est exact. Mes états, que l'on me contredise, restez.

*

— A ce moment-là, la foule, pour vous servir, guerrier : ô reine des rois épouvantables!... Attention.

*

— Tandis que de très bas, de très haut, de très bon, tu déroutais, eux et moi, en vain. A l'ouest, au départ, le décor tourloutonnait. La maltôte donnait à l'affaire son côté méritoire. L'extinctoire sortait : d'une, de deux, de trois. En réfléchissant bien, devais-je, comme je le pensais, ralentir ou, au contraire, céder la place? Mes oreilles, mes oisillons, *sine die*, teintaient. Quoi de bien neuf? L'hydrocéphale et sa chanson ; la feuille verte, sa camisole ; irréductible aux tiers, toute la volaille. L'effet nuisait à sa perte : trente bouteilles environ, aqueducs ou non. Suprêmement chaise, la mélodie. Bien entendu, décidément, le clinquant pourchasse l'officiel. Une décision brune ne fut mangée, sauf opposition vertueuse. Comme par le passé.

*

— Orteils, orteils, que me voulez-vous? Assassiner les belges bleus, les décharger de l'endroit, escamoter la danse du ventre, désaccorder le toréador, avertir les épinards ? Je ne le veux, non, je ne le veux. La compassion exige un compte tout fait. L'hiver c'est l'homme, aussi bien que le reste. Ah, orteils, orteils, que me voulez-vous ?

*

— Jaillissons, Macédoine : l'imaginable cramponnet a perpétué l'able, l'able !

*

— La tarte de la clairière, l'usure du hérisson, les trouvailles de l'Ariège, l'oblicité en œsophage la vertèbre par-derrière, voilà ma gloire, voilà ma gloire !

OLYMPIE

Privée de son appui, Olympie était forclose. Jamais sa farandole n'avait été si dégarnie. Cependant, encombrée de soucis de coq à plume, elle fourvoyait la guerre, mettait la panne en Autriche, chaussait la dérision du jardinier. Environ toutes les cinq pages, elle neutralisait la nativité, avec désinvolture, enveloppée pour les débutants. Il en fallait des cataplasmes et autres aventures !

— « Beignets, beignets, beignets mignons ! » s'écriait-elle, frappant sa jolie manche et retroussant sa joue.

— « Joyeusetés ! » approuvaient les passants impropres. Mais peut-on mieux ?

*

Les instants hésitent entre trois possibilités. L'hommage se délivre à l'instant hésitant.

La délivrance de l'hommage se délivre à l'hommage de l'instant. Hésiter vaut un hommage délivré aux trois possibilités. Les trois possibilités hésitent entre les instants des trois possibilités. Les instants se délivrent aux hommages de l'hommage. Les hommages hésitent entre les trois possibilités. Possibilités, hommages, sont trois hésitants.

Les résistants hésitent. Les hésitants résistent.

Publiées en 1955, Cahier des Saisons.
Extraites d'un cahier ancien.

III

Mes pièces

LA CANTATRICE CHAUVE

LA TRAGÉDIE DU LANGAGE

En 1948, avant d'écrire ma première pièce : *La Cantatrice chauve*, je ne voulais pas devenir un auteur dramatique. J'avais tout simplement l'ambition de connaître l'anglais. L'apprentissage de l'anglais ne mène pas nécessairement à la dramaturgie. Au contraire, c'est parce que je n'ai pas réussi à apprendre l'anglais que je suis devenu écrivain de théâtre. Je n'ai pas écrit non plus ces pièces pour me venger de mon échec, bien que l'on ait dit que *La Cantatrice chauve* était une satire de la bourgeoisie anglaise. Si j'avais voulu et n'avais pas réussi à apprendre l'italien, le russe ou le turc, on aurait pu tout aussi bien dire que la pièce résultant de cet effort vain, était une satire de la société italienne, russe ou turque. Je sens que je dois m'expliquer. Voici ce qui est arrivé : donc pour connaître l'anglais j'achetai, il y a neuf ou dix ans, un manuel de conversation franco-anglaise, à l'usage des débutants. Je me mis au travail. Consciencieusement, je copiai, pour les apprendre par cœur, les phrases tirées de mon manuel. En les relisant attentivement, j'appris donc, non pas l'anglais, mais des vérités surprenantes : qu'il y a sept jours dans la semaine, par exemple, ce que je savais d'ailleurs ; ou bien que le plancher est en bas, le plafond en haut, chose que je savais également, peut-être, mais à laquelle je n'avais jamais réfléchi sérieusement ou que j'avais oubliée, et qui m'apparaissait, tout à coup, aussi stupéfiante qu'indiscutablement vraie. J'ai sans doute assez d'esprit philosophique pour m'être aperçu que ce n'était pas de simples phrases anglaises dans leur traduction française que je recopiais sur mon cahier, mais bien des vérités fondamentales, des constatations profondes.

Je n'abandonnai pas encore l'anglais pour autant. Heureusement, car, après les vérités universelles, l'auteur du manuel me révélait des vérités particulières ; et pour ce faire, cet auteur, inspiré sans doute de la méthode platonicienne, les exprimait par le moyen du dialogue. Dès la troisième leçon, deux personnages étaient mis en présence, dont je ne sais toujours pas s'ils étaient réels ou inventés : M. et Mme Smith, un couple d'Anglais. A mon grand émerveillement, Mme Smith faisait connaître à son mari qu'ils avaient plusieurs enfants, qu'ils habitaient dans les environs de Londres, que leur nom était Smith, que M. Smith était employé de bureau, qu'ils avaient une domestique, Mary, Anglaise également, qu'ils avaient, depuis vingt ans, des amis nommés Martin, que leur maison était un palais car « la maison d'un Anglais est son vrai palais ».

Je me disais bien que M. Smith devait être un peu au courant de tout ceci ; mais, sait-on jamais, il y a des gens tellement distraits ; d'autre part, il est bon de rappeler à nos semblables des choses qu'ils peuvent oublier ou dont ils ont insuffisamment conscience. Il y avait aussi, en dehors de ces vérités particulières permanentes, d'autres vérités du moment qui se manifestaient : par exemple, que les Smith venaient de dîner et qu'il était 9 heures du soir, d'après la pendule, heure anglaise.

Je me permets d'attirer votre attention sur le caractère indubitable, parfaitement axiomatique, des affirmations de Mme Smith, ainsi que sur la démarche tout à fait cartésienne de l'auteur de mon manuel d'anglais, car, ce qui y était remarquable, c'était la progression supérieurement méthodique de la recherche de la vérité. A la cinquième leçon, les amis des Smith, les Martin, arrivaient ; la conversation s'engageait entre les quatre et, sur les axiomes élémentaires, s'édifiaient des vérités plus complexes : « la campagne est plus calme que la grande ville », affirmaient les uns ; « oui, mais à la ville la population est plus dense, il y a aussi davantage de boutiques », répliquaient les autres, ce qui est également vrai et prouve, par ailleurs, que des vérités antagonistes peuvent très bien coexister.

C'est alors que j'eus une illumination. Il ne s'agissait plus pour moi de parfaire ma connaissance de la langue anglaise. M'attacher à enrichir mon vocabulaire anglais, apprendre des mots, pour traduire en une autre langue ce que je pouvais aussi bien dire en français, sans tenir compte du « contenu » de ces mots, de ce qu'ils révélaient, c'eût été tomber dans le péché de formalisme qu'aujourd'hui les maîtres de pensée condamnent avec juste raison. Mon ambition était devenue plus grande : communiquer à mes contemporains les vérités essentielles dont m'avait fait prendre conscience le manuel de conversation franco-anglaise. D'autre part, les dialogues des Smith, des Martin, des Smith et des Martin, c'était proprement du théâtre, le théâtre étant dialogue. C'était donc une pièce de théâtre qu'il me fallait faire. J'écrivis ainsi *La Cantatrice chauve*, qui est donc une œuvre théâtrale spécifiquement didactique. Et pourquoi cette œuvre s'appelle-t-elle *La Cantatrice chauve* et non pas *L'Anglais sans peine*, comme je pensai d'abord l'intituler, ni *L'Heure anglaise*, comme je voulus, un moment, le faire par la suite? C'est trop long à dire : une des raisons pour lesquelles *La Cantatrice chauve* fut ainsi intitulée c'est qu'aucune cantatrice, chauve ou chevelue, n'y fait son apparition. Ce détail devrait suffire. Toute une partie de la pièce est faite de la mise bout à bout des phrases extraites de mon manuel d'anglais ; les Smith et les Martin du même manuel sont les Smith et les Martin de ma pièce, ils sont les mêmes, prononcent les mêmes sentences, font les mêmes actions ou les mêmes « inactions ». Dans tout « théâtre didactique », on n'a pas à être original, on n'a pas à dire ce qu'on pense soi-même : ce serait une faute grave contre *la vérité* objective ; on n'a qu'à transmettre, humblement, l'enseignement qui nous a été lui-même transmis, les idées que nous avons reçues. Comment aurais-je pu me permettre de changer la moindre chose à des paroles exprimant d'une façon si édifiante la vérité absolue? Étant *authentiquement* didactique, ma pièce ne devait surtout pas être originale, ni illustrer mon talent!

... Pourtant, le texte de *La Cantatrice chauve* ne fut une leçon (et un plagiat) qu'au départ. Un phénomène bizarre se passa, je ne sais comment : le texte se transforma sous mes yeux, insensiblement, contre ma volonté. Les propositions toutes simples et lumineuses, que j'avais inscrites avec application sur mon cahier d'écolier, laissées là, se décantèrent au bout d'un certain temps, bougèrent toutes seules, se corrompirent, se dénaturèrent. Les répliques du manuel, que j'avais pourtant correctement, soigneusement copiées, les unes à la suite des autres, se déréglèrent. Ainsi, cette vérité indéniable, sûre : « le plancher est en bas, le plafond est en haut ». L'affirmation — aussi catégorique que solide : les sept jours de la semaine sont lundi, mardi, mercredi, jeudi, vendredi, samedi, dimanche — se détériora et M. Smith, mon héros, enseignait que la semaine se composait de trois jours qui étaient : mardi, jeudi et mardi. Mes personnages, mes braves bourgeois, les Martin, mari et femme, furent frappés d'amnésie : bien que se voyant, se parlant tous les jours, ils ne se reconnurent plus. D'autres choses alarmantes se produisirent : les Smith nous apprenaient la mort d'un certain Bobby Watson, impossible à identifier, car ils nous apprenaient aussi que les trois quarts des habitants de la ville, hommes, femmes, enfants, chats, idéologues, portaient le nom de Bobby Watson. Un cinquième personnage, inattendu, surgissait enfin pour aggraver le trouble des ménages paisibles, le capitaine des pompiers qui racontait des histoires dans lesquelles il semblaît être question d'un jeune taureau qui aurait mis au monde une énorme génisse, d'une souris qui aurait accouché d'une montagne ; — puis le pompier s'en allait pour ne pas rater un incendie, prévu depuis trois jours, noté sur son agenda, qui devait éclater à l'autre bout de la ville, tandis que les Smith et les Martin reprenaient leur conversation.

Hélas! les vérités élémentaires et sages qu'ils échangeaient, enchaînées les unes aux autres, étaient devenues folles, le langage s'était désarticulé, les personnages s'étaient décomposés ; la parole, absurde, s'était vidée de son contenu et tout s'achevait par une querelle dont il était impossible de connaître les motifs, car mes héros se jetaient à la figure non pas des répliques, ni même des bouts de propositions, ni des mots, mais des syllabes, ou des consonnes, ou des voyelles!...

... Pour moi, il s'était agi d'une sorte d'effondrement du réel. Les mots étaient devenus des écorces sonores, dénuées de sens ; les personnages aussi, bien entendu, s'étaient vidés de leur psychologie et le monde m'apparaissait dans une lumière insolite, peut-être dans sa véritable lumière, au-delà des interprétations et d'une causalité arbitraire.

En écrivant cette pièce (car cela était devenu une sorte de pièce ou une anti-pièce, c'est-à-dire une vraie parodie de pièce, une comédie de la comédie), j'étais pris d'un véritable malaise, de vertige, de nausées. De temps à autre, j'étais obligé de m'interrompre et, tout en me demandant quel diable me forçait de continuer d'écrire, j'allais m'allonger sur le canapé avec la crainte de le voir sombrer dans le néant ; et moi avec. Lorsque j'eus terminé ce travail, j'en fus, tout de même, très fier. Je m'imaginai avoir écrit quelque chose comme la *tragédie du langage!...* Quand on la joua je fus presque étonné d'entendre rire les spectateurs qui prirent (et prennent toujours) cela gaiement, considérant que c'était bien une comédie, voire un canular. Quelques-uns ne s'y trompèrent pas (Jean Pouillon, entre autres) qui sentirent le malaise. D'autres encore s'aperçurent qu'on se moquait là du théâtre de Bernstein et de ses acteurs : les comédiens de Nicolas Bataille s'en étaient aperçus avant, en jouant la pièce (surtout aux premières représentations) comme un mélodrame.

Plus tard, analysant cette œuvre, des critiques sérieux et savants l'interprétèrent uniquement comme une critique de la société bourgeoise et une parodie du théâtre du Boulevard. Je viens de dire que j'admets aussi cette interprétation : cependant il ne s'agit pas, dans mon esprit, d'une satire de la mentalité petite bourgeoise liée à telle ou telle société. Il s'agit, surtout, d'une sorte de petite bourgeoisie universelle, le petit bourgeois étant l'homme des idées reçues, des slogans, le conformiste de partout : ce conformisme, bien sûr, *c'est son langage automatique* qui le révèle. Le texte de *La Cantatrice chauve* ou du manuel pour apprendre l'anglais (ou le russe, ou le portugais), composé d'expressions toutes faites, des clichés les plus éculés, me révélait, par cela même, les automatismes du langage, du comportement des gens, le « parler pour ne rien dire », le parler parce qu'il n'y a rien à dire de personnel, l'absence de vie intérieure, la mécanique du quotidien, l'homme baignant dans son milieu social, ne s'en distinguant plus. Les Smith, les Martin ne savent plus parler, parce qu'ils ne savent plus penser, ils ne savent plus penser parce qu'ils ne savent plus s'émouvoir, n'ont plus de passions, ils ne savent plus être, ils peuvent « devenir » n'importe qui, n'importe quoi, car, n'étant pas, ils ne sont que les autres, le monde de l'impersonnel, ils sont interchangeables : on peut mettre Martin à la place de Smith et vice versa, on ne s'en apercevra pas. Le personnage tragique ne change pas, il se brise ;

il est lui, il est *réel*. Les personnages comiques, ce sont les gens qui n'existent pas.

Début d'une causerie prononcée aux Instituts français d'Italie.

1958.

A PROPOS DE « LA CANTATRICE CHAUVE » (JOURNAL)

10 avril 1951.

Démontrer le théâtre (ou ce qu'on appelle ainsi).

La Cantatrice chauve aussi bien que *La Leçon:* entre autres, tentatives d'un fonctionnement *à vide* du mécanisme du théâtre. Essai d'un théâtre abstrait ou non figuratif. Ou concret au contraire, si on veut, puisqu'il n'est que ce qui se voit sur scène, puisqu'il naît sur le plateau, puisqu'il est jeu, jeu de mots, jeu de scènes, images, concrétisation des symboles. Donc : fait de figures non figuratives. Toute intrigue, toute action particulière est dénuée d'intérêt. Elle peut être accessoire, elle doit n'être que la canalisation d'une tension dramatique, son appui, ses paliers, ses étapes. Il faut arriver à libérer la tension dramatique sans le secours d'aucune véritable intrigue, d'aucun objet particulier. On aboutira tout de même à la révélation d'une chose monstrueuse : il le faut d'ailleurs, car le théâtre est finalement révélation de choses monstrueuses, ou d'états monstrueux, sans figures, ou de figures monstrueuses que nous portons en nous. Arriver à cette exaltation ou à ces révélations sans la justification motivée, car idéologique, donc fausse, hypocrite, d'un thème, d'un sujet.

Progression d'une passion sans objet. Montée d'autant plus aisée, plus dramatique, plus éclatante, qu'elle n'est retenue par le fardeau d'aucun contenu, c'est-à-dire d'aucun sujet ou contenu apparents qui nous cachent le contenu authentique : le sens particulier d'une intrigue dramatique cache sa signification essentielle.

Théâtre abstrait. Drame pur. Anti-thématique, anti-idéologique, anti-réaliste-socialiste, anti-philosophique, anti-psychologique de boulevard, anti-bourgeois, redécouverte d'un nouveau théâtre libre. Libre c'est-à-dire libéré, c'est-à-dire sans parti pris, instrument de fouille : seul à pouvoir être sincère, exact et faire apparaître les évidences cachées.

La Cantatrice chauve : Personnages sans caractère. Fantoches. Êtres sans visage. Plutôt : cadres vides auxquels les acteurs peuvent prêter leur propre visage, leur personne, âme, chair et os. Dans les mots sans suite et dénués de sens qu'ils prononcent ils peuvent mettre ce qu'ils veulent, exprimer ce qu'ils veulent, du comique, du dramatique, de l'humour, eux-mêmes, ce qu'ils ont de plus qu'eux-mêmes. Ils n'ont pas à se mettre dans des peaux de personnages, dans les peaux des autres ; ils n'ont qu'à bien se mettre dans leur propre peau. Cela n'est guère facile. Il n'est pas facile d'être soi-même, de jouer son propre personnage.

Pourtant, les jeunes interprètes de *La Cantatrice chauve* avaient bien réussi à être eux-mêmes. Ou plutôt une partie d'eux-mêmes. Des personnages creux, le pur social : car l'âme sociale n'est pas.

Ils étaient gracieux les jeunes comédiens de la troupe Nicolas Bataille dans *La Cantatrice chauve:* du vide endimanché, du vide charmant, du vide fleuri, du vide à semblants de figures, du vide jeune, du vide contemporain. Ils étaient malgré tout, eux-mêmes, charmants au-delà du rien.

Pousser le burlesque à son extrême limite. Là, un léger coup de pouce, un glissement imperceptible et l'on se retrouve dans le tragique. C'est un tour de prestidigitation. Le passage du burlesque au tragique doit se faire sans que le public s'en aperçoive. Les acteurs non plus peut-être, ou à peine. Changement d'éclairage. C'est que ce j'ai essayé dans *La Leçon.*

Sur un texte burlesque, un jeu dramatique.
Sur un texte dramatique, un jeu burlesque.

Faire dire aux mots des choses qu'ils n'ont jamais voulu dire.

Il n'y a pas toujours de quoi être fier : le comique d'un auteur est, très souvent, l'expression d'une certaine confusion. On exploite son propre non-sens, cela fait rire. Cela fait aussi dire à beaucoup de critiques dramatiques que ce qu'on écrit est très intelligent.

Chaque époque a ses lieux communs supérieurs, en dehors des lieux communs inférieurs qui sont de toutes les époques. Toutes les idéologies, je veux dire tous les clichés idéologiques paraîtront bien bêtes... et comiques.

Si je comprenais tout, bien sûr, je ne serais pas « comique ».

NAISSANCE DE LA CANTATRICE

Je ne pensais pas que cette comédie était une véritable comédie. En fait, elle n'était qu'une parodie de pièce, une comédie de la comédie. Je la lisais à des amis, pour les faire rire, quand ils se réunissaient à la maison. Comme ils riaient de bon cœur, je me suis aperçu qu'il y avait, dans ce texte, une force comique réelle. Lisant ensuite les *Exercices de style* de Raymond Queneau, je me suis rendu compte que mes expériences d'écriture avaient une certaine similitude avec celles de cet auteur. Monique Saint-Côme me confirma ensuite que j'avais bien écrit une sorte de pièce de théâtre comique ; j'eus donc le courage de lui laisser mon manuscrit et, comme elle travaillait à la mise en scène avec la jeune compagnie de Nicolas Bataille, elle présenta la pièce à celui-ci. Nicolas Bataille et ses comédiens, Paulette Frantz, Claude Mansard, Simone Mozet, Henri-Jacques Huet décidèrent de la mettre immédiatement en répétition.

Cependant, il fallait changer le titre. Je proposai *L'Heure anglaise*, *Big-Ben folies*, *Une Heure d'anglais*, etc. Bataille me fit remarquer, à juste raison, qu'on aurait pu prendre cette pièce pour une satire anglaise. Ce qui n'était pas le cas. On ne trouvait pas de titre convenable. C'est le hasard qui le trouva. Henri-Jacques Huet, — qui jouait admirablement le rôle du Pompier, — eut un *lapsus linguae* au cours des dernières répétitions. En récitant le monologue du *Rhume* où il était incidemment question d'une « institutrice blonde », Henri-Jacques se trompa et prononça « cantatrice chauve ». « Voilà le titre de la pièce! » m'écriai-je. C'est ainsi donc que *La Cantatrice chauve* s'appela *La Cantatrice chauve.*

Aux répétitions, on constata que la pièce avait du mouvement ; dans l'absence d'action, des actions ; un rythme, un développement, sans intrigue ; une progression abstraite.

Une parodie du théâtre est encore plus théâtre que du théâtre direct, puisqu'elle ne fait que grossir et ressortir caricaturalement ses lignes caractéristiques.

Le texte fut joué, intégralement (sauf l'anecdote de M. Smith qui fut supprimée, remplacée à la scène par des gestes, mais que j'ai toutefois rétablie dans le tome I de mon théâtre), jusqu'à la fin, qui, elle, ne fut pas jouée. Nous supprimâmes la dernière scène de commun accord, après débat. En effet, cette scène n'aurait pu être représentée que si l'on avait adopté un système de jeu différent. Au départ, je voyais, pour *La Cantatrice chauve* une mise en scène plus burlesque, plus violente ; un peu dans le style des frères Marx, ce qui aurait permis une sorte d'éclatement.

Actuellement, *La Cantatrice chauve* se termine, en fait, sur la querelle des Smith et des Martin. On baisse le rideau à ce moment, puis on fait semblant de recommencer la pièce : on relève le rideau, les comédiens jouent le début de la première scène et le rideau tombe pour de bon.

J'avais envisagé une fin plus foudroyante. Ou même deux, au choix des acteurs.

Pendant la querelle des Smith et des Martin, la bonne devait faire de nouveau son apparition et annoncer que le dîner était prêt : tout mouvement devait s'arrêter, les deux couples devaient quitter le plateau. Une fois la scène vide, deux ou trois compères devaient siffler, chahuter, protester, envahir le plateau. Cela devait amener l'arrivée du directeur du théâtre suivi du commissaire, des gendarmes : ceux-ci devaient fusiller les spectateurs révoltés, pour le bon exemple ; puis, tandis que le directeur et le commissaire se félicitaient réciproquement de la bonne leçon qu'ils avaient pu donner, les gendarmes sur le devant de la scène, menaçants, fusil en main, devaient ordonner au public d'évacuer la salle.

Je m'étais bien rendu compte que la réalisation d'un tel jeu était assez compliquée. Cela aurait demandé un certain courage et sept à huit comédiens de plus, — pour trois minutes supplémentaires. — Trop de frais. Aussi avais-je écrit une seconde fin, plus facile à faire... Au moment de la querelle des Martin-Smith la bonne arrivait et annonçait d'une voix forte : « Voici l'auteur ! »

Les acteurs s'écartaient alors respectueusement, s'alignaient à droite et à gauche du plateau, applaudissaient l'auteur qui, à pas vifs, s'avançait devant le public, puis, montrant le poing aux spectateurs, s'écrait : « Bande de coquins, j'aurai vos peaux. » Et le rideau devait tomber très vite.

On trouva cette fin trop polémique, et ne correspondant pas, d'ailleurs, avec la mise en scène stylisée et le jeu « très digne » voulu par les comédiens. Et c'est parce que je ne trouvais pas une autre fin, que nous décidâmes de ne pas finir la pièce, et de la recommencer. Pour marquer le caractère interchangeable des personnages, j'eus simplement l'idée de remplacer, dans le recommencement, les Smith par les Martin.

En Italie, le metteur en scène a trouvé une autre solution : le rideau tombe sur la querelle des personnages qui s'empoignent en une sorte de danse frénétique, une sorte de bagarre-ballet. C'est aussi bien.

(*Publié dans les « Cahiers des Saisons », 1959.*)

LES CHAISES

TEXTE POUR LE PROGRAMME DU THÉATRE DU NOUVEAU LANCRY

Le monde m'apparaît à certains moments comme vidé de signification, la réalité : irréelle. C'est ce sentiment d'irréalité, la recherche d'une réalité essentielle, oubliée, innomée — hors de laquelle je ne me sens pas être — que j'ai voulu exprimer à travers mes personnages qui errent dans l'incohérent, n'ayant rien en propre en dehors de leurs angoisses, leurs remords, leurs échecs, la vacuité de leur vie. Des êtres noyés dans l'absence de sens ne peuvent être que grotesques, leur souffrance ne peut être que dérisoirement tragique.

Le monde m'étant incompréhensible, j'attends que l'on m'explique...

(*1952.*)

SUR « LES CHAISES » LETTRE AU PREMIER METTEUR EN SCÈNE

Cher Ami, je me suis aperçu après votre départ, que nous avons fait fausse route, c'est-à-dire que je me suis laissé entraîner par vous à faire fausse route et que nous sommes passés à côté de la pièce. Je vous ai suivi et je me suis éloigné avec vous, je me suis perdu de vue. Non, décidément, vous ne m'avez pas tout à fait compris dans *Les Chaises* : ce qui reste à comprendre est justement l'essentiel. Vous avez voulu tout naturellement tirer la pièce à vous alors que vous deviez vous y abandonner ; le metteur en scène doit se laisser faire. Il ne doit pas vouloir quelque chose de la pièce, il doit s'annuler, il doit être un parfait réceptacle. Un metteur en scène vaniteux, voulant imposer « sa personnalité », n'a pas la vocation d'un metteur en scène. Tandis que le métier d'auteur au contraire, demande que celui-ci soit vaniteux, imperméable aux autres, avec un ego hypertrophié. Il peut y avoir crise du théâtre parce qu'il y a des metteurs en scène orgueilleux qui écrivent, eux, la pièce. Ce n'est pas parce qu'ils écrivent une pièce qu'il y a crise du théâtre, mais parce qu'ils écrivent tout le temps la même pièce, qui n'est pas celle de leur auteur.

Il y a aussi le cas du metteur en scène qui trouve dans une certaine pièce des germes de qualités qu'il faut développer ; des intentions qu'il faut préciser et mettre en valeur ; des débuts de promesses qu'il faut réaliser ; c'est, de la part du metteur en scène le comble de la générosité... ou de l'orgueil, s'il s'imagine que toutes les pièces qu'on lui présente lui sont inférieures.

Cela n'est pas le cas pour vous, ni pour moi, à propos des *Chaises*. Soumettez-vous, je vous en supplie, à cette pièce. Ne diminuez pas ses effets, ni le grand nombre des chaises, ni le grand nombre des sonneries qui annoncent l'arrivée des invités invisibles, ni les lamentations de la vieille qui doit être comme une pleureuse de Corse ou de Jérusalem, tout doit être outré, excessif, caricatural, pénible, enfantin, sans finesse. La faute la plus grave serait de modeler la pièce comme de modeler le jeu de l'acteur. Pour celui-ci, il faut appuyer sur un bouton pour le faire démarrer : dites-lui tout le temps de ne pas s'arrêter en chemin, d'aller jusqu'au bout, à l'extrême de lui-même. De la grande tragédie il faut et de grands sarcasmes. Laissez-vous, pour un temps, modeler par la pièce.

D'autre part, lorsqu'un passage quelconque vous étonne, vous encombre, lorsqu'il vous paraît « pas à sa place », ou « superflu », ne cédez surtout pas à votre première impulsion qui est de supprimer le passage encombrant ; tâchez, au contraire, de lui trouver sa place, de l'intégrer dans le rythme de l'univers dramatique de la pièce, car ce passage y a, le plus souvent, sa place, il a un sens que vous n'avez peut-être pas encore saisi parce que votre respiration n'est peut-être pas encore celle de l'œuvre, parce que votre rythme n'est pas celui de l'auteur. Beaucoup plus souvent qu'on ne le croit, les coupures exigées par les metteurs en scène, aussi bien que les textes qu'ils demandent qu'on surajoute, dénotent une incompréhension, vont à contresens de l'œuvre, ou plutôt sont l'expression de la juxtaposition de deux volontés ou de deux visions qui s'annulent. Il est plus naturel qu'un metteur en scène se soumette. Dans cette soumission, réside le véritable orgueil ; tandis que le « je connais mon métier mieux que vous », du metteur en scène n'est que l'expression d'une vanité qui va à l'encontre de la vocation même du metteur en scène, qui est de « prendre en charge » ce qui signifie que son orgueil se situe à un second et plus subtil degré.

Il arrive parfois que l'auteur ne s'explique pas clairement. Pourtant, il se comprend mieux que le metteur en scène, son instinct est presque toujours plus sûr, s'il est vraiment homme de théâtre. Un authentique auteur de théâtre porte le théâtre en lui, le théâtre est son système spontané d'expression (son langage).

Les coupures que vous vouliez me faire faire concernent les passages qui justement servent, d'une part, à exprimer le non-sens, l'arbitraire, une vacuité de la réalité, du langage, de la pensée humaine, et d'autre part (surtout), à encombrer le plateau de plus en plus avec ce vide, à envelopper sans cesse, comme de vêtements de paroles, les absences de personnes, les trous de la réalité, car il ne faut jamais laisser parler les vieux en dehors de « la présence de cette absence », à laquelle ils doivent se référer constamment, qu'ils doivent constamment entretenir, embrasser, faute de quoi l'irréalisme ne pourrait être suggéré (car il ne peut être créé que par opposition permanente de ce qui est visible) et votre mise en scène serait un échec, *Les Chaises* ne seraient pas *Les Chaises*. Il faut beaucoup de gestes, de la presque-pantomime, de lumières, de sons, d'objets qui bougent, de portes qui s'ouvrent et qui se ferment et s'ouvrent de nouveau, pour créer ce vide, pour qu'il grandisse et ronge tout : on ne peut créer l'absence que par opposition à des présences. Et tout ceci ne nuirait pas au mouvement, tous les objets dynamiques c'est le mouvement même de la pièce, un mouvement qui n'est peut-être pas encore votre mouvement.

Pourquoi voit-on l'orateur et ne voit-on pas les autres personnages qui affluent sur le plateau ? L'orateur existe-t-il vraiment, est-il réel ? Réponse :

il n'existe ni plus ni moins que les autres personnages. Il est aussi invisible que les autres, il est aussi réel ou aussi irréel ; ni plus ni moins. Seulement, on ne peut se passer de sa présence visible. Il faut qu'on le voie et qu'on l'entende puisqu'il est le dernier à rester sur le plateau. Mais sa visibilité n'est qu'une simple convention arbitraire, née d'une difficulté technique insurmontable autrement.

On peut, d'ailleurs, considérer tout aussi bien que l'invisibilité des personnages est une convention arbitraire. On aurait pu rendre tous les personnages visibles si on avait trouvé le moyen de rendre perceptible au théâtre, de façon saisissante, leur réalité insaisissable.

Il faut qu'à la fin cela devienne parfaitement « choquant ». La toute dernière scène, après la disparition des vieux, après le départ de l'orateur doit être longue, on doit entendre pendant longtemps les murmures, les bruits de l'eau et du vent, comme venant de rien, venant du rien. Cela empêchera les spectateurs d'être tentés de donner de la pièce l'explication la plus facile, la plus fausse. Il ne faut pas qu'ils disent que les vieux, par exemple, sont des fous ou des gâteux ayant des hallucinations ; il ne faut pas non plus qu'ils puissent dire que les personnages invisibles sont, simplement, les remords et les souvenirs des deux vieux. Peut-être cela est-il vrai d'ailleurs, jusqu'à un certain point, mais cela n'a absolument aucune importance, l'intérêt est bien ailleurs. Une chose peut donc les empêcher de donner à la pièce une signification psychologique ou rationnelle, habituelle, médiocre : que les bruits et les présences impalpables soient encore là, pour eux, spectateurs, même après le départ des trois personnages visibles, indépendamment de la « folie » des vieux. La foule compacte des inexistants doit acquérir une existence tout à fait objective.

Le théâtre actuel est presque uniquement psychologique, social, cérébral ou... poétique. Il est amétaphysique. *Les Chaises* sont un essai de poussée au-delà des limites actuelles du drame...

P. S. Un moment, les vieux doivent apporter des chaises sans plus parler, ni l'un ni l'autre. Ce moment aussi doit être long. Il faudrait donner à ce moment à leurs mouvements un léger caractère de ballet (avec une très discrète musique de valse ?)

(*Hiver 1951-52.*)

NOTES SUR « LES CHAISES »

Janvier 1952.

Cher Ami...

Étant donné que le thème des *Chaises* est « le vide » ontologique, ou l'*absence*, c'est, je pense, l'expression de cette absence qui devrait constituer le moment dernier, définitif, de la pièce. Donc, le rideau pourrait peut-être tomber bien après que l'orateur incapable (et pour cause) de dire le message serait descendu de son estrade, aurait salué l'Empereur (jeu de scène à exploiter) et serait sorti. A ce moment, les spectateurs auraient sous les yeux, dans une lumière redevenue pauvre, blafarde, comme au début de la pièce (ou équivalente à celle du début de la pièce) les chaises vides dans le vide du décor, ornées de serpentins, pleines de confetti inutiles, ce qui donnerait l'impression de tristesse, de désordre et de vide d'une salle de bal après le bal ; et c'est après cela que les chaises, les décors, le rien, se mettraient à vivre inexplicablement (c'est cela l'effet, au-delà de la raison, vrai dans l'invraisemblable que nous cherchons et que nous devons obtenir) achevant de brouiller complètement les cartes, et la logique. Il faudrait que la lumière redevienne pauvre, jaunâtre puisqu'elle suit l'action et que maintenant la fête est finie. C'est d'ailleurs cette fin que j'ai eue dans l'esprit en écrivant la pièce, c'est pour cette fin qu'elle fut écrite, une fin que j'ai vue avant le commencement. Je crois qu'il faut aller jusqu'au bout (si vous reprenez, par hasard, le tableau, faites écrire dessus par l'Orateur ceci : AAAAAA, rien que des A).

Je suis vôtre.

NOTES SUR « LES CHAISES »

23 juin 1951.

En écrivant l' « Orateur »[1], je « vois » les personnages « invisibles » très nettement. Pour le moment, j'ai du mal à les entendre parler. Sans doute suis-je fatigué.

Par les moyens du langage, des gestes, du jeu, des accessoires, exprimer le vide.

1. Premier titre de *Les Chaises.*

Exprimer l'absence.

Exprimer les regrets, les remords.

Irréalité du réel. Chaos originaire.

Les voix à la fin, bruit du monde, rumeurs, débris de monde, le monde s'en va en fumée, en sons et couleurs qui s'éteignent, les derniers fondements s'écroulent ou plutôt se disloquent. Ou fondent dans une sorte de nuit. Ou dans une éclatante, aveuglante lumière.

Les voix à la fin : bruit du monde, nous, les spectateurs.

On peut dire de cette pièce des choses contradictoires et cependant également vraies.

Sur scène il n'y a rien ; les deux vieux ont des hallucinations, les personnages invisibles n'y sont pas. Ou encore il n'y a vraiment personne, pas plus que les deux vieux ni l'orateur qui sont sur le plateau sans y être : les vieux et l'orateur ne sont pas plus là que les personnages invisibles... Ils n'ont pas plus d'existence que ces derniers et que nos rêves. Pourquoi les voit-on eux, cependant, et pas les autres ? Mais on aurait très bien pu prendre la pièce par un autre bout et faire apparaître quelques-uns des invités seulement, sans l'orateur, sans les hôtes. Mais, pourquoi doit-on faire voir quelqu'un ? On est bien obligé, il faut bien faire voir quelque chose sur une scène. Mais les deux ou trois personnages qu'on voit dans *Les Chaises* ne sont en quelque sorte que les pivots d'une architecture mouvante, en grande partie invisible, évanescente, précaire, destinée à disparaître, comme le monde, les personnages étant eux-mêmes irréels, et cependant les points d'appui indispensables de cette construction. Ou encore tout cela n'est ni réel ni irréel (qu'est-ce que cela voudrait dire ?) mais tout simplement visible ou invisible. Et pourtant ce rien qui est sur scène, c'est la foule. On doit sentir la présence de la foule. On peut donc tout aussi bien dire qu'il n'y a rien ou qu'il y a foule sur le plateau.

Un ami me dit : « C'est bien simple ; vous voulez dire que le monde est la création subjective et arbitraire de notre esprit ? » De notre esprit, oui, non pas de mon esprit. Je crois inventer une langue, je m'aperçois que tout le monde la parle.

Ou encore les personnages invisibles : seraient-ils l'expression d'une réalité insuffisamment imaginée, le produit d'un esprit à bout de forces, ne pouvant plus imaginer, ne pouvant plus inventer et faire le monde, envahi (à cause de son épuisement, de sa faiblesse) par l'absence, la mort ?

Le théâtre peut très bien être le seul lieu où vraiment rien ne se passe. L'endroit privilégié où rien ne se passerait.

Pour expliquer la fin des *Chaises* « ... Le monde est désert. Peuplé de fantômes aux voix plaintives, il murmure des chants d'amour sur les débris de mon néant ! Revenez pourtant, douces images » (Gérard de Nerval, *Promenades et Souvenirs*). Ce serait ça, peut-être, moins la douceur.

A PROPOS DE JACQUES

AVANT-PREMIÈRE

Il est toujours compliqué de dire ce que l'on pense de ses pièces et de soi-même. Chaque fois que j'ai pu faire des déclarations, au hasard de la conversation et qui ont été reproduites, j'ai regretté, ou d'être allé trop loin, ou d'avoir dit exactement le contraire de ce qu'il fallait dire.

Enfin les pièces sont là. Ce sont deux comédies burlesques. L'une d'elles, *Jacques ou la Soumission*, a été écrite en 1949, tout de suite après ma première pièce, *La Cantatrice chauve*, jouée en 1950 aux Noctambules.

Ce fut, je crois, cette *Cantatrice chauve*, une des toutes premières pièces de ce théâtre qu'on a pu appeler la nouvelle avant-garde d'après-guerre.

Comme *La Cantatrice chauve*, *Jacques* est une sorte de parodie ou de caricature du théâtre de boulevard, un théâtre de boulevard se décomposant et devenant fou. Dans *La Cantatrice chauve*, les personnages parlaient un langage fait des clichés les plus quotidiens, les plus usés, d'une banalité telle qu'elle devenait insolite. Je crois que si je n'avais pas lu les *Exercices de style*, de Raymond Queneau, je n'aurais pas osé présenter *La Cantatrice chauve*, ni rien d'autre, à une compagnie théâtrale.

Une parodie du drame de famille.

Jacques est d'abord un drame de famille, ou une parodie d'un drame de famille. Cela pourrait être une pièce morale. Le langage des personnages ainsi que leur attitude sont nobles et distingués. Seulement ce langage se disloque, se décompose. Je voulais que cette comédie « naturaliste » fût jouée pour m'en libérer en quelque sorte.

Le Tableau, la seconde pièce du spectacle, pourrait être un conte de fées et vieilles sorcières. Cela peut être une illustration des miracles de la science médicale (succès des cures de rajeunissement, de greffes, implantations d'organes et membres manquants, etc.) et de la chirurgie esthétique [1]. S'il y a autre chose, les spectateurs s'en apercevront. Le comique n'est bon que s'il est gros ; j'espère qu'il l'est. Et le comique n'est comique que s'il est un peu effrayant. Le mien l'est-il ?

Il y a une seule chose dont je suis sûr, c'est que mes pièces ne prétendent pas sauver le monde, ni prouver que les uns sont supérieurs aux autres. Comme l'interprétation et la mise en scène de Robert Postec sont d'une précision et d'une intelligence très grandes, les objections ne pourront porter que sur le texte même.

L'Express, octobre 1955.

1. Cette phrase était une plaisanterie. Plusieurs critiques l'ont prise au sérieux et l'ont discutée.

A PROPOS DE
« COMMENT S'EN DÉBARRASSER »

Une pièce de théâtre n'a pas à être présentée. Il lui suffit d'être représentée. Aussi ne vais-je pas essayer de vous expliquer la pièce que vous allez voir et entendre, tout à l'heure. On ne peut pas expliquer une pièce, on doit la jouer ; elle n'est pas une démonstration didactique mais un spectacle vivant, une évidence vivante.

Tout ce que je puis vous dire, c'est que cette pièce est une œuvre simple, enfantine et presque primitive dans sa simplicité. Vous n'y trouverez aucune trace de symbolisme. Dans cette pièce, est relaté un fait divers qui aurait pu être tiré de n'importe quel journal ; on y raconte une histoire banale qui aurait pu arriver à n'importe qui d'entre nous, et qui a dû arriver à beaucoup d'entre nous. C'est une tranche de vie, une pièce réaliste.

Si vous pouvez reprocher à cette œuvre sa banalité, vous ne pouvez donc certainement pas la condamner pour son manque de vérité. Ainsi, vous verrez des champignons pousser sur la scène, ce qui prouve d'une façon irréfutable, à la fois que ces champignons sont de vrais champignons et qu'ils sont des champignons normaux.

Bien sûr, on dira que tout le monde ne se représente pas la réalité de la même façon que moi. Il y aura certainement des gens qui penseront que ma vision de la réalité est en fait irréelle ou surréaliste. Je dois dire que, personnellement, je réfute cette sorte de réalisme qui n'est qu'un sous-réalisme, qui n'a que deux dimensions sur trois, quatre ou *n*-dimensions. Ce réalisme aliène l'homme de sa profondeur qui est la troisième dimension indispensable, à partir de laquelle l'homme commence à être vrai. Quelle valeur de vérité peut-il y avoir dans cette sorte de réalisme qui oublie de reconnaître les réalités humaines les plus profondes : l'amour, la mort, l'étonnement, la souffrance et les rêves de nos cœurs extra-sociaux. Mais je n'ai pas l'intention de débattre ces problèmes en public. Ce n'est pas mon métier. Tout ce que j'essaye de faire est de vous assurer de l'entière objectivité de mon attitude envers les personnages que vous verrez bientôt parler et se mouvoir sur scène. En fait, je ne peux rien opposer à ces objets, images, événements et personnages qui sortent de moi. Ils font ce qu'ils désirent, ils me dirigent, car ce serait une erreur pour moi de vouloir les diriger. Je suis convaincu que je dois leur donner entière liberté et que je ne peux faire rien d'autre que d'obéir à leurs désirs. Je n'aime pas l'écrivain qui aliène la liberté de ses personnages, qui en fait des personnages faux, nourris d'idées toutes faites. Et s'ils ne rentrent pas dans sa conception politique personnelle, qui n'est pas issue des vérités humaines mais simplement d'une idéologie pétrifiée, il les défigurera. Mais la création ne ressemble pas à la dictature, pas même à une dictature idéologique. Elle est vie, liberté, elle peut même être contre les idéaux connus et se tourner contre l'auteur. L'auteur n'a qu'un devoir, ne pas intervenir, vivre et laisser vivre, libérer ses obsessions, ses phantasmes, ses personnages, son univers, les laisser naître, prendre forme, exister.

J'espère avoir répondu d'avance aux questions que vous auriez posées. Si vous voulez en savoir plus, écrivez à vos critiques d'art dramatique, à Messieurs Harol Hobson et Kenneth Tynan, c'est leur métier d'expliquer. Je vous souhaite une bonne soirée.

(*Allocution prononcée, en français, à l'Institut français de Londres, à l'occasion de la présentation de* Comment s'en débarrasser, *par la troupe de Jean-Marie Serreau. Décembre 1958.*)

RHINOCÉROS

PRÉFACE POUR RHINOCÉROS

Édition scolaire américaine en français

Novembre 1960.

En 1938 l'écrivain Denis de Rougemont se trouvait en Allemagne à Nuremberg au moment d'une manifestation nazie. Il nous raconte qu'il se trouvait au milieu d'une foule compacte attendant l'arrivée de Hitler. Les gens donnaient des signes d'impatience lorsqu'on vit apparaître, tout au bout d'une avenue et tout petits dans le lointain, le Führer et sa suite. De loin, le narrateur vit la foule qui était prise, progressivement, d'une sorte d'hystérie, acclamant frénétiquement l'homme sinistre. L'hystérie se répandait, avançait, avec Hitler, comme une marée. Le narrateur était d'abord étonné par ce délire. Mais lorsque le Führer arriva tout près et que les gens, à ses côtés, furent contaminés par l'hystérie générale, Denis de Rougemont sentit, en lui-même, cette rage qui tentait de l'envahir, ce délire qui « l'électrisait ». Il était tout prêt à succomber à cette magie, lorsque quelque chose monta des profondeurs de son être et résista à l'orage collectif. Denis de Rougemont nous raconte qu'il se sentait mal à l'aise, affreusement seul, dans la foule, à la fois résistant et hésitant. Puis ses cheveux se hérissant, « littéralement », dit-il, sur sa tête, il comprit ce que voulait dire l'Horreur Sacrée. A ce moment-là, ce n'était pas sa pensée qui résistait, ce n'était pas des arguments qui lui venaient à l'esprit, mais c'était tout son être, toute « sa personnalité » qui se rebiffait. Là est peut-être le point de départ de *Rhinocéros* ; il est impossible, sans doute, lorsqu'on est assailli par des arguments, des doctrines, des slogans « intellectuels », des propagandes de toutes sortes, de donner sur place une explication de ce refus. La pensée discursive viendra, mais vraisemblablement plus tard, pour appuyer ce refus, cette résistance naturelle, intérieure, cette réponse d'une âme. Bérenger ne sait donc pas très bien, sur le moment, pourquoi il résiste à la rhinocérite et c'est la preuve que cette résistance est authentique et profonde. Bérenger est peut-être celui qui, comme Denis de Rougemont, est allergique aux mouvements des foules et aux marches, militaires et autres. *Rhinocéros* est sans doute une pièce antinazie, mais elle est aussi surtout une pièce contre les hystéries collectives et les épidémies qui se cachent sous le couvert de la raison et des idées, mais qui n'en sont pas moins de graves maladies collectives dont les idéologies ne sont que les alibis : si l'on s'aperçoit que l'histoire déraisonne, que les mensonges des propagandes sont là pour masquer les contradictions qui existent entre les faits et les idéologies qui les appuient, si l'on jette sur l'actualité un regard lucide, cela suffit pour nous empêcher de succomber aux « raisons » irrationnelles, et pour échapper à tous les vertiges.

Des partisans endoctrinés, de plusieurs bords, ont évidemment reproché à l'auteur d'avoir pris un parti anti-intellectualiste et d'avoir choisi comme héros principal un être plutôt simple. Mais j'ai considéré que je n'avais pas à présenter un système idéologique passionnel, pour l'opposer aux autres systèmes idéologiques et passionnels courants. J'ai pensé avoir tout simplement à montrer l'inanité de ces terribles systèmes, ce à quoi ils mènent, comme ils enflamment les gens, les abrutissent, puis les réduisent en esclavage. On s'apercevra certainement que les répliques de Botard, de Jean, de Dudard ne sont que les formules clefs, les slogans des dogmes divers cachant, sous le masque de la froideur objective, les impulsions les plus irrationnelles et véhémentes. *Rhinocéros* aussi est une tentative de « démystification ».

A la demande des Optimates et Membres du Collège, nous reproduisons l'importante Interview d'Ionesco par lui-même, *texte capital au point de vue doctrinal et qui fait heureusement le point sur les* distanciations *et autres* brechteries, *ainsi que sur la* non-participation *récemment brandie par M. Sartre* [1].

INTERVIEW DU TRANSCENDANT SATRAPE IONESCO PAR LUI-MÊME [2].

EGO. — Excusez-moi de vous réveiller de si bonne heure, mon cher Alter-Ego, voulez-vous m'interviewer ?

1. Note du rédacteur des « Cahiers du Collège de Pataphysique ».
2. La « Satrapie » est la dignité la plus haute que confère le susdit Collège. Selon les membres dudit Collège, la Pataphysique

ALTER-EGO. — *Je ne dormais pas, ne vous excusez pas. Je me suis réveillé à la même seconde que vous, mon cher maître.*

EGO. — Ne m'appelez pas mon cher maître. Entre nous, vous savez, ces formules trop cérémonieuses me semblent ridicules. Je suis loin, d'ailleurs, d'être un maître. Je ne suis pas vice-maître. Pas même un contre-maître. Un quartier-maître, peut-être, et encore!...

ALTER-EGO. — *Vous êtes bien modeste... Bref, qu'est-ce que c'est que cette histoire d'interview?...*

EGO. — *France-Observateur*, par la voix d'un de ses rédacteurs, m'a gentiment proposé de présenter à ses lecteurs — avant la générale qui doit avoir lieu ces jours-ci, à l'Odéon-Théâtre de France, ma pièce *Rhinocéros* et moi-même. Cela est très important pour moi : c'est la raison pour laquelle je suis venu vous prier de me poser quelques questions...

ALTER-EGO. — *Pourquoi ne vous faites-vous pas interviewer pas un journaliste professionnel, par un des collaborateurs de* France-Observateur? *Moi, je ne suis guère compétent.*

EGO. — C'est parce que je pense qu'en m'adressant à vous je pourrai mener le dialogue à ma guise. Vous me poserez des questions plus faciles, auxquelles je répondrai brillamment, des questions qui ne risqueront pas d'être indiscrètes, en un mot des questions que je crois pouvoir prévoir.

ALTER-EGO. — *Nous nous connaissons moins*

est la science des sciences et la philosophie suprême. Le Docteur Faustroll, personnage d'Alfred Jarry, en est le Maître spirituel, visible et invisible. Les pataphysiciens, qui sont les disciples de Jarry (prophète de Faustroll) considèrent que nous sommes tous, consciemment ou non, pataphysiciens.

bien que vous ne le pensez. Et si j'étais méchant, je vous poserais des questions bien embarrassantes...

Ego. — Justement. Ne posez pas ces questions-là... Je sais à quoi vous faites allusion!...

Alter-Ego. — *Bon. Racontez-moi, alors, tout simplement, le sujet de votre pièce.*

Ego. — Non!... Cette question n'est pas intéressante. Il est difficile, d'ailleurs, de raconter une pièce. La pièce est tout un jeu, le sujet n'en est que le prétexte, et le texte n'en est que la partition.

Alter-Ego. — *Dites-nous-en quand même quelque chose!...*

Ego. — Tout ce que je puis vous dire, c'est que *Rhinocéros* est le titre de ma pièce, *Rhinocéros*. Aussi, que dans ma pièce *Rhinocéros*, il est question de rhinocéros ; que la « Bicornuité » caractérise certains d'entre eux : que l'« Unicornuité » caractérise les autres ; que certaines mutations psychiques et biologiques peuvent parfois se produire qui bouleversent...

Alter-Ego (bâillant). — *Vous allez ennuyer les gens!*

Ego. — Vous ne vous imaginez tout de même pas que je vais les distraire! Je fais un théâtre didactique.

Alter-Ego. — *Vous m'étonnez. N'étiez-vous pas, récemment encore, l'ennemi juré de ce genre de théâtre?*

Ego. — On ne peut pas faire du théâtre didactique lorsqu'on est ignorant. J'étais ignorant, au moins de certaines choses, il y a quelques mois encore. Je me suis mis au travail. Maintenant, tout comme le Bon Dieu, le Diable, M. Sartre, et Pic de la Mirandole, je sais tout... tout... tout... Et beaucoup d'autres choses encore. Ce n'est, en effet, que lorsqu'on sait tout que l'on peut être didactique. Mais vouloir être didactique sans tout connaître, serait de la prétention. Ce n'est pas le cas d'un auteur!

ALTER-EGO. — *Vous savez tout, vraiment ?*

EGO. — Bien sûr. Je connais, par exemple, toutes vos pensées. Que savez-vous que je ne sache pas ?

ALTER-EGO. — *Ainsi donc, vous écrivez un théâtre didactique, un théâtre antibourgeois ?*

EGO. — C'est cela même. Le théâtre bourgeois, c'est un théâtre magique, envoûtant, un théâtre qui demande aux spectateurs de s'identifier avec les héros du drame, un théâtre de la participation. Le théâtre antibourgeois est un théâtre de la non-participation. Le public bourgeois se laisse engluer par le spectacle. Le public non bourgeois, le public populaire, a une autre mentalité : entre les héros et la pièce qu'il voit, d'une part, et lui-même, d'autre part, il établit une distance. Il se sépare de la représentation théâtrale pour la regarder lucidement, la juger.

ALTER-EGO. — *Donnez-moi des exemples.*

EGO. — Voici : on joue, en ce moment, à l'Ambigu, *Madame Sans-Gêne*, devant des salles archipleines. C'est un public d'intellectuels bourgeois, un public qui « participe ».

ALTER-EGO. — *Comment cela ?*

EGO. — Les spectateurs s'identifient aux héros de la pièce. Dans la salle on entend : « Vas-y, mon gars ! », « T'as bien fait ! », « Tu l'as eu ! » et ainsi de suite. Un public populaire est lucide, il ne pourrait avoir tant de naïveté. Jusqu'à nos jours, d'ailleurs, tout le théâtre a toujours été écrit par des bourgeois, pour les bourgeois qui écartaient systématiquement le public populaire lucide. Vous avez lu, sans doute, comme moi, *Le Petit Chose*, d'Alphonse Daudet. Vous vous souvenez que le Petit Chose, devenu acteur, faisait partie d'une troupe qui allait jouer les mélos sur les tréteaux des faubourgs. Alphonse Daudet nous raconte que le Petit Chose, qui jouait les intrigants, devait sortir par une porte dérobée, car les spectateurs l'attendaient après la représentation, devant le théâtre, pour le lyncher : voilà encore un exemple de la stupidité « de la participation » des intellectuels bourgeois. Les bonnes gens « participaient » également du temps de Shakespeare : ils riaient, ils pleuraient au spectacle, bourgeoisement. Au moyen âge, aussi, sur les parvis, il n'y avait que des spectateurs bourgeois puisqu'ils s'identifiaient, puisqu'ils « prenaient part ». La fameuse « catharsis » aussi supposait une identification avec l'action et avec les personnages tragiques, autrement il n'y aurait pas eu de purification ; mais nous savons tous que tous les Grecs n'étaient que des bourgeois. Vous connaissez les chants spirituels nègres. Ils sont envoûtants. Entre les chanteurs et l'auditoire une communion dangereuse s'établit...

ALTER-EGO. — *Cela veut dire ?*

EGO. — Cela prouve que tous les noirs sont des bourgeois... Il y a des sortes de spectacles, des cérémonies magico-religieuses chez les peuplades primitives qui exigent encore la participation ; nous savons tous aussi que les sauvages sont des intellectuels bourgeois. Le théâtre égyptien aussi était un théâtre de la participation. Et toute la préhistoire était bourgeoise !

ALTER-EGO. — *Je pense qu'il est risqué d'affirmer que le bourgeois vienne de si loin... il est le produit de la Révolution française, de la civilisation industrielle, du capitalisme. N'importe quel écolier vous le dira. Pouvez-vous prétendre, par exemple, que...*

EGO. — Je prétends qu'Abraham lui-même était bourgeois. N'élevait-il pas des brebis ? Il devait certainement avoir des fabriques de textiles.

ALTER-EGO. — *Le salaud!*

EGO. — Pour en revenir à mes *Rhinocéros* après ce tour d'horizon historique dont je m'excuse...

ALTER-EGO. — *C'était très instructif...*

EGO. — ... Je tiens à vous dire que j'ai su éviter magistralement le théâtre de la participation. En effet les héros de ma pièce, sauf un, se transforment, sous les yeux des spectateurs (car c'est une œuvre réaliste) en fauves, en rhinocéros. J'espère en dégoûter mon public. Il n'y a pas de plus parfaite séparation que par le dégoût. Ainsi, j'aurai réalisé la « distanciation » des spectateurs par rapport au spectacle. Le dégoût c'est la lucidité.

ALTER-EGO. — *Vous dites que dans votre pièce un seul des personnages ne se transforme pas?*

EGO. — Oui, il résiste à la « rhinocérite ».

ALTER-EGO. — *Faut-il penser que les spectateurs en doivent pas s'identifier avec le héros qui demeure humain?*

EGO. — Au contraire, ils doivent absolument s'identifier avec lui.

ALTER-EGO. — *Alors vous retombez vous-même dans le péché de l'identification.*

EGO. — C'est vrai... Mais comme il y aura aussi la vertu de la non-participation ou de la séparation, nous pourrons considérer que cette pièce aura réalisé la synthèse d'un théâtre à la fois bourgeois et antibourgeois, grâce à une habileté instinctive qui m'est propre...

ALTER-Ego. — *Vous dites des sottises, mon cher.*

EGO. — Je le sais! Mais je ne suis pas le seul.

In « Cahiers du Collège de Pataphysique » (mars 1960), d'après *France-Observateur* en janvier 1960.

RHINOCÉROS

Je me suis souvenu d'avoir été frappé au cours de ma vie par ce qu'on pourrait appeler le courant d'opinion, par son évolution rapide, sa force de contagion qui est celle d'une véritable épidémie. Les gens tout à coup se laissent envahir par une religion nouvelle, une doctrine, un fanatisme, enfin par ce que les professeurs de philosophie et les journalistes à oripeaux philosophiques appellent le « moment nécessairement historique ». On assiste alors à une véritable mutation mentale. Je ne sais pas si vous l'avez remarqué, mais lorsque les gens ne partagent plus votre opinion, lorsqu'on ne peut plus s'entendre avec eux, on a l'impression de s'adresser à des monstres...

— A des rhinocéros ?

— Par exemple. Ils en ont la candeur et la férocité mêlées. Ils vous tueraient en toute bonne conscience si vous ne pensiez pas comme eux. Et l'histoire nous a bien prouvé au cours de ce dernier quart de siècle que les personnes ainsi transformées ne ressemblent pas seulement à des rhinocéros, ils le deviennent véritablement. Or il est très possible, bien qu'apparemment extraordinaire, que quelques consciences individuelles représentent la vérité contre l'histoire, contre ce qu'on appelle l'histoire. Il y a un mythe de l'histoire qu'il serait grand temps de « démythifier » puisque le mot est à la mode. Ce sont toujours quelques consciences isolées qui ont représenté contre tout le monde la conscience universelle. Les révolutionnaires eux-mêmes étaient au départ isolés.

Au point d'avoir mauvaise conscience, de ne pas savoir s'ils avaient tort ou raison. Je n'arrive pas à comprendre comment ils ont trouvé en eux-mêmes le courage de continuer tout seuls. Ce sont des héros. Mais dès que la vérité pour laquelle ils ont donné leur vie devient vérité officielle, il n'y a plus de héros, il n'y a plus que des fonctionnaires doués de la prudence et de la lâcheté qui conviennent à l'emploi. C'est tout le thème de *Rhinocéros.*

— Parlez-nous un peu de sa forme.

— Que voulez-vous que je vous en dise ? Cette pièce est peut-être un peu plus longue que les autres. Mais tout aussi traditionnelle et d'une conception tout aussi classique. Je respecte les lois fondamentales du théâtre : une idée simple, une progression également simple et une chute.

Propos recueillis par
Claude Sarraute.
Le Monde, 19 janvier 1960.

NOTE SUR « RHINOCÉROS »

Dans un récent numéro de *Arts* mon critique et néanmoins ami Pierre Marcabru considère que cette pièce est l'expression « réactionnaire » du refus de l'aventure humaine par un solitaire. Je dois dire que le propos de la pièce a bien été de décrire le processus de la nazification d'un pays ainsi que le désarroi de celui qui, naturellement allergique à la contagion, assiste à la métamorphose mentale de sa collectivité. Originairement, la « rhinocérite » était bien un nazisme. Le nazisme a été, en grande partie, entre les deux guerres, une invention des intellectuels, idéologues et demi-intellectuels à la page qui l'ont propagé. Ils étaient des rhinocéros. Ils ont plus que la foule une mentalité de foule. Ils ne pensent pas, ils récitent des slogans « intellectuels ».

Rhinocéros, que l'on joue maintenant dans une quantité de pays, frappe de façon surprenante tous les publics. Est-ce parce que cette pièce attaque indifféremment n'importe quoi et d'une façon vague comme on me le reproche, alors que d'autres me reprochent de n'attaquer, précisément, que le totalitarisme nazi ? Et est-ce vraiment refuser l'aventure humaine que de s'opposer aux hystéries collectives, soutenues ou non philosophiquement, dont des peuples entiers deviennent périodiquement la proie ? N'est-il pas étonnant, en effet, que l'aventure d'un personnage individualiste et solitaire, comme le héros de ma pièce, rencontre l'adhésion de tant de personnes dans le monde entier ? Et n'est-ce pas dans cette solitude profonde qu'est le lieu de la communauté universelle, au-delà de toutes les logomachies et séparations ? Par-delà les bonnes raisons de tant d'objecteurs distingués, il se produit entre mon personnage et les gens une rencontre, qui prouverait plutôt que ce solitaire n'est pas retranché de l'aventure humaine mais que, par contre, les idéologues affolés le sont. Je me demande si je n'ai pas mis le doigt sur une plaie brûlante du monde actuel, sur une maladie étrange qui sévit sous différentes formes, mais qui est la même, dans son principe. Les idéologies, devenues idolâtries, les systèmes automatiques de pensée s'élèvent, comme un écran entre l'esprit et la réalité, faussent l'entendement, aveuglent. Elles sont aussi des barricades entre l'homme et l'homme qu'elles déshumanisent, et rendent impossible *l'amitié malgré tout* des hommes entre eux ; elles empêchent ce qu'on appelle la coexistence, car un rhinocéros ne peut s'accorder avec celui qui ne l'est pas, un sectaire avec celui qui n'est pas de sa secte.

Je pense que Jean-Louis Barrault a parfaitement saisi la signification de la pièce et qu'il l'a parfaitement rendue. Les Allemands en avaient fait une tragédie, Jean-Louis Barrault une farce terrible et une fable fantastique. Les deux interprétations sont valables, elles constituent les deux mises en scène types de la pièce.

Arts, janvier 1961.

A PROPOS DE « RHINOCÉROS » AUX ÉTATS-UNIS

Le succès public de *Rhinocéros* à New York me réjouit, me surprend et m'attriste un peu, à la fois. J'ai assisté à une répétition seulement, à peu près complète, avant la générale, de ma pièce. Je dois dire que j'ai été tout à fait dérouté. J'ai cru comprendre qu'on avait fait d'un personnage dur, féroce, angoissant, un personnage comique, un faible rhinocéros : Jean, l'ami de Bérenger. Il m'a semblé également que la mise en scène avait fait d'un personnage indécis, héros malgré lui, allergique à l'épidémie rhinocérique, de Bérenger, une sorte d'intellectuel lucide, dur, une sorte d'insoumis ou de révolutionnaire sachant bien ce qu'il faisait (le sachant, peut-être, mais ne voulant pas nous expliquer les raisons de son attitude). J'ai vu aussi, sur le plateau, des matches de boxe qui n'existent pas dans le texte et que le metteur en scène y avait mis, je me demande pourquoi. J'ai souvent été en conflit avec mes metteurs en scène : ou bien ils n'osent pas assez et diminuent la portée des textes en n'allant pas jusqu'au bout des impératifs scéniques, ou bien ils « enrichissent » le texte en l'alourdissant de bijoux faux, de pacotilles sans valeur parce que inutiles. Je ne fais pas de littérature. Je fais une chose tout à fait différente ; je fais du théâtre. Je veux dire que mon texte n'est pas seulement un dialogue mais il est aussi « indications scéniques ». Ces indications scéniques sont à respecter aussi bien que le texte, elles sont nécessaires, elles sont aussi suffisantes. Si je n'ai pas indiqué que Bérenger et Jean doivent se battre sur le plateau et se tordre le nez l'un à l'autre c'est que je ne voulais pas que cela se fît.

J'ai lu des critiques américaines de la pièce et j'ai vu que tout le monde s'accordait à dire que la pièce était drôle. Or elle n'est pas drôle ; bien qu'elle soit une farce, elle est surtout une tragédie. Il y a, de la part de la mise en scène, non seulement une absence de style (comme dans tout ce qui se fait sur le boulevard à Paris, ou à Broadway ; aussi bien qu'à Moscou d'ailleurs où le théâtre avancé est du vieux théâtre 1900), mais il y a surtout tricherie intellectuelle. En effet, nous assistons à la transformation mentale de toute une collectivité ; les valeurs anciennes se dégradent, sont bouleversées, d'autres naissent et s'imposent. Un homme assiste impuissant à la transformation de son monde contre laquelle il ne peut rien, il ne sait plus s'il a raison ou non, il se débat sans espoir, il est le dernier de son espèce. Il est perdu. On trouve que cela est drôle. La critique de New York est d'accord là-dessus, unanimement. D'autre part Barrault en a fait une farce tragique, farce bien sûr, mais oppressante. Moretti, l'acteur italien qui vient de mourir et qui était l'un des plus grands acteurs du monde, en avait fait un drame touchant et douloureux. Stroux, le metteur en scène de Düsseldorf et son interprète Karl Maria Schley en avaient fait une tragédie nue, sans concessions, à peine teintée d'une ironie mortelle ; les Polonais en avaient fait une pièce grave. Mais M. Antoni, conseillé par je ne sais qui, en tout cas pas par l'auteur, en a fait une chose drôle et « anti-conformiste ». Or, le conformisme est une chose trop imprécise. A proprement parler ma pièce n'est même pas une satire : elle est la description, assez objective, d'un processus de fanatisation, de la naissance d'un totalitarisme qui grandit, se propage, conquiert, transforme un monde, et le transforme totalement, bien sûr, puisqu'il est totalitarisme. La pièce doit suivre et marquer les différentes étapes de ce phénomène. J'ai bien essayé de le dire au metteur en scène américain ; j'ai nettement indiqué dans les quelques interviews, que j'ai pu donner qu'il s'agissait bien, dans cette pièce, de dénoncer, de démasquer, de montrer comment une idéologie se transforme en idolâtrie, comment elle envahit tout, comment elle hystérise les masses, comment une pensée, raisonnable au départ, et discutable à la fois, peut devenir monstrueuse lorsque les meneurs, puis dictateurs totalitaires, chefs d'îles, d'arpents ou de continents en font un excitant à haute dose dont le pouvoir maléfique agit monstrueusement sur le « peuple » qui devient foule, masse hystérique. J'avais bien indiqué que je ne m'attaquais pas au conformisme, car il y a un certain anti-conformisme qui est conformiste dans la mesure où le conformisme auquel il s'attaque n'est qu'une chose vague. Une pièce anti-conformiste peut être amusante ; une pièce anti-totalitariste, par exemple, ne l'est plus. Elle ne peut être que douloureuse et sérieuse.

Certains critiques me reprochent d'avoir dénoncé le mal mais de ne pas avoir dit ce qu'était le bien. On m'a reproché de ne pas avoir fait dire à Bérenger, au nom de quelle idéologie il résistait. On s'imagine que ce reproche est fondamental : pourtant, il est si facile d'adopter un système plus ou moins automatique de pensée. Si je demandais à M. Walter Kerr, le critique du *New York Herald Tribune*, de me définir sa philosophie personnelle, il serait très embarrassé. Et pourtant c'est à lui et non pas à moi de trouver la solution, à lui, aux autres critiques, et surtout aux spectateurs. Personnellement je me méfie des intellectuels qui, depuis une trentaine d'années, ne font que propager les rhinocérites et qui ne font que soutenir philosophiquement les hystéries collectives dont les peuples entiers deviennent périodiquement la proie. Les intellectuels ne sont-ils pas les inventeurs du nazisme? Si j'opposais une idéologie toute faite à d'autres idéologies toutes faites, qui encombrent les cervelles, je ne ferais qu'opposer un système de slogans rhinocériques à un autre système de slogans rhinocériques. Il fut un temps où, lorsqu'on prononçait le mot « juif » ou « bolchevique », les gens se précipitaient tête baissée pour tuer le juif, le bolchevique et tous ceux qui étaient accusés de pactiser avec le juif ou le bolchevique. Si on prononce aujourd'hui le mot « bourgeois » ou, de par le monde, « capitaliste impérialiste » tout le monde se précipite pour tuer ce bourgeois ou ce capitaliste, avec la même sottise et le même aveuglement, sans savoir ni ce qu'il y a derrière ce mot injurieux, ni pourquoi ce mot injurieux a été lancé, sans connaître non plus quelles sont les personnes, et les raisons secrètes de ces personnes qui veulent faire des autres les instruments de leur monstrueuse fureur. Il me paraît ridicule de demander, à un auteur de pièces de théâtre, une bible ; la voie du salut ; il est ridicule de penser pour tout un monde et de donner à tout ce monde une philosophie automatique ; l'auteur dramatique pose des problèmes. Dans leur recueillement, dans leur solitude, les gens doivent y penser et tâcher de les résoudre pour eux en toute liberté ; une solution boiteuse trouvée par soi-même est infiniment plus valable qu'une idéologie toute faite qui empêche l'homme de penser.

D'ailleurs, moi, personnellement, j'ai ma solution : si je la donnais elle perdrait sa force, elle ne serait plus une clef, elle serait un passe-partout ; elle serait un système de slogans pouvant mener à une autre rhinocérite.

Un des grands critiques de New York se plaint que, après avoir détruit un conformisme, n'ayant rien mis à la place, je laisse ce critique et les spectateurs dans le vide. C'est bien ce que j'ai voulu faire. C'est de ce vide qu'un homme libre doit se tirer tout seul, par ses propres forces et non par la force des autres[1].

Arts (*1961*).

1. *Rhinocéros* a eu jusqu'à présent plus de mille représentations en Allemagne ; des centaines aux Amériques ; en France. De nombreuses autres en Angleterre, Italie, Pologne, Japon, Scandinavie, Tchécoslovaquie, Yougoslavie, Hollande, etc., etc. Le succès de cette pièce me stupéfie. Les gens la comprennent-ils comme il faut ? Y voient-ils le phénomène monstrueux de la « massification » ? En même temps qu'ils sont « massifiables », sont-ils aussi, et essentiellement, au fond d'eux-mêmes, tous, des individualistes, des âmes uniques ?

IV

Vouloir être de son temps c'est déjà être dépassé

NOTES SUR LE THÉATRE
ET PAGES DE JOURNAL

NOTES SUR LE THÉATRE

CERISY-LA-SALLE, AOUT 1953

Dans ce monde, parfois, je suis comme au spectacle ; ce sont des moments rares, bien entendu, de quiétude. Tout ce qui m'entoure est spectacle. Spectacle incompréhensible. Spectacle de formes, de figures en mouvement, de lignes de force s'opposant, s'entre-déchirant, se nouant, se dénouant. Quelle étrange machinerie! Non pas tragique, mais stupéfiante. L'étonnement est mon sentiment fondamental du monde. Pas tragique, bien, bien ; peut-être comique, étrangement comique, certainement, dérisoire, ce monde. Tout de même, à le contempler plus longtemps, je me sens pris d'une certaine douleur, d'un déchirement. Cette douleur elle-même m'étonne; ce déchirement lui-même plonge dans l'étrange. Infiniment surpris que des choses existent, et des événements et des passions, et des couleurs et des douleurs et de la nuit et du jour pourtant précaires, transparents, insaisissables : fruit du néant. Et toutes ces figures qui bougent s'entre-heurtent pour se détruire réciproquement.

Je regarde autour de moi, je regarde en moi, je murmure : cela n'est pas possible, cela est trop invraisemblable, ce n'est pas vrai, cela ne peut pas durer. Cela ne durera pas, en effet. C'est comme si j'assistais à la désintégration de ce complexe de mouvements, de figures, de ces semblants d'êtres et de choses. En écrivant des pièces de théâtre, j'ai l'impression que je contribue à l'accélération du processus de désintégration. Car tout ceci est devenu pour moi une obsession pénible. Je voudrais me débarrasser, une fois, de ce monde de rêve, de ce rêve d'un monde qui fait que finalement mon étonnement se fatigue, s'évanouit dans l'habituel et que j'atteins l'ennui, l'inquiétude, l'accablement.

Il m'arrive, parfois, d'aimer l'existence, le monde. J'y découvre de la beauté. Je crois y découvrir la Beauté, je m'y attache.

Je participe, sinon à telle ou telle de ses passions, du moins à l'ensemble du dynamisme de l'existence, je suis pris dans le mouvement, je me laisse faire, je suis comme enveloppé par l'univers insolite et attrayant, le halo de la création. L'incompréhensible, vaporeux spectacle, m'entoure de tous les côtés.

... A vrai dire, j'aime cela de moins en moins, cela me fatigue de plus en plus. Je sens quelquefois le besoin de palper quelque chose de solide ; lorsqu'on me heurte, qu'on me blesse, il me semble qu'il y a vraiment quelque chose. Pourtant je sais que tout n'est qu'évanescence, tout va vers la dissolution, je meurs moi-même, rien de rien ne reste. Réapparaîtront d'autres fruits du néant, d'autres fleurs du rien, d'autres vapeurs de monde, mouvements, figures, couleurs, sans raison, privés d'appui.

Rien n'est atroce, tout est atroce. Rien n'est comique. Tout est tragique. Rien n'est tragique, tout est comique, tout est réel, irréel, impossible, concevable, inconcevable. Tout est lourd, tout est léger...

On a dit que j'étais un écrivain de l'absurde ; il y a des mots comme ça qui courent les rues, c'est un mot à la mode qui ne le sera plus. En tout cas, il est dès maintenant assez vague pour ne plus rien vouloir dire et pour tout définir facilement. Si je ne suis pas oublié, dans quelque temps, il y aura un autre mot courant les rues, un autre mot reçu, pour me définir moi et d'autres, sans nous définir.

En réalité l'existence du monde me semble non pas absurde mais incroyable, mais à l'intérieur de l'existence et du monde on peut y voir clair, découvrir des lois, établir des règles « raisonnables ». L'incompréhensible n'apparaît que lorsqu'on remonte vers les sources de l'existence ; lorsqu'on s'installe en marge et qu'on la regarde dans son ensemble.

NOTES SUR LE THÉATRE, 1953

Le drame, pur, disons l'action tragique est donc bien ceci : une action prototype, une action modèle de caractère universel, dans laquelle se reconnaissent et viennent se fondre les histoires, les actions particulières appartenant à la catégorie de l'action modèle jouée. (L'universalité ou la permanence est niée à notre époque héraclito-hégéliano-marxiste. Je suis convaincu pourtant que par réaction à notre époque, comme cela se produit normalement, une nouvelle période avec une nouvelle mode intellectuelle viendra réhabiliter, un de ces jours, les idées universelles.)

Je voudrais pouvoir, quelquefois, pour ma part, dépouiller l'action théâtrale de tout ce qu'elle a de particulier ; son intrigue, les traits accidentels de ses personnages, leurs noms, leur appartenance sociale, leur cadre historique, les raisons apparentes du conflit dramatique, toutes justifications, toutes explications, toute la logique du conflit. Le conflit existerait, autrement il n'y aurait pas théâtre, mais on n'en connaîtrait pas la raison. On peut parler de dramatisme, à propos de peinture, d'œuvres figuratives comme celle de Van Gogh, ou d'œuvres non figuratives. Ce dramatisme résulte tout simplement d'une opposition de formes, de lignes, d'antagonismes abstraits, sans motivations psychologiques. On parle du dramatisme d'une œuvre musicale. On dit aussi qu'un phénomène naturel (orage) ou un paysage est dramatique. La grandeur et la vérité de ce dramatisme résident dans le fait qu'il n'est pas explicable. Au théâtre on veut motiver. Et dans le théâtre d'aujourd'hui on veut le faire de plus en plus. De cette façon on le rabaisse.

Avec des chœurs parlés et un mime central, soliste (peut-être assisté de deux ou trois autres au plus), on arriverait par des gestes exemplaires, quelques paroles et des mouvements purs, à exprimer le conflit pur, le drame pur, dans sa vérité essentielle, l'état existentiel même, son auto-déchirement et ses déchirements perpétuels : réalité pure, a-logique, a-psychologique (au-delà de ce qu'on appelle aujourd'hui absurde et non-absurde), des pulsions, impulsions, expulsions.

Mais comment arriver à représenter le non-représentable ? Comment figurer le non-figuratif, non figurer le figuratif ?

C'est bien difficile. Tâchons au moins de « particulariser » le moins possible, de désincarner le plus possible ou, alors, faire autre chose : inventer l'événement unique, sans rapports, sans ressemblances avec aucun autre événement ; créer un univers irremplaçable, étranger à tout autre, un nouveau cosmos dans le cosmos, avec ses lois et concordances propres, un langage qui ne serait qu'à lui : un monde qui ne serait que *le mien*, irréductible, mais finissant par se communiquer, se substituer à l'autre, avec lequel les autres s'identifieraient (je crains que cela ne soit pas possible).

Il est vrai cependant que le moi absolu c'est l'universel.

Surtout ne faire aucun effort dans le but de réaliser ce qu'on appelle un théâtre populaire. Le théâtre « populaire » est à rejeter au même titre que le théâtre dit « bourgeois » ou de « boulevard ». Pourquoi ? Parce que aussi bien le théâtre « bourgeois » que le théâtre « populaire » sont des théâtres non populaires. L'un et l'autre sont également coupés des sources profondes de l'âme humaine. L'un et l'autre sont les produits de gens vivant retranchés dans leur petit monde, prisonniers de leurs obsessions idéologiques qui n'expriment que leur propre schizophrénie et qu'ils prennent pour des vérités fondamentales devant être absolument enseignées au monde entier. En réalité, leur théâtre populaire est un théâtre d'édification et d'éducation politique.

Le théâtre de boulevard que l'on accuse d'être bourgeois, c'est-à-dire, celui d'une minorité, est pourtant spontanément et curieusement aimé par le grand public de toutes les classes.

Une pièce de boulevard plaît au banquier, au fonctionnaire, au petit employé, à ma concierge, à l'ouvrier, etc.

Je suis pour un anti-théâtre, dans la mesure ou l'anti-théâtre serait un théâtre anti-bourgeois et anti-populaire (si l'on entend par théâtre anti-populaire, le théâtre didactique dont nous venons de parler). Vouloir délibérément rendre le théâtre populaire c'est en somme, le trivialiser, le simplifier, le rendre rudimentaire. Le théâtre bourgeois est lui aussi un théâtre trivial et simpliste... parce que « populaire ».

Mais un théâtre issu du « peuple » c'est-à-dire des profondeurs extra-sociales de l'esprit, ne serait admis dans l'état d'esprit actuel, ni par les bourgeois, ni par les socialistes, ni par les intellectuels qui pullulent dans les cafés de Saint-Germain-des-Prés et dans les salles de rédaction.

Il nous faudrait un théâtre mythique : celui-là serait universel. Le théâtre d'idées est aussi, malgré lui, un théâtre de mythes... mais dégradés : des idées qui ne sont pas l'Idée.

Le théâtre vraiment issu de l'âme populaire serait primitif, riche ; le théâtre pseudo-populaire, didactique, n'est que primaire, alphabétique. Je suis pour un théâtre primitif, contre un théâtre primaire.

Tout le monde n'arrive évidemment pas à écrire pour tout le monde. On n'arrive pas aisément aux sources communes, universelles, de l'esprit. Il faut écrire pour soi, c'est ainsi que l'on peut arriver aux autres.

AUTRES NOTES

On a dit, avec raison, que le théâtre est en retard sur les autres manifestations littéraires et artistiques de notre temps ; la littérature et l'art modernes ne sont ce qu'ils sont que pour s'être engagés sur des voies étroites, pour être faits par des spécialistes pour des spécialistes, ou amateurs très éclairés ; il y a un monde des lettres comme il y a un monde de philatélistes, de numismates, de mathématiciens, etc. Albert Thibaudet disait bien que le cercle de la littérature est aussi restreint que celui des mathémathiques. Le théâtre non plus (d'autant plus qu'il est en retard) ne peut rebrousser chemin. Le sens de son évolution *ne peut* être autre (sous peine de dégradation) que celui de la voie étroite suivie par la poésie, la peinture, la musique actuelles. Béla Bartok, Schœnberg n'ont pas écrit de musique pour la place Pigalle, accessible aux midinettes ; ils ont laissé ce travail aux Charles Trenet ; Picasso, les peintres abstraits, non plus, ne sont accessibles pour le moment ni aux hommes d'affaires, ni aux midinettes, ni aux épiciers, ni aux petits bourgeois communistes ou anticommunistes ; ni aux grossiers, rusés et sots adjudants et dictateurs ; Henri Michaux ne peut faire des poèmes à mettre en musique par les mêmes Trenet, etc. Personne n'est à mépriser. Bien entendu, bien entendu. Il y a alors tout simplement un problème d'initiation philosophique, mathématique, musicale, plastique, littéraire, etc.

Il n'y a pas de barrières infranchissables dues à des mentalités différentes, il n'y a pas de séparations réelles : le théâtre bourgeois est plus populaire que le théâtre « populaire » fabriqué par des intellectuels ou demi-intellectuels. Un match de football passionne le crémier, l'ouvrier et le ministre des finances. L'initiation y est facile. Mais il n'y a pas une classe de « footballeurs ». Il n'y a pas non plus une « classe » d'amateurs bourgeois de l'art bourgeois. Simplement des gens initiés, qui ont la possibilité d'apprécier ce que n'importe quel esprit normal pourrait apprécier dans la mesure où il est cultivé.

Il devrait y avoir différentes catégories de théâtre, bien distinctes, réglementées par le Ministère des Beaux-Arts ou par la Préfecture de Police pour les différentes sortes de public, avec des pancartes à l'entrée : catégories A, B, C, D, etc.

Ce que je reproche aux Brechtiens c'est qu'ils sont des terroristes.

Je pense que plusieurs sortes de théâtre peuvent coexister et que l'unité stylistique d'une époque résulte de la somme de ses contradictions et de sa variété.

On peut avoir, on devrait avoir des théâtres de deux mille ou même quarante mille places pour les gens non éclairés. Ce serait un théâtre de patronage, allant de Brecht au scoutisme. Ou autre chose : des arènes avec des courses de chevaux, de chiens, de taureaux, de gladiateurs, satisfaisant à la fois le chef d'État, le savant et l'ignorant.

On pourrait aussi avoir des théâtres de cinq cents à mille places pour un public initié au théâtre, initié moyennement, pouvant aimer Shakespeare, Molière, Ibsen, mais ne s'intéressant pas aux « expériences ».

On peut avoir enfin des théâtres de cinquante à cent places qui seraient destinés aux spécialistes ou demi-spécialistes des expériences dramatiques.

Le tragique : lorsque dans une situation exemplaire tout le destin humain se joue (avec ou sans transcendance divine).

Le drame : cas particulier, conditions particulières, destin particulier.

Le tragique : destin général ou collectif ; révélation de « la condition humaine ».

Je participe au drame : j'y vois reflété *mon* cas (ce qui arrive de douloureux sur scène peut m'arriver).

Tragédie : ce qui est sur scène peut *nous* arriver. Cela peut *nous* (et non plus *me*) concerner.

Le théâtre peut être le lieu où il semble que quelque chose se passe.

La présence des gens m'était devenue insupportable. Horreur de les entendre ; pénible de leur parler ; atroce d'avoir affaire à eux ou de les sentir dans les parages. A les voir suer, s'empresser, se ruer, ou s'amuser stupidement, ou jouer à la belote ou aux boules, j'en étais devenu malade. Et leurs engins, leurs engins : gros camions, motocyclettes, moteurs de toutes sortes, appareils électriques, ascenseurs, aspirateurs mêlés à leurs aspirations et leurs expirations, c'était le comble, c'était le comble : c'est de l'insolite brutal.

Le monde devrait m'intéresser moins. En réalité j'en suis obsédé. Ceux qui se proclament les amis des hommes sont en réalité des gens indifférents, détachés, et ils ne les aiment que dans l'abstrait.

Ah! si les hommes étaient des ânes ou des bœufs,

ils ne m'agaceraient pas! Je voudrais être le seul homme entouré d'une multitude d'ânes et de bœufs. Ah! si cela était possible!

Regardez ces jeunes. Ce sont exactement les jeunes du temps où j'étais jeune. Ils s'amusent tous de la même façon, exactement, depuis des siècles et des siècles : les mêmes chahuts, les mêmes mots d'esprit, la même insolence, la même fatuité, la même folie à laquelle succédera le même sagesse des gens mûrs depuis des siècles. Un beau jour ils vieilliront de la même façon avec la même révolte ou la même résignation, ou la même façon de ne pas s'en rendre compte, que les jeunes qui ont vieilli dans les générations précédentes. Les mêmes tics, les mêmes violences : je n'ai jamais aimé les jeunes, ni les vieux.

Ce n'est plus l'archétype, c'est le stéréotype, la série. L'insolite devient ennuyeux, épouvantable : il ne peut plus être que réaliste, un cauchemar réaliste.

THÉATRE DU DEDANS

Sur un programme à l'occasion d'une reprise de Victimes du Devoir *au Théâtre de Babylone* (1954).

Je ne plaide pas, je n'accuse pas, je crois que le théâtre dirigé en vue d'un but extérieur à lui-même, ne touche que la partie la plus superficielle de l'être humain. Je crois que l'épaisseur sociale, la pensée discursive cache l'homme à lui-même, le sépare de ses désirs les plus refoulés, de ses besoins les plus essentiels, de ses mythes, de son angoisse authentique, de sa réalité la plus secrète, de son rêve. Tout théâtre asservi à une cause quelconque dépérit au moment où se révèle l'inanité de l'idéologie qu'il représente.

Aucune obligation, aucune contrainte du dehors ne m'empêchera, un matin de juin, de me trouver seul, face à la création, dans une conscience renouvelée de l'étonnement d'être.

J'attends que la beauté vienne un jour illuminer, rendre transparents les murs sordides de ma prison quotidienne. Mes chaînes sont la laideur, la tristesse, la misère, la vieillesse et la mort. Quelle révolution pourrait m'en délivrer ?

Ce n'est que lorsque le mystère de mon existence ne m'inquiétera plus qu'il me restera un peu de loisir pour régler mes différends avec mes compagnons du voyage.

FRAGMENT D'UNE LETTRE, 1957

Il y a sept ans que l'on a joué ma première pièce, à Paris. Ce fut un petit insuccès, un médiocre scandale. A ma deuxième pièce, l'insuccès fut déjà un petit peu plus grand, le scandale légèrement plus important. C'est en 1952, avec *Les Chaises*, que les choses commencèrent à prendre de l'ampleur : huit personnes, mécontentes, assistaient tous les soirs au spectacle, mais le bruit que faisait cette pièce était déjà entendu par un nombre bien plus grand de gens, à Paris, en France, jusqu'aux frontières allemandes. A mes troisième, quatrième, cinquième... huitième spectacles, les échecs grandissaient, à pas de géant, les protestations passèrent la Manche, franchirent les Pyrénées, s'étendirent en Allemagne, passèrent en Espagne et en Italie, par bateau en Angleterre. La quantité se transforme-t-elle en qualité ? Je le pense, puisque dix échecs sont devenus le succès aujourd'hui.

Si les insuccès continuent, ce sera vraiment le triomphe.

AUTRE FRAGMENT

J'ai déjà, derrière moi, un nombre assez grand de pièces de théâtre écrites et jouées : un monde, des mondes, des personnages. Je voudrais en faire d'autres encore. C'est, pour moi, la joie la plus grande, peut-être la seule. J'ai pris goût à « écrire ». Comme c'est curieux. Mélange de corvée et de plaisir. Ce n'est pas une évasion que d'écrire, que de faire des pièces : mais le bonheur de créer. Mon univers est frais, pour le moment. Il est vivant. A un moment donné il ne dira, bien sûr, plus rien. Il sera ou archi-connu, ou desséché, desséché comme les feuilles mortes. Il est si fragile ; il est évanescent. Mais l'Univers du Bon Dieu Lui-Même est fragile, évanescent. Cela n'empêche pas le Bon Dieu de créer des Univers voués à la disparition ; ou, plutôt à la ré-inhibition ! Si Lui fait de tels univers — moi aussi j'ai raison d'en faire pour moi ! Je ne sais, pourtant je me dis, je commence à croire, qu'avoir fait des œuvres — c'est avoir fait mon devoir. Je ne sais pourquoi, mais je commence à me dire cela. Que mes œuvres aient ou non une grande valeur, cela n'entre pas en ligne de compte. Elles sont ce qu'elles sont, mais elles sont.

AUTRES NOTES

Du moment que l'on peut affirmer d'une œuvre d'art, d'un événement, d'un système politique ou économique qu'il est aussi bien ceci ou cela, du moment que plusieurs (c'est le cas) interprétations peuvent coexister, qu'elles peuvent toutes recouvrir à peu près les faits d'une façon valable pour notre entendement ; du moment que Hegel ou Spengler, ou Marx, ou Toynbee, ou René Guénon, ou la théologie, ou la psychanalyse ou Lupasco m'expliquent l'histoire d'une façon satisfaisante, si je suis objectif ; du moment qu'aucune idéologie n'est contraignante, convaincante ; du moment que toute idéologie n'est en somme qu'une affaire de choix et que le choix peut être déraisonnable et que le raisonnable lui-même peut se tromper, toutes les pensées, toutes les idéologies s'annulent les unes les autres

Mais alors ? qu'est-ce qui peut nous offrir une image « vraie » de l'univers ? Eh bien, l'art et la science.

Très peu de personnes « pensent » : très peu par nation. Et encore, ces penseurs étant tenus à l'écart des hauts secrets de la politique aussi bien que des hauts secrets de la science et de la recherche, à l'écart aussi des hauts secrets de la police et de ceux qui dirigent secrètement les propagandes, ces penseurs sont des journalistes ou des marionnettes. Des mots d'ordre sont lancés : à partir d'endroits cachés où quelques initiés ont discuté l'affaire : coexistence, conflit évitable ou inévitable, paix, agression, impérialisme ou le contraire. Immédiatement, les « penseurs » s'emparent de ces mots, s'excitent, idéologisent. Et à la suite de ces quelques penseurs des peuplades entières, plus ou moins primitives d'intellectuels et d'artistes leur font confiance, répètent leurs dires, les suivent, ne remettent pas en question. Ce sont des perroquets. Les premiers étaient des marionnettes.

En somme toute idéologie peut être adoptée puisqu'elle n'est jamais infirmée par les faits. Elle n'est pas vraiment confirmée non plus, d'ailleurs. Elle est toujours discutable. Une idéologie est un système d'hypothèses ou d'aperçus, invérifiables ou toujours vérifiables, selon qu'on est, passionnément, donc obscurément et de tout son être, pour ou contre cette idéologie. Le savant, lui, est obligé de chercher, de rechercher, d'expérimenter, de se soumettre à la vérification objective. Les faits l'infirment ou le confirment. Il doit toujours (se) ré-examiner. Il est forcé d'être objectif.

Mais un idéologuâtre n'est soumis à aucune contrainte précise, effective, il peut dire tout ce qu'il veut, il peut tout affirmer, il peut tout justifier et nous prouver que tout entre dans son système. Tout semble entrer, en effet, dans tout système.

Je ne suis pas un idéologuâtre, car je suis de bonne foi, je suis objectif. Je suis artiste, créateur de personnages : mes personnages ne peuvent pas mentir, ils ne peuvent être que ce qu'ils sont. Ils voudraient bien mentir, mais ils ne le peuvent vraiment pas : car s'ils mentent on s'en aperçoit ; car ils devraient mentir au su et au vu du public. L'art ne ment pas. L'art est vrai. (Même le mensonge, dans l'art, est révélateur. Chez l'idéologue il masque les complexes de celui-ci.)

L'œuvre d'art n'est pas le reflet, *l'image* du monde ; mais elle est *à l'image du monde.*

J'ai toujours été obsédé par la mort. Depuis l'âge de quatre ans, depuis que j'ai su que j'allais mourir, l'angoisse ne m'a plus quitté. C'est comme si j'avais compris tout d'un coup qu'il n'y avait rien à faire pour y échapper et qu'il n'y avait plus rien à faire dans la vie.

Par ailleurs, j'ai toujours eu l'impression d'une impossibilité de communiquer, d'un isolement, d'un encerclement ; j'écris pour lutter contre cet encerclement ; j'écris aussi pour crier ma peur de mourir, mon humiliation de mourir. Ce n'est pas absurde de vivre pour mourir, c'est ainsi. Ces angoisses ne peuvent être taxées de bourgeoises ou d'anti-bourgeoises, elles viennent de trop loin.

Le plus souvent mes personnages disent des choses très plates parce que la banalité est le symptôme de la non-communication. Derrière les clichés, l'homme se cache.

Robert Kanters constate qu'il y a deux langages de théâtre chez moi : « les mots qui sont des phrases toutes faites, des choses simples et quelque chose de très extraordinaire, au bord du fantastique ou même tout à fait fantastique ».

En effet, un état vrai derrière des mots faux, et authentiques, non révélateurs, c'est la folie. C'est comme s'il y avait une réalité fondamentale qui ne peut s'exprimer que dans le langage parlé, qui coexiste avec le texte ou le désarticule.

J'ai été étonné de voir qu'il y avait une grande

ressemblance entre Feydeau et moi... pas dans les thèmes, pas dans les sujets ; mais dans le rythme et la structure des pièces. Dans l'ordonnancement d'une pièce comme *La Puce à l'oreille*, par exemple, il y a une sorte d'accélération vertigineuse dans le mouvement, une progression dans la folie ; je crois y voir mon obsession de la prolifération. Le comique est peut-être là, dans cette progression déséquilibrée, désordonnée du mouvement. Il y a une progression dans le drame, dans la tragédie, une sorte d'accumulation des effets. Dans le drame, la progression est plus lente, mieux freinée, mieux dirigée. Dans la comédie, le mouvement a l'air d'échapper à l'auteur. Il ne mène plus la machinerie, il est mené par elle. Peut-être c'est là que réside la différence. Le comique et le tragique.

Prenez une tragédie, précipitez le mouvement, vous aurez une pièce comique : videz les personnages de tout contenu psychologique, vous aurez encore une pièce comique ; faites de vos personnages des gens uniquement sociaux, pris dans la « vérité » et la machinerie sociales, vous aurez de nouveau une pièce comique... tragi-comique.

NOTES RÉCENTES

Certains critiques m'accusent de défendre un humanisme abstrait, l'homme de nulle part. En réalité je suis pour l'homme de partout ; pour mon ennemi comme pour mon ami. L'homme de partout est l'homme concret. L'homme abstrait, c'est l'homme des idéologies : l'homme des idéologies qui n'existe pas. La condition essentielle de l'homme n'est pas sa condition de citoyen, mais sa condition de mortel. Lorsque je parle de la mort, tout le monde me comprend. La mort n'est ni bourgeoise ni socialiste. Ce qui vient du plus profond de moi-même, mon angoisse la plus profonde est la chose la plus *populaire.*

Bernard Dort dans son livre sur Brecht constate que les théories brechtiennes s'étendent aussi au cinéma. Ce brechtianisme est, dit-il, une épidémie mais qui est hygiénique. Ce jeune critique délirant parle exactement comme mon personnage Dudard qui à propos du rhinocérisme déclarait qu'il y a des maladies qui sont saines.

La déchéance universelle est niée par la création scientifique ou artistique, même si, dans cette dernière, on nous présente l'image de la décadence ou la réalité du marasme : en prendre conscience, c'est déjà la dépasser.

Connaissance et création, imitation et invention, réel et imaginaire se rejoignent, se confondent.

L'œuvre d'art que nous mettons au monde était déjà, virtuellement en nous.

Elle n'a fait que guetter l'occasion de surgir.

Un autre genre de théâtre est encore possible. D'une force, d'une richesse plus grandes. Un théâtre non pas symboliste, mais symbolique; non pas allégorique, mais mythique ; ayant sa source dans nos angoisses éternelles ; un théâtre où l'invisible devient visible, où l'idée se fait image concrète, réalité, où le problème prend chair ; où l'angoisse est là, évidence vivante, énorme ; théâtre qui aveuglerait les sociologues, mais qui donnerait à penser, à vivre au savant, dans ce qui n'est pas savant en lui ; à l'homme commun, par-delà son ignorance.

Je dois pourtant avouer qu'il me semble constater qu'une chose assez étrange se passe de nos jours, — au sujet des œuvres littéraires et dramatiques. J'ai bien l'impression que la discussion porte rarement sur l'œuvre même, elle porte surtout à côté. C'est comme si l'œuvre n'intéressait que dans la mesure où elle est prétexte à discussion. On demande donc d'abord à un auteur de s'expliquer sur ses pièces de théâtre, — et ses explications semblent passionner davantage que l'œuvre qui est ce qu'elle est, qui doit s'expliquer par elle-même : c'est donc à ceux qui lisent ou voient une pièce de théâtre de l'expliquer, — à partir de la pièce elle-même. Et y revenir. Éviter les commentaires ou se demander quelle est l'intention secrète du commentaire des commentateurs. On peut comme je le disais, demander à l'auteur des informations de détail sur ce qu'il a écrit, — mais cela en somme est le signe soit d'une certaine insuffisance de l'œuvre, soit de l'incapacité de compréhension de ses lecteurs ou spectateurs. En réalité, — on veut en savoir plus ; ou savoir autre chose.

Tout le monde veut recueillir des confidences ; ou des aveux forcés. On ne croit pas aux aveux spontanés qui sont vrais.

SUR LA CRISE DU THÉATRE

La crise du théâtre existe-t-elle ? Elle finira par exister, si l'on continue d'en parler. On pense qu'un théâtre ne peut pas exister dans une société divisée. Il ne peut exister que dans une société divisée. Il ne peut exister que lorsqu'il y a conflit, divorce avec mes administrateurs ou mes administrés (ce qui dépasse la notion des classes sociales), ma femme ou mon amante, mes enfants et moi, moi et mon ami, moi et moi-même. Il y aura toujours division et antagonismes. C'est-à-dire il y aura division tant qu'il y aura vie. L'univers est en crise perpétuelle. Sans la crise, sans la menace de mort, il n'y a que la mort. Donc : il y a crise au théâtre seulement lorsque le théâtre n'exprime pas la crise.

Il y a crise de théâtre lorsqu'il y a immobilité, refus de recherche ; pensée morte, c'est-à-dire dirigée. Deux dirigismes nous menacent : le dirigisme passif, celui de la routine. Le dirigisme actif ou doctrinaire, apparemment mobile, déjà automatique.

LE SOUS-RÉEL EST RÉALISTE

Pourtant, l'espace est immense à l'intérieur de nous-même. Qui ose s'y aventurer ? Il nous faut des explorateurs, des découvreurs de mondes inconnus qui sont en nous, qui sont à découvrir en nous.

Les adjudants de droite, de gauche, veulent vous donner mauvaise conscience de jouer, c'est à eux d'avoir mauvaise conscience de tuer l'esprit par l'ennui. Tout est politique, nous dit-on? En un sens, oui. Mais tout n'est pas de la politique. La politique professionnelle détruit les rapports normaux entre les gens, elle aliène ; l'engagement ampute l'homme. Les Sartre sont les véritables aliénateurs des esprits.

Ce n'est que pour les faibles d'esprit que l'Histoire a toujours raison. Dès qu'une idéologie devient dominante, c'est qu'elle a tort.

L'avant-garde ne peut plaire ni à droite ni à gauche puisqu'elle est anti-bourgeoise. Les sociétés figées ou en train de se figer ne peuvent l'admettre. Le théâtre de Brecht est un théâtre qui achève d'installer les mythes d'une religion dominante défendue par les inquisiteurs et qui est en pleine période de fixation.

Il faut aller au théâtre comme on va à un match de football, de boxe, de tennis. Le match nous donne en effet l'idée la plus exacte de ce qu'est le théâtre à l'état pur : antagonismes en présence, oppositions dynamiques, heurts sans raison de volontés contraires.

Thèse abstraite contre antithèse abstraite, sans synthèses : l'un des adversaires a complètement détruit l'autre, l'une des forces a chassé l'autre ou bien elles coexistent sans se réunir.

BLOC-NOTES

Lundi.

Mes contemporains m'agacent. Je déteste mon voisin de droite, je déteste celui qui est à ma gauche. Je déteste surtout celui de l'étage du dessus. Autant, d'ailleurs, que celui du rez-de-chaussée. (Tiens, c'est moi qui habite au rez-de-chaussée.) Tout le monde a tort. J'envie les contemporains des gens qui vivaient il y a deux siècles... Non : ils sont encore trop près de nous. Je ne pardonne qu'à ceux qui vivaient bien avant Jésus-Christ.

Et pourtant, lorsque mes contemporains meurent, j'en ressens une peine énorme. Une peine ? Une peur plutôt, une frayeur immense. C'est compréhensible. Je me sens de plus en plus seul. Que puis-je faire sans eux ? Que vais-je faire parmi « les autres » ? Pourquoi « les autres » ne sont-ils pas morts à leur place ? Je voudrais décider moi-même. Choisir ceux qui doivent rester.

Mardi.

Au téléphone : « Oh, ma chère, vous êtes donc à Paris ?... Quelle surprise, quelle merveilleuse surprise !... Nous sommes si heureux de vous revoir... il y a si longtemps... comme les années passent... ça fait si longtemps... Mais oui, mon mari est là... Le petit a grandi. Et les vôtres ?... Vous n'êtes pas loin d'ici ?... On vous attend. Mais venez... venez vite... Décommandez... Nous décommandons... Rien d'important, aujourd'hui, en dehors de vous... Comme vous nous avez manqué ces dernières années. On ne pouvait pas tout vous dire par lettres... oh, nous sommes si contents, vous savez, nous sommes tellement contents... Nous avons tellement de choses à nous dire! Tellement de choses!... »

Elle arrive avec lui. Effusions. Au bout d'une minute, on s'ennuie, on s'ennuie!... Et on a raté tous les rendez-vous de la journée... qui étaient intéressants.

On voudrait pouvoir lire ce fait divers dans le journal : l'avion qui transportait X... et sa famille s'est écrasé au sol. Les personnes susdites s'élevant au-dessus des décombres de l'appareil sont remontées au ciel. En attendant de leur trouver un logement définitif, on peut envoyer tout courrier, à leur nom, poste restante, numéro...

Les enfants de X..., qui préparent le baccalauréat, poursuivront leurs études par correspondance.

Mercredi.

L'histoire me paraît être une suite ininterrompue d'aberrations. Elle est ce qui s'oppose aux « vérités ». Dès qu'une idée, une intention consciente veut se réaliser historiquement, elle s'incarne en son contraire, elle est monstrueuse. Les contradictions historiques et sociales pourraient n'être que le reflet de celles qui s'établissent entre la pensée consciente et toutes les tendances obscures qui s'opposent à la réalisation de cette pensée, de cette idée. Est-ce l'homme qui se moque de lui-même? Est-ce un Dieu qui se moque de l'homme? Est-ce que toute conscience est hypocrite spontanément? Est-ce que l'homme déclare toujours vouloir faire le contraire de ce qu'il désire profondément, obscurément, mais vraiment faire, « l'idéologie » n'étant qu'un alibi de sa mauvaise foi ? Mais si l'on déclare vouloir telle chose, si on exprime une pensée, une intention, cela veut dire aussi qu'une partie de nous-mêmes a aussi vraiment cette intention, que nous sommes *sincèrement* nourris par notre idée, que nous y croyons malgré tout. Cependant, nous ne croyons croire qu'une partie de ce que nous croyons et ne vouloir qu'une partie de ce que nous voulons : le *vouloir obscur*, celui qui échappe à notre contrôle, semble être le plus puissant, le plus impérieux. C'est lui qui défigure, contredit l'intention clairement exprimée, c'est lui qui, finalement, l'emporte, c'est lui qui fait l'histoire. Comment prendre conscience de nos contradictions, les rendre au moins égales ? Il faudrait réaliser historiquement, au même moment, une sorte d'idée double, une intention et son contraire, savoir que lorsqu'on désire une chose, c'est aussi (et même surtout) son contraire que l'on désire ; et installer le tout dans sa contradiction interne vivante.

Quelques consciences individuelles constituent les garants d'une sorte de vérité. Laquelle ? Difficile à définir. En tout cas, de quelque chose qui s'oppose à l'histoire, de façon constante. La vérité pourrait être donc ce qui est contre l'histoire. Sa vérité ou son anti-vérité. Les quelques consciences individuelles tentent de rectifier les aberrations de l'histoire, que le grand nombre considère être justice et vérité. Le grand nombre aime admettre le fait acquis ; ils veulent arrêter, nier l'histoire, tout en se réclamant de l'histoire, faire qu'il n'y ait plus d'histoire. Mais la vérité historique étant aberration, il faut croire que toute vérité est trans-historique. Si on s'en tenait à l'histoire, il n'y aurait plus aucun point de repère, nous serions charriés au gré des flots « historiques », au hasard des vents et marées, sans direction : ou alors immobilisés dans l'histoire pétrifiée. Je crois, toutefois, qu'il y a une étoile polaire qui peut nous aider à nous orienter. Elle est bien au-dessus des flots.

Jeudi.

Curieux : ce sont les ennemis de l'histoire qui, finalement, la font. Les historicistes ne font que la justifier. Ils justifient toutes les erreurs. Où trouveraient-ils les modèles d'une vérité s'ils ne croyaient pas la trouver en eux-mêmes ? Regarder au-dehors, autour de soi ? Mais rien n'est autour de soi, sinon une erreur. N'avons-nous pas le sentiment que ce n'est pas cela, que l'on est à côté ?...

Vendredi.

Bon. On veut donc le contraire de ce qu'on veut. Il y a un vouloir et un anti-vouloir ; un vouloir-ceci, un anti-vouloir ceci. Cet anti-vouloir se révèle (car nous ne le connaissons pas, il est caché) dans l'expérience des faits ; dans la contradiction immédiate qu'il apporte.

Ainsi : la Révolution française déclarait vouloir établir (entre autres) l'égalité. Elle a fermement établi l'inégalité sociale.

Le tsar s'intitulait le « petit-père » du peuple : en fait, il était son bourreau.

Le christianisme voulait établir la charité, la paix. Il a renforcé la fureur, la guerre perpétuelle. Il a apporté de nouvelles raisons de haine.

Les révolutionnaires pensent vouloir abolir les classes : ils rétablissent une hiérarchie plus dure.

Samedi.

(Suite des contradictions).

Le peuple juif est le peuple « qui ne porte pas l'épée » ; il est le peuple de la non-violence, de la paix. On a donc accusé les juifs de fomenter les guerres. Ils ne veulent rien conquérir : on les a donc accusés de vouloir dominer le monde entier. Et les nazis et assimilés, qui les accusaient de vouloir la domination universelle, faisaient eux-mêmes, pour leur propre compte, profession d'impérialisme. Hitler déclarait vouloir conduire le peuple allemand au triomphe, à la conquête totale du monde, à la plus grande gloire : il l'a conduit, nous le savons, à la défaite, à la honte, à la mort. Ce qui est remarquable, c'est la précision, la sûreté avec laquelle il l'y a conduit : de main de maître! Pas un faux geste, pas une erreur, pas une seconde perdue : quelle extraordinaire habileté! On ne pouvait faire mieux. L'ennemi le plus acharné de l'Allemagne n'aurait pas aussi parfaitement réussi. Hitler a voulu ce qu'il ne voulait pas : sa volonté était dans sa contre-volonté ; son désir était son anti-désir.

Il est vrai aussi qu'il a voulu exterminer des peuples et des races humaines entières. Hélas, il y a presque réussi. Il n'avait pourtant jamais manifesté le désir de les sauver.

Sur le progrès : On dit que « ça » ne va pas. On admet que « ça » ne va pas. Pourtant (dit-on toujours), cela va mieux qu'avant et cela ira mieux demain. En réalité, il est tout à fait évident que « ça » va de plus en plus mal ; que la condition humaine est de plus en plus difficile à supporter ; que, depuis quelque temps surtout, les dangers sont de plus en plus graves et que jamais, comme aujourd'hui, la vie universelle n'a été si menacée ; la science, il est évident, qui devait apporter la sécurité et le bonheur, nous a apporté l'insécurité, des angoisses supplémentaires, que nul homme n'aurait jamais pu imaginer. Du temps des patriarches, cela allait « presque » bien. En tout cas, moins mal. Beaucoup mieux qu'aujourd'hui, c'est certain. Car, aujourd'hui, « ça » va on ne peut plus mal : il n'y a qu'à jeter un coup d'œil autour de nous. Ne nous laissons pas tromper par nos rêves, par notre propre désir d'être dupes, et regardons bien, par-delà les pensées établies et les doctrines : « ça » va *de plus en plus* mal... Je sais : plus « ça » va mal, plus on dira que « ça » va mieux. « ça va tout de même un petit peu mieux », « ça va toujours de mieux en mieux... » et, de mieux en mieux, nous arriverons au pire. Si on dit que « ça » va tout de même mieux, c'est, indiscutablement, que ça ne peut aller que de plus en plus mal.

On dit que X... se repose. Cela veut dire aussi que X... dort.

Puis on dira : le cimetière où il repose.

Je ne comprends pas du tout pourquoi on a supprimé le personnel « se ». Pourquoi ? Pourquoi ? Oui, pourquoi ? Pourquoi ?

Deux catégories de gens : *a*) ceux qui donnent toujours raison au plus fort : c'est la catégorie de la majorité des gens. (Donner raison au plus fort, c'est donner raison à l'histoire ; donner raison au plus fort, c'est aussi donner raison à celui ou à ce qui sera, estime-t-on, le plus fort prochainement) ; *b*) ceux qui donnent toujours tort au plus fort (tort à *l'histoire*). Cette catégorie est bien plus rare, inutile de le souligner.

Dimanche.

Je pense à Boris Vian ; à Gérard Philipe. Je pense à Jean Wall. Je pense à Camus : j'ai à peine connu Camus. Je lui ai parlé une fois, deux fois. Pourtant, sa mort laisse en moi un vide énorme. Nous avions tellement *besoin* de ce juste. Il était, tout naturellement, dans la vérité. Il ne se laissait pas prendre par le courant ; il n'était pas une girouette ; il pouvait être un point de repère.

La mort d'Emmanuel Mounier, il y a dix ou douze ans, avait laissé en moi ce même vide. Quelle lucidité chez Mounier! (Plus philosophe que Camus.) Dans chaque chose, il savait démêler le vrai du faux, le bien du mauvais, il ne se laissait pas emporter non plus, lui, qui savait donner à chaque fait sa valeur exacte, sa place. Il dissociait, distinguait, intégrait tout.

Et puis je pense à Atlan qui vient de mourir. Un des plus grands peintres actuels. Tout le temps, « on devrait se voir, à très bientôt, sans faute ». On ne se verra plus. Je verrai ses tableaux, fugitivement encore ; il y sera.

J'ai peur de la mort. J'ai peur de mourir, sans doute, parce que, sans le savoir, je désire mourir. J'ai peur donc du désir que j'ai de mourir.

(*Arts, 1960.*)

AUTRES PAGES DE JOURNAL

Le mot de « révolution » est mal choisi par les révolutionnaires ». Il démasque, inconsciemment, l'action révolutionnaire, qui, elle-même, est synonyme de réaction puisque, étymologiquement, la révolution qui veut dire retour s'oppose à l'évolution. Pour moi, la révolution est la restauration d'une structure sociale ou d'État archétypique : autorité, voire tyrannie, hiérarchie, renforcement, sous une forme apparemment différente, des pouvoirs dirigeants ; réhabilitation d'une domination et d'un esprit de discipline qui s'étaient relâchés parce que le langage usé de l'élite d'hier ne pouvait plus les soutenir.

« Un Juif n'est pas un homme comme moi, disait le nazi. J'ai le droit de le tuer. » « Un nègre est un être inférieur ; en plus, il me menace, je dois le tuer ! » disait le raciste blanc — car, lorsqu'on veut tuer quelqu'un, on doit se déclarer en état de légitime défense. Pour les nègres, en certaines régions africaines, le colporteur blanc est l'incarnation du mal, du non humain, du diabolique. Il est à tuer. « Un bourgeois n'est pas vraiment un homme ; ou bien il est un homme mauvais ou dangereux : il est à abattre », disent les petits-penseurs, petits-bourgeois marxistes. Le bourgeois n'est-il pas, selon le marxisme, quelqu'un qui a perdu, en quelque sorte, son humanité ? M. Brecht prenait la chose au pied de la lettre : dans une de ses pièces, les tyrans sont des marionnettes géantes auxquelles on coupe la tête sereinement, car le sang ne coule pas des gorges en carton des marionnettes : tuons les bourgeois, n'ayez crainte, ils ne sentent rien. Le même auteur a voulu nous montrer, dans une autre pièce, qu'il est antinaturel qu'un homme d'une classe sociale inférieure éprouve de l'amitié pour un autre appartenant à une classe supérieure ; s'il a de l'amitié, il en crèvera, et ce sera bien fait pour lui. Les chrétiens ont cru qu'ils devaient tuer les païens et les hérétiques : parce qu'ils sont possédés par le Démon ; donc déshumanisés. Pour les musulmans enragés, les chrétiens, à leur tour, ne sont-ils pas des *chiens?* Et ainsi de suite. On a l'impression que, de tout temps, les religions, les idéologies, les systèmes de pensée de toutes sortes ont eu pour but unique de donner aux hommes les meilleures raisons de se mépriser réciproquement et de s'entre-tuer.

Aujourd'hui, évidemment, nous avons enfin réussi à « démystifier » les racismes et nous nous rendons compte que les nobles idéaux guerriers étaient tout simplement économiques. Que ferait-on s'il ne restait le *bourgeois* à tuer ; et le *petit bourgeois* à ridiculiser ? Et le petit bourgeois n'est pas un... « mythe », il n'est pas un leurre ; il n'est pas à démystifier, puisqu'il est lui-même... « démasqué ». Comment inventer un plus extraordinaire bouc émissaire ? Il est là, devant vous, à portée de la main, vous n'avez qu'à piquer dans le tas. Autrefois, hélas, n'importe qui n'était pas juif, n'était pas nègre. Il fallait trouver son juif, son nègre. Aujourd'hui, n'importe qui peut être accusé d'être un bourgeois ou un petit bourgeois, si ses idées ne sont pas exactement celles que vous voudriez, ou s'il vous déplaît : petit bourgeois, asocial, réactionnaire, mentalité bourgeoise, voici les nouvelles injures, les nouvelles mises au pilori. Et les accusateurs sont, le plus souvent, justement les petits bourgeois affolés. Par exemple : X. et Z., qui sont typiquement des petits bourgeois, teintés de lectures marxistes — car moi je crois au « petit bourgeois »... et le déteste...

Ce n'est pas ce que pensent les gens qui m'intéresse, mais de savoir pourquoi ils pensent ce qu'ils pensent, les raisons psychologiques, privées, qui les ont déterminés à adopter cette pensée ou cette autre. Le conditionnement subjectif est seul à être révélateur — et objectivement vrai. Leurs sentiments sont vrais ; leurs idées, je les suspecte. Derrière chaque pensée claire, derrière chaque comportement raisonnable, il y a une passion cachée.

La démystification est à la mode. Pourquoi ne démystifierons-nous pas ce qui reste à démystifier ?

Les « intellectuels », en réalité — tous ces *demi-intellectuels* qui s'agitent dans ce domaine aux frontières imprécises, à mi-chemin entre la philosophie et le journalisme, — sont une véritable plaie de l'intellectualité : aucun d'entre eux ne vaut le moindre pion de collège ; aucun, encore moins, ne vaut le plus petit chercheur de laboratoire. Et, cependant, les voici se démenant, se pavanant, discutaillant, écrivaillant de café en café, de salle de rédaction en salle de rédaction, petits bourgeois agités de la pensée, suiveurs voulant être suivis, crânes bourrés, bourreurs de crânes à leur tour, anti-conformistes conformistes, esprits confus se croyant lucides : ce sont les mouches du coche ; remorqués, ils voudraient remorquer eux aussi ; faibles et tyranniques, juges sans clairvoyance, ils jettent des blâmes, excommunient, veulent faire admettre une pensée pourtant instable car défaillante, dirigée sans même qu'ils s'en aperçoivent — et leur désir de domination « en esprit », « intellectuellement » et sous le couvert des meilleures raisons, est d'autant plus grand qu'ils sont eux-mêmes dominés, à la merci des quelques grands tyrans qui n'ont qu'à lever souverainement le petit doigt pour changer le cours des choses, la face de l'histoire, sans s'embarrasser de leurs conseils, des lois historiques établies, de leurs analyses bouleversées : le rôle des petits-intellectuels n'est-il pas de trouver de nouvelles justifications ?

Car il y a l'*histoire*, parmi les obsessions des demi-intellectuels : « être dans le courant de l'histoire ». L'histoire, qui était, récemment encore, la connaissance des événements du passé, est devenue science du présent et de l'avenir, technique des prophéties, Bible écrite et non écrite, Loi, Divinité, Mythe : et mythe d'autant plus puissant que les démystificateurs eux-mêmes non seulement le tolèrent, mais veulent nous l'infliger.

L'histoire est un mythe pour eux, justement

parce que les petits-intellectuels, impuissants rêvant la puissance, ne font pas l'histoire : même les justifications des événements ne sont pas inventées par eux. Un ou deux slogans, secrètement sécrétés par deux ou trois secrétaires anonymes des grands chefs, dans les bureaux fermés de propagande des gouvernements, ou d'autres organismes directeurs, sont lancés. Les petits-intellectuels les enregistrent, s'imaginent que cela vient d'eux-mêmes, les développent, en font des articles, des conférences, des cours, des livres, des doctrines. Ainsi se répandent les justifications, ainsi elles emplissent le monde, ainsi s'oublient leurs sources. Les mouches du coche peuvent donc tout de même servir.

Et l'histoire se fait, hors des lois : le chef d'État X. rencontre le chef d'État Z. qui rencontre le chef d'État W. qui voit le chef Y., et ainsi de suite. Ils décident de l'orientation générale de l' « histoire » entre eux. Nous ne dépendons que d'eux. Nous sommes à leur merci. La plupart sont des adjudants, à moitié ignorants, plus ou moins rustres et durs (à moins qu'ils ne soient trop fins — ce qui les rend faibles et mauvais chefs), qui n'ont pas le complexe de l'histoire comme les petits-intellectuels parce qu'ils sont vraiment puissants, eux, et créent les événements.

Certains des petits-intellectuels possédés par la *libido dominandi* se mêlent aussi de théâtre. Ils prônent un théâtre *didactique*, bien entendu, excellent moyen d'agir sur les autres, d'exercer une influence. Mais ces staliniens ou ces calvinistes n'écrivent pas eux-mêmes des pièces de théâtre : ils ne constituent qu'un groupe restreint de jeunes docteurs et de cuistres — avec leur revue, leur cercle, leurs débats, leurs entrées dans quelques autres publications. Ils n'aiment pas tellement une chose ou l'autre ; ils détestent, surtout, le « petit-bourgeois », bien entendu.

Ils ont défendu, pour les gagner à eux, et ont gagné à eux deux ou trois auteurs. Qui sont les « petits-bourgeois » ? Vous, moi, tous ceux qui, comme moi, ont refusé de se laisser faire et de faire leur jeu, malgré de pressantes propositions, et qui sont aussi les rivaux littéraires de ces deux ou trois auteurs. Sous le couvert d'une « noble idéologie » (qu'ils ont assimilée mais qui ne leur doit rien), il ne s'agit, dans le fond, que d'une mesquine rivalité littéraire chez ces auteurs qui peuvent se permettre de répudier tous les autres au nom de leur religion, à laquelle ils viennent, d'ailleurs, seulement de se convertir ; et, chez ces docteurs, de cette volonté de puissance dont nous avons parlé. Ces mêmes docteurs avaient également, au départ, pris ma défense, avec flamme : puis, comme je n'ai pas voulu me soumettre tout à fait et les suivre dans leurs ambitions éducatives, ils sont, brusquement, devenus mes ennemis acharnés. Il est vrai aussi que je les attaque. Ils s'imaginent alors que si je les répudie eux, les petits-intellectuels, ce sont *les intellectuels* que je conteste, car il ne peut y avoir, évidemment, d'autres incarnations qu'eux-mêmes de l'intellectualité, ils me traitent, publiquement, de « poujadiste », d'après le nom, je crois, d'un autre docteur dont les dogmes seraient différents des leurs.

Ah! si ces gens-là avaient le pouvoir, une fois dans leur vie : quels ravages, quel débordement de puissance, quels autodafés! Le théâtre d'éducation s'épanouirait officiellement... et qui dit éducation dit aussi « rééducation » pour ceux qui refusent d'être éduqués... la surveillance..., le bagne...

Rien à faire, quoi qu'il puisse arriver, je ne peux avoir l'immodestie de prétendre *éduquer* mes contemporains. Je n'enseigne pas, je témoigne ; je n'explique pas, je tâche de m'expliquer.

Je n'écris pas du théâtre pour raconter une histoire. Le théâtre ne peut être épique..., puisqu'il est dramatique. Pour moi, une pièce de théâtre ne consiste pas dans la description du déroulement de cette histoire : ce serait faire un roman ou du cinéma.

Une pièce de théâtre est une construction, constituée d'une série d'états de conscience, ou de situations, qui s'intensifient, se densifient, puis se nouent, soit pour se dénouer, soit pour finir dans un inextricable insoutenable.

Et pourquoi tout ce débat ?

Plus je vis, plus je me sens lié à la vie, évidemment. Je m'y enfonce de plus en plus, je suis accroché, englué, pris. Je mange, mange, mange : je me sens lourd, je m'endors dans l'épaisseur. Autrefois, j'étais une lame de couteau fendant le monde, traversant l'existence. L'univers ne me semble plus étonnant, insolite, inattendu, comme autrefois. Il me paraît tout à fait « naturel ». Que j'aurai du mal à m'en arracher ! Je m'y suis habitué ; habitué à vivre. De moins en moins préparé à mourir. Qu'il me sera pénible de me défaire de tous ces liens accumulés pendant toute une vie. Et je n'en ai plus pour trop longtemps, sans doute. La plus grande partie du trajet est parcourue. Je dois commencer dès maintenant à défaire, un à un, tous les nœuds.

L'existence est devenue un rêve, obsédant, permanent ; elle « fait vrai » ; elle semble réaliste. On rêve souvent lourdement, pris dans son rêve... On vous réveille brusquement, on vous y arrache.

Ce rêve de l'existence universelle, ce rêve de « moi » de « moi et les autres », dont je ne me souviendrai plus. « De quoi ai-je rêvé ? », « Qui étais-je ? », me dis-je souvent en me réveillant avec le souvenir confus de choses attachantes, passionnantes, *importantes* qui s'enfuient déjà, bien que je tente de les saisir, qui sombrent dans la nuit de l'oubli à jamais — ne me laissant que le regret de ne pouvoir me rappeler.

Arraché d'un seul coup au « réel », ce rêve — je mourrai : je ne me souviendrai pas de ce théâtre, de ce monde, de mes amours, de ma mère, de ma femme, de mon enfant. « Je » ne se souviendra pas. Et « je » ne sera pas « je ».

Pourtant, tout cela aura été. Rien ne peut empêcher l'existence d'avoir existé, d'être inscrite, quelque part, ou d'être la substance assimilée de toutes les transformations futures.

AI-JE FAIT DE L'ANTI-THÉATRE?

Je crois que, dans l'histoire de l'art et de la pensée, il y a toujours eu, à chaque moment vivant de la culture, une « volonté de renouvellement ». Cela ne caractérise pas seulement la dernière décennie. Toute l'histoire n'est qu'une suite de « crises » — de ruptures, de reniements, d'oppositions, de tentatives, de retours aussi à des positions abandonnées (mais avec de nouveaux points de vue, autrement les retours seraient « réactionnaires » ou « conservateurs »). S'il n'y a pas « crise », il y a stagnation, pétrification, mort. Toute pensée, tout art est agressif.

Le romantisme était également une volonté agressive de renouvellement : le simple désir d'épater le bourgeois, la bataille d'*Hernani*, les manifestes romantiques sur la façon de concevoir et d'exprimer une vérité opposée à la vérité universelle du classicisme, et surtout les œuvres elles-mêmes où un nouveau système d'expression s'affirmait (un « nouveau langage », comme on dirait aujourd'hui), tout exprime bien une volonté de renouvellement, et un renouvellement très réel.

Le parnasse s'opposait au romantisme en essayant un retour à un nouveau classicisme ; le symbolisme s'opposait au parnasse ; le naturalisme au symbolisme et ainsi de suite. L'histoire littéraire nous le dit très bien — au niveau de l'enseignement secondaire.

L'histoire de l'art.

Chaque mouvement, chaque génération nouvelle d'artistes apporte un nouveau style, ou essaie de l'apporter parce qu'elle constate, lucidement ou obscurément, qu'une certaine façon de dire les choses est épuisée et qu'une nouvelle façon de les dire doit être trouvée, ou que l'ancien langage usé, l'ancienne forme doit éclater parce qu'elle est devenue incapable de contenir les nouvelles choses qui sont à dire.

Ce qui ressort donc des œuvres nouvelles, c'est la constatation, tout d'abord, qu'elles se différencient nettement des œuvres précédentes (s'il y a eu recherche de la part des auteurs, évidemment, et non pas imitation, stagnation). Plus tard, les différences s'atténueront, et alors, ce sont surtout les ressemblances avec les œuvres anciennes, la constatation d'une certaine identité et d'une identité certaine qui pourront prévaloir, tout le monde s'y reconnaîtra et tout finira par s'intégrer dans... l'histoire de l'art et de la littérature.

On peut prétendre, je le sais, que finalement il n'y a peut-être rien eu de neuf. Qu'il n'y a eu aucun nouveau courant d'idées — dans ce que nous avons fait. Je crois qu'il est encore trop tôt pour se rendre compte s'il y a eu ou s'il n'y a pas eu du nouveau. Mais peut-être, par certains aspects de nos œuvres, nous rattachons-nous aux existentialismes ; peut-être continuons-nous, chacun pour sa petite part, la grande révolution artistique, littéraire, de la pensée, qui a commencé vers 1915 ou 1920, qui n'est pas encore achevée et qui s'est exprimée dans les découvertes scientifiques nouvelles, les psychologies des profondeurs, l'art abstrait, le surréalisme, etc. — on ne sait pas, on ne peut pas encore savoir si nous sommes ou non les ouvriers d'une transformation de la mentalité — il n'y a pas encore une suffisante perspective pour en juger.

Architectures de clichés.

Mais encore une fois — dans le neuf il y a de l'ancien et je crois même que cet « ancien » irréductible est peut-être le permanent, le fonds permanent de l'esprit humain, qui justement peut donner du poids, de la valeur, une garantie que nous ne sommes pas hors de tout mais dans la suite d'une réalité fondamentale, qui change dans ses accidents mais, puisqu'elle est humaine, ne change pas dans son essence : les œuvres romantiques ne sont pas tellement « essentiellement » différentes, finalement, des œuvres classiques : à travers des systèmes d'expression différents, des « langages » différents — le fondamentalement humain reste... et les différences ne sont que peu de chose d'une décennie à l'autre, d'un demi-siècle à l'autre : la métamorphose historique est lente ; les transformations visibles demandent bien plus longtemps que cela.

Si, dans ce que nous avons essayé de faire, il y a quelque chose de tout de même assez perceptible, c'est la dénonciation, dans certaines de nos œuvres, de l'inanité, de la vacuité, de l'irréalité des idéologies ; nous avons constaté, peut-être, la fin des idéologies, de droite, de gauche, du centre. Je n'aime pas le mot crise ou critique du langage, ou du langage... bourgeois. C'est prendre les choses par leur mauvais côté, de dehors en quelque sorte. Il s'agit bien plutôt, par exemple, de la constatation d'une sorte de crise de la pensée, qui se manifeste bien sûr par une crise du langage — les mots ne signifiant plus rien, les systèmes de pensée n'étant plus eux-mêmes que des dogmes monolithiques, des architectures de clichés dont les éléments sont des mots comme nation, indépendance nationale, démocratie, lutte de classes aussi bien que Dieu, socialisme, matière, esprit, personnalité, vie, mort, etc.

Les systèmes de pensée, *de tous les côtés*, n'étant plus que des alibis, que ce qui nous cache le réel (encore un mot cliché), ce qui canalise irrationnellement nos passions — il est évident que nos personnages sont fous, malheureux, perdus, stupides, conventionnels, et que leur parler est absurde, que leur langage est désagrégé, comme leur pensée. Nous expérimentons en ce moment, il me semble, l'aventure renouvelée de la Tour de Babel.

Des « artisses ».

Et voilà, peut-être le message, un message anti-message qu'aura apporté, en témoignage véridique de notre époque, *En attendant Godot*, de Beckett, aussi bien que les petites pièces ironiquement tragiques et insuffisamment connues de Jean Tardieu, aussi bien que les premières pièces de Roger Vitrac, que l'explosive *Akara* de Weingarten, aussi bien, principalement que *La Parodie*, *Tous contre tous*, *La grande et la petite manœuvre*, d'Adamov ; ces trois œuvres sont d'une vérité objective, d'une lucidité et d'une justesse extrêmes. Adamov a renié ces trois œuvres, bien sûr, il veut avoir une foi. Mais c'est l'avenir qui dira, mieux qu'Adamov, si celui-ci a eu raison ou non de les renier.

Et que reste-il de fondamental, de permanent, dans ces œuvres nouvelles, parmi les ruines des systèmes de pensée *de toutes sortes* (et non pas seulement de ceux de telle ou telle société) ? La dérision, l'angoisse, le désarroi à l'état pur, la crainte — c'est-à-dirc la réalité humaine, essentiellement tragique que, de temps à autre, une doctrine, une foi parvient à recouvrir.

C'est pour cela qu'on peut (et qu'on doit) être à la fois neuf et ancien. Notre théâtre témoigne peut-être de cette crise (ressentie psychiquement plus que théoriquement, car après tout nous sommes des « artisses ») *universelle* de la pensée, des certitudes.

L'insolite.

J'ajoute que je voulais, en me mettant à écrire, bien sûr, bien sûr, « faire du nouveau » ; mais que ce n'était pas là ma démarche, je voulais surtout dire des choses et je cherchais, au-delà des mots habituels ou à travers ou malgré les mots habituels, à les dire. On a trouvé que je faisais de « l'avant-garde », que je faisais de « l'anti-théâtre » — expressions vagues mais constituant bien la preuve que j'avais fait du nouveau.

Le renouvellement technique ? Peut-être dans la tentative d'amplifier l'expression théâtrale en faisant jouer les décors, les accessoires et par un jeu simplifié, dépouillé de l'acteur. Les comédiens ont su trouver un style plus naturel et plus excessif à la fois, un jeu se tenant entre le personnage réaliste et la marionnette : insolites dans le naturel ; naturels dans l'insolite.

Dix ans... c'est trop peu pour savoir si l'on a fait vraiment quelque chose. Je ne le saurai donc jamais. Je puis donc mourir avec l'illusion que j'aurai fait quelque chose.

Mais je puis affirmer que ni le public ni la critique ne m'ont influencé.

Réponse à une enquête
publiée dans l'Express du 1er juin 1961.

« POUR DÉFENDRE ROLAND DUBILLARD, WEINGARTEN ET QUELQUES AUTRES »

Je m'étonne souvent des indignations véhémentes de certains critiques dramatiques ou littéraires. Je m'amuse aussi de les voir donner de grands conps de poing dans le vide, car, passant souvent à côté des choses, ils ratent évidemment leur but. Je ne comprends guère non plus comment ils ne s'indignent pas, par exemple, du fait que les partisans de la paix deviennent, quand cela leur convient, les partisans de guerre ; de voir que des âmes sensibles qui avaient protesté contre la bombe atomique se taisent, de peur ou d'admiration, lorsque, au nom de la paix, on fait éclater une bombe atomique plus forte que toutes les autres bombes qui avaient provoqué leur philantropique réprobation ; on ne s'indigne pas non plus de savoir que l'on persécute les amis de celui qui écrivit que l'on doit estimer même ceux qui ne pensent pas comme nous ; si on s'indigne justement qu'un homme soit torturé, on approuve les terrorismes et on admet que des villes entières soient emmurées, que des pays soient écrasés au nom du bonheur ou de la liberté ; au nom de la raison, on approuve le déclenchement des hystéries collectives et l'on voit comment la haine et la fureur abêtissent l'« intelligentsia » empêtrée dans le labyrinthe de ses contradictions et de son incohérence. La mort happe les humains à tous les carrefours ; la nostalgie, la tristesse, la peur, l'impuissance d'amour, l'ennui aussi rongent les cœurs ; les partisans de la liberté se font geôliers ; les bons apôtres, sous de nobles travestis, tâchent d'assouvir leurs envies et leurs jalousies au prix de n'importe quelle catastrophe ; on fait semblant d'avoir pitié des assassinés et des victimes de sa propre cause, on crache sur les victimes des autres causes ; on triche, on triche, on traite la vérité de mensongère ; on ne peut plus la voir ; les rapports humains se dégradent ; le monde est en délire, plus rien ne peut le retenir sur ce toboggan de la folie ; la planète est prête à sauter et le critique — ne s'indignant pas de tout cela — s'indigne de voir que les poètes s'en indignent, s'indigne de voir que les œuvres de ceux-ci reflètent l'incohérence et la dénoncent, avec les images mêmes de l'incohérence et du délire.

Des œuvres dramatiques avaient déjà *parlé* de l'absurde, du désespoir, de la détresse. Je dis : elles en avaient parlé. D'autres œuvres, plus récentes, comme celle de Romain Weingarten, *Les Nourrices*, que l'on joue en ce moment, ne parlent plus de la détresse : elles sont l'expression même de la détresse ; la pièce de Weingarten est la détresse même et la peur, vécues et vivantes, horribles, sanglantes avec, toutefois, s'y entremêlant, le regard lucide et ironique du poète qui fustige et donne ainsi une violence plus grande au malheur qui devient comique, grotesque, grandiose, à force d'être sinistre et bête. Ce qu'on appelait l'unité de l'action est détruite au profit d'une autre sorte de construction : la progression dramatique résulte (et c'est en cela, aussi, que Weingarten apporte du nouveau), de l'enchaînement des images obsessionnelles, du langage des gestes, de la liberté des jeux de scène qui prennent le pas sur le mot devenu un simple soutien de l'imagerie dynamique. Il me semble qu'il y a, au théâtre (chez Amos Kenan, chez Weingarten, chez Roland Dubillard), une évolution très intéressante de l'expression dramatique, aboutissant à l'annulation de la littérature pour le plus grand bien de la force théâtrale. Le même processus a eu lieu dans la peinture, dans la poésie. Lamartine *parlait* de la douleur, de la mélancolie. Il était un rhéteur. Plus tard, avec les grands symbolistes, les néo-symbolistes, les poètes modernes, la poésie était devenue elle-même douleur, mélancolie ou délire. Le langage discursif avait complètement éclaté devenant image, expression directe, miroir brisé ou non. C'est cette pureté de l'expression, dégagée de ce qui lui est impropre, littérature, philosophie, discours, que le théâtre semble atteindre aujourd'hui avec des auteurs allant de Boris Vian à Weingarten, à Dubillard.

Bien sûr, ne pas être « sain d'esprit », c'est-à-dire ne pas écrire des pièces « amusantes » ou « positives » n'est pas toujours bien vu : on reproche au poète d'être « névrosé » sans que l'on s'aperçoive que c'est dans la névrose que réside la vérité. Elle est bien due à quelque chose, cette névrose. On devrait parler de la tranquillité d'esprit des imbéciles, c'est-à-dire de leur inconscience calme, de leur aveuglement, de leur surdité au milieu des catastrophes.

A chaque fois, c'est la même chose : les poètes secouent les gens qui dorment pendant que la maison brûle et les engourdis les engueulent, mal réveillés de leur sommeil.

Mais les poètes pensent, figurez-vous ; et le langage

de leur pensée est bien celui de la poésie, par-delà les schèmes des philosophes, langage d'essai, d'audace, de recherche, de découverte, saisissant la vérité sur le vif. Parmi les morts et les dogmatiques, quelques artistes sont là qui s'opposent à la mort, aux dogmes, à ceux qui ne veulent plus avancer, soit par fainéantise, soit par criminel acharnement ; car la vie est plus vaste que l'intelligence étroite des idéologues, les réalités sont plus complexes que les schémas, les solutions débordées par les problèmes.

Si la pièce de Weingarten est, comme nous l'avons vu, l'expression exacte et justifiée de la terreur, la pièce admirable de Roland Dubillard (*Naïves Hirondelles*, au théâtre de Poche), est celle de la détresse de vivre sans pouvoir aimer, de vivre sans but ou pour de faux buts. Que faire d'une telle vie qui nous vieillit, de l'ennui de laquelle nous ne pouvons échapper ? C'est une pièce de colère, encore, d'une colère qui se brise contre les murs de l'impossible. Cette colère n'est pas du tout la colère sans raison de *La Paix du dimanche*, de John Osborne et celle de tant d'autres actuelles niaiseries anglaises que la pitoyable jeune critique anglaise défend, par patriotisme, politique ou médiocrité d'esprit.

Comme je voudrais pouvoir rendre compte de la beauté de cette œuvre, avec la précision, la puissance par lesquelles Dubillard rend compte de l'atrocité de l'ennui. Car on ne s'ennuie pas à cette pièce sur l'ennui ; on ne ricane pas non plus, on pleure peut-être, bien que cette œuvre n'ait rien de sentimental. Dubillard ne piétine pas un instant, l'intérêt du spectateur ne faiblit jamais. J'essaie de connaître la science par laquelle l'auteur fait éclore l'atroce de l'ennui, par laquelle il l'intensifie, le densifie, le cerne, le fait éclater.

Des personnages sont là, ensemble, qui s'aiment un peu et se détestent beaucoup, qui veulent se séparer et ne peuvent se passer les uns des autres ; ils se détestent quand ils sont ensemble, ils souffrent de l'absence de celui et de celle qui, finalement, s'échappent vers un nouveau désert d'ennui peut-être. Et ceux qui s'échappent semblent, à ceux qui restent, avoir été les seuls à pouvoir les sauver.

Mais cette façon qu'ils ont de s'accrocher les uns aux autres, de vouloir se décrocher les uns des autres, de haïr celui qui est là, de rêver, dans le désespoir, à à ceux qui ne sont plus là, tout cela donne une acuité à leur besoin d'amour en détresse qui éclaire le spectateur sur lui-même et sur les conditions de pauvreté dans lesquelles nous vivons.

Oui, nous avons pris l'habitude de rire de ce qui doit faire pleurer et nous en rions, au moins au départ. Je dois dire aussi que c'est parce que rien ne se passe, que tout passe et que tant de choses se passent et que le tableau est complet de la dérision et du tragique.

Les « gags » visuels d'un comique sombre sont nombreux. Le dialogue qui, au début, est à côté des personnages et hors de la question comme si ces personnages voulaient se cacher leur propre désarroi (mais les « lapsus » et les actes manqués sont là, révélateurs, démasquant le drame) se précise soudain, les personnages parlent, s'exposent et tout se renoue inextricablement.

On a écrit que les pièces de Dubillard et de Weingarten ressemblaient à mes pièces. J'en suis flatté. Je dois préciser toutefois qu'elles ne proviennent pas de moi. J'ai lu une œuvre de Weingarten en 1953. Heureusement, car si je l'avais lue plus tôt, j'aurais pu me demander si ce que j'écrivais n'était pas influencé par lui. J'ai vu, en 1953, encore, Roland Dubillard jouer un « sketch » de lui, au théâtre du Quartier Latin : j'ai reconnu un parent.

On a pu dire aussi que la pièce de Boris Vian *Les Bâtisseurs d'Empire* était inspirée par ma pièce *Comment s'en débarrasser*. Personne, en réalité, ne s'inspire de personne, sinon de sa propre personne et de sa propre angoisse.

Mais ce qu'il y a de frappant c'est que si nous sommes plusieurs à voir les choses d'une manière semblable, si les uns confirment les autres, si un style se dessine, c'est que ce que nous écrivons a du vrai, objectivement conduit.

Certains peuvent s'en réjouir ou non, mais on ne peut rien contre un mouvement qui se développe, contre une expression *libre* et *spontanée* — par-delà le dirigisme des pions et des curés laïcs — d'une vérité du temps, d'un art vivant.

C'est ainsi que naissent les écoles sans chefs, sans maîtres d'école.

(*Combat*, décembre *1961*.

EN GUISE DE POSTFACE

Dans les Armes de la Ville *on peut trouver, je pense, une des clés essentielles de la pensée de Kafka. Il s'agit là d'une interprétation, aussi brève que pénétrante, de la légende de la Tour de Babel. Pourquoi la Tour doit-elle être détruite, selon cette interprétation ? Pourquoi celle-ci suscite-t-elle le courroux céleste ? Non pas, comme on pourrait le croire, parce que les hommes ont voulu construire la Tour mais, bien au contraire, parce qu'ils ne veulent plus vraiment la construire : les hommes se désintéressent du but qu'ils s'étaient, pourtant, eux-mêmes proposé. Ils se sont arrêtés en chemin, et s'organisent pour un provisoire qu'ils veulent faire durer le plus longtemps possible. Ils pensent trop « aux poteaux indicateurs, aux interprètes, aux abris pour les travailleurs ». Des conflits surgissent : « chaque corporation voulait avoir le plus beau quartier » et des « combats sanglants » s'ensuivent à ce sujet. Des buts secondaires masquent donc le But principal et les préoccupations d'embellissement de la ville et du confort font, finalement, perdre complètement de vue l'essentiel, le problème des fins dernières. Le But est oublié : on ne sait plus pourquoi on voulait faire construire la Tour, l'humanité s'est embourbée, elle est égarée dans un labyrinthe, le labyrinthe du monde.*

Ce thème de l'homme égaré dans le labyrinthe, sans fil conducteur, est primordial, comme on le sait, dans l'œuvre de Kafka : si l'homme n'a pas de fil conducteur, c'est que lui-même ne voulait plus en avoir. D'où son sentiment de culpabilité, son angoisse, l'absurdité de l'histoire. Est absurde ce qui n'a pas de but : et ce but final ne peut se trouver qu'au-delà de l'histoire, il est ce qui doit guider l'histoire humaine, c'est-à-dire lui donner sa signification. Qu'on le veuille ou non, ceci révèle le caractère profondément religieux de tout Kafka ; coupé de ses racines religieuses ou métaphysiques, l'homme est perdu, toute sa démarche devient insensée, inutile, étouffante.

Mais pourquoi l'homme kafkaïen souffre-t-il ? Parce que, en fin de compte, il existe pour autre chose que le confort matériel, que pour l'éphémère : sa véritable vocation, dont il s'est détourné, ne peut être que la recherche du non corruptible. C'est le monde désacralisé que dénonce Kafka ; c'est cela, justement, le monde sans But ; dans le labyrinthe ténébreux du monde, l'homme ne cherche plus qu'inconsciemment et à tâtons, une dimension perdue qu'il ne peut même plus entrevoir.

Sans doute, Kafka doit en vouloir à une certaine identification sociale de l'homme à une fonction aliénante, celle qui brime, refoule une part entière (considérée essentielle par Kafka) de l'être humain. En effet, lorsque le général ou le juge ou l'employé de bureau est réduit à sa fonction de général (ou de juge, etc.), à son uniforme ; lorsqu'il couche avec son uniforme, n'a plus que des rêves d'uniforme, qu'il ne sait plus qu'il est aussi autre chose qu'un uniforme ; lorsque l'employé de bureau n'est plus qu'une machine à enregistrer des requêtes ; lorsque chacun de nous est empêché d'être autre chose qu'un « emploi » dans l'adminis-

tration, il est déshumanisé ou déspiritualisé. Mais comme la réalité profonde de l'homme, sa liberté, bien que brimée, ne peut pas être tout à fait méconnue et détruite, elle se venge : non intégrée dans la cité, elle se révolte, se retourne contre la cité et c'est elle (« le poing » des Armes de la ville) *qui finira par détruire la cité. L'organisation de la cité ne peut pas être le véritable, le dernier but ; elle peut (selon Kafka, si je le comprends bien), tout au plus, être un des moyens en vue du But qui est la réalisation de la personnalité pluri-dimensionnelle de l'être humain ; l'homme n'est pas l'ingénieur, le mécanicien, le garde champêtre, le maire, le notaire, etc., il est celui qui, simplement, fait,* entre autres, *fonction de mécanicien, etc., fonction qui ne le contient pas, qui ne peut pas, totalement l'absorber.*

Paru dans les Cahiers
Madeleine Renaud-Jean-Louis Barrault,
sous le titre « Dans les armes de la ville »...
Octobre 1957.

AU-DELA DU THÉATRE

PORTRAIT ANECDOTIQUE DE BRANCUSI

J'ai connu personnellement Brancusi très tard, dans les toutes dernières années de sa vie, chez le peintre Istrati dont l'atelier se trouvait Impasse Ronsin, juste en face de celui du sculpteur, séparé par une ruelle large d'un mètre.

« Qui est ce Ionesco qui écrit des pièces de théâtre ? avait demandé Brancusi à Istrati. « Amenez-le un soir, je veux le connaître. »

Bien entendu, j'admirais depuis longtemps les œuvres du maître. J'avais aussi entendu parler de l'homme. Je savais qu'il était hargneux, pas commode, bougon, presque féroce. Il chassait, en les couvrant d'injures, les marchands ou collectionneurs qui venaient le voir pour lui proposer d'acheter ses sculptures. Il éloignait aussi, en les menaçant de son gourdin, les admirateurs sincères et naïfs qui l'importunaient. Il y avait, toutefois, quelques rares priviligiés et priviligiées que Brancusi, ne pouvant vivre toujours absolument seul, accueillait et choyait : ceux-ci ou celles-ci étaient invités à partager ses repas, à la fois frustes et raffinés, dans la composition desquels entraient, un extraordinaire yaourt que Brancusi préparait lui-même, du choux aigre cru, des concombres salés, de la polenta et du champagne, par exemple. Parfois, après le dessert, quand il était de très bonne humeur, Brancusi faisait une démonstration de danse du ventre, devant ses hôtesses qui dégustaient le café turc.

J'ai mauvais caractère. C'est, sans doute, la raison pour laquelle je déteste le mauvais caractère des autres. J'ai longuement hésité avant d'aller voir Brancusi : contempler ses œuvres me suffisait, d'autant plus que je connaissais ses théories fondamentales, très souvent dites à ceux qui l'écoutaient, très souvent répétées par ceux-ci. On m'avait fait part de sa détestation, de son mépris pour la sculpture des « biftecks », que l'on appellerait aujourd'hui la sculpture figurative, c'est-à-dire à peu près toute la sculpture connue depuis les Grecs jusqu'à nos jours. Je savais qu'il chérissait cette formule et qu'il adorait aussi la lancer à la tête de quiconque l'écoutait. Le pittoresque de sa personne ne m'attirait pas particulièrement : il ne voulait plus serrer le main à Max Ernst parce que celui-ci, prétendait Brancusi, avait le mauvais œil et qu'il l'aurait fait tomber et se fouler la cheville, en le regardant haineusement. Picasso aussi répugnait à Brancusi car, d'après ce dernier, « Picasso ne faisait pas de la peinture mais de la magie noire ».

Un soir d'hiver, j'étais allé rendre visite à Istrati. Nous étions tranquillement assis autour du poêle lorsque la porte s'ouvrit. Brancusi entra : un petit vieillard de quatre-vingts ans, le gourdin à la main, de blanc vêtu, coiffé d'un haut bonnet de fourrure blanche, une barbe blanche de patriarche et, naturellement, « les yeux pétillants de malice », comme le dit si bien la formule. Il s'assit sur un tabouret, on me présenta. Il fit semblant de n'avoir pas compris mon nom. On le lui répéta, deux ou trois fois. Puis, me montrant du bout de sa canne :

— Qu'est-ce qu'il fait dans la vie ?

— Il est auteur dramatique, répondit Istrati, qui l'avait pourtant bien prévenu.

— Il est quoi ? redemanda Brancusi.

— Il écrit des pièces,... des pièces de théâtre !

— Des pièces de théâtre ? s'étonna Brancusi.

Puis, se tournant triomphalement vers moi et me regardant en face :

— Moi, je déteste le théâtre. Je n'ai pas besoin de théâtre. J'emmerde le théâtre !

— Moi aussi, je le déteste et l'emmerde. C'est pour m'en moquer que j'écris du théâtre. C'est bien l'unique raison, lui dis-je.

Il me regarda de son œil de vieux paysan rusé, surpris, incrédule. Il ne trouva pas sur-le-champ une réplique assez offensante. Il revint à la charge au bout de cinq minutes :

— Que pensiez-vous de Hitler ? me demanda-t-il.

— Je n'ai pas d'opinion sur la question, répondis-je avec candeur.

— C'était un brave homme ! s'écria-t-il, comme pour me lancer un défi. « Un héros, un incompris, une victime ! »

Puis, il se lança dans un extraordinaire, métaphysique, confus éloge de l' « aryanisme ».

Istrati et sa femme étaient atterrés. Je ne bronchai pas. Je savais que, pour irriter ses interlocuteurs, prenant le contrepied de ce qu'il croyait être leur pensée, il avait, tour à tour, manifesté tantôt sa détestation du nazisme, tantôt celle de la démocratie, du bolchevisme, de l'anti-communisme, de l'esprit scientifique, du modernisme, de l'anti-modernisme et ainsi de suite.

S'imaginant, peut-être, qu'il avait affaire à un admirateur ingénu, avide de la moindre de ses paroles ou bien se rendant compte qu'il ne parviendrait pas à m'exaspérer, Brancusi y renonça. Il se lança dans un discours contre, je m'y attendais, les biftecks; il raconta des souvenirs, comment il était venu à Paris depuis les bords du Danube en faisant une grande partie du chemin à pied ; il nous parla aussi des « ions », principes de l'énergie cosmique qui traversent l'espace et qu'il disait apercevoir, à l'œil nu, dans les rayons du soleil. Il se tourna vers ma femme, lui reprocha sévèrement de ne pas porter les cheveux assez longs, puis son agressivité se calma. Il fut pris, tout à coup, d'une joie enfantine, son visage se détendit, il se leva, sortit en s'aidant de son bâton, laissa la porte ouverte sur le froid, revint au bout de quelques minutes, une bouteille de champagne à la main : il ne nous en voulait plus, il avait de la sympathie pour nous.

Il me fut donné, par la suite, de revoir Brancusi, quatre ou cinq fois encore avant sa mort. Après avoir été en clinique pour soigner une jambe fracturée, il ne quitta plus son atelier. Il avait un aspirateur, dernier modèle. Mais quand il y avait une femme parmi ses visiteurs, il en profitait pour la prier de balayer son atelier, avec un vrai balai. Il avait le téléphone, sur sa table de chevet, et aussi un sac plein de petits cailloux. Lorsqu'il s'ennuyait trop et désirait bavarder avec son voisin, il prenait une poignée de cailloux, ouvrait sa porte et la jetait contre la porte du voisin pour l'appeler : il ne lui venait pas à l'esprit de téléphoner.

Il était tout près de sa fin, lorsque ma femme et ma fille qui avait onze ans, allèrent le voir. Il était couché, son bonnet de fourrure sur la tête, le bâton à sa portée. Ma femme est encore très émue au souvenir de cette dernière entrevue. Brancusi, apercevant ma fille, fut pris d'une grande émotion. Il lui fit, moitié par jeu, moitié sincèrement, un discours d'amour. Il la loua de porter de longs cheveux, il vanta ses beaux yeux. Ce vieillard à barbe blanche lui dit, tendrement, la tenant par la main : « Ma petite promise, ma fiancée, je t'attendais depuis toujours, je suis heureux que tu sois venue. Tu vois, je suis tout près du bon Dieu, maintenant. Je n'ai qu'à tendre le bras pour l'attraper. »

Puis il fit déboucher du champagne pour fêter les fiançailles.

On aurait pu croire que Brancusi était un artiste primaire, instinctif, rustique, Son œuvre, en même temps élémentaire et subtile, est l'expression d'une pensée artistique (et par là philosophique) infiniment lucide, élaborée, profonde. Son art est l'expression d'une vision créatrice, très intellectualisée. Création avant tout, cependant. Dénué de ce qu'on appelle « la culture » ; à l'écart de ce qui se prend pour « la vie intellectuelle d'une époque » et qui n'est que du journalisme ou son expression livresque, Brancusi était cependant, par ailleurs, incomparablement plus cultivé que les hommes de lettres, les « penseurs », les pions qui accrochent sur leurs poitrines le brevet d' « intellectuel » et n'y comprennent rien, ahuris qu'ils sont par les slogans, simples ou complexes qu'ils prennent pour des vérités ou pour leurs réflexions personnelles. Brancusi était bien plus fort que tous les Docteurs. C'était le connaisseur le plus averti des problèmes de l'art. Il avait assimilé toute l'histoire de la sculpture, l'avait dominée, dépassée, rejetée, retrouvée, purifiée, réinventée. Il en avait dégagé l'essence.

Bien sûr, on est arrivé en ce siècle à redécouvrir l'essence de la peinture. Peut être y est-on arrivé par approximations successives, par l'élimination, l'une après l'autre, des impuretés, de l'a-pictural. Ce fut un travail issu d'une pensée, plutôt extérieure, de peintres qui étaient à la fois des critiques regardant les œuvres des autres et arrivant à la pureté à force de gommer, par l'abstraction, sans toujours arriver à saisir la peinture dans son essence, comme Brancusi avait saisi l'essence de la sculpture. Ce fut, en tout cas, pour la peinture, un long chemin bordé d'erreurs, où, souvent, les trouvailles se faisaient par chance, au hasard de la chasse, en essayant, à l'aventure, tantôt une direction, tantôt une autre. Et ce fut, surtout, le résultat des efforts d'une grande quantité de peintres, deux ou trois générations d'artistes, mêlant la précision à l'imprécision.

Il n'y a pas eu d'imprécisions, pas de tâtonnements, chez Brancusi : la progression de son œuvre est d'une sûreté parfaite. C'est en lui-même, et tout seul, qu'il a trouvé ses propres modèles, les archétypes sculpturaux. Il s'est agi chez lui d'une concentration, d'une purification intérieure. Il a aussi regardé au-dehors : non pas des tableaux, non pas des statues, mais des arbres, des enfants, des oiseaux en vol, le ciel ou l'eau.

Il a su saisir l'idée du mouvement en écartant tout réalisme particulier au profit d'un réel universel. Son art est vrai ; le réalisme peut ne pas l'être ; sûrement, il l'est moins. Mais c'est bien sa propre pensée, son expérience personnelle qui fut l'école de Brancusi, non pas les ateliers des maîtres : les autres ne l'ont pas aidé. Il devait beaucoup se méfier des autres.

On a parlé de Brancusi comme de l'un des créateurs d'une sculpture non figurative, Brancusi prétendait ne pas être non figuratif. En effet, il ne l'était pas. Ses œuvres sont des figures essentielles, les images concrètes d'idées, l'expression d'un réel universel anti-abstrait. Rien de plus concret que son oiseau en vol, forme dynamique palpable du dynamisme. Rodin a pu exprimer le mouvement en donnant, à tel corps, à ses membres, les attitudes suggestives d'un déploiement dans l'espace. Cela était encore lié au particulier. Brancusi s'est dégagé de tout particularisme, comme il s'est aussi dégagé de tout psychologisme pour atteindre les essences concrètes.

Une direction importante de la peinture non figurative arrive à exprimer le tempérament du peintre, son individualité, son pathétisme, sa subjectivité. On peut donc distinguer un tableau d'un autre, d'après l'angoisse particulière à celui qui l'a peint, angoisse qui est devenue le langage même du peintre. L'œuvre de Brancusi exprime uniquement des idées et des formes sculpturales. Nous savons que la poésie de Mallarmé ou de Valéry était une réflexion sur la poésie. En grande partie, la sculpture de Brancusi est aussi une réflexion sur la sculpture ; en même temps, une méthode purement sculpturale de penser le monde, traduit en formes et lignes de forces vivantes.

Anti-psychologique, l'art de Brancusi est d'une objectivité absolue : il exprime des évidences que l'on ne peut pas ne pas admettre, des évidences sculpturales au-delà de l'allégorie.

La volonté de ne pas céder à la tentation de la sentimentalité est apparue, très vite chez Brancusi, aussi bien que son dégoût de l'anecdote ou de l'interprétation. Je comprends qu'il ne pouvait pas aimer le théâtre.

Dans ses toutes premières œuvres, la tête de Laocoon, par exemple, c'est surtout l'exactitude des détails qui le préoccupe plutôt que l'expression de la douleur, qui n'en ressort pas moins, mais indirectement ; dans son « nu » d'un homme (étude pour le concours du diplôme final des Beaux-Arts), son « réalisme « est tellement poussé qu'il en paraît inhumain, par son indifférence totale pour la psychologie du personnage sculptural ; même chose pour l'« Écorché » où n'apparaît que son souci de la connaissance du corps, poursuivie avec une sorte de cruauté objective, à peine ironique.

Dès 1907 (dans sa *Prière*) ce qui reste d'affectif disparaît grâce à la stylisation, un peu byzantine qui transpose, intègre la sentimentalité. Vu rapidement, « l'Œuf » ressemble assez au « nouveau-né » dans ses langes. A partir de 1910, « l'Oiseau Magique » a, depuis longtemps, dépassé, dans le merveilleux, l'oiseau réaliste, non miraculeux ; on peut se rendre compte, peut-être, encore, en suivant les étapes de sa simplification, que l'Œuf a pour point de départ le nouveau-né ; on peut suivre encore les stylisations des différentes « Mademoiselle Pogany » pour arriver à l'étape ultime qui est une hardie, féerique transfiguration. Mais, bientôt, dans la mesure où le style est, malgré tout, anecdote, Brancusi aura dépassé la stylisation pour aboutir à un langage au-delà du langage, au-delà du style même. Et tout aura été un jaillissement des sources profondes de son être, une série de révélations continuelles extra-conscientes, saisies par une lucidité, une conscience, une exactitude, une puissance intellectuelle qui font que Brancusi est le contraire d'un douanier Rousseau. A contempler, dans sa pureté, « l'Oiseau dans l'espace », nous sommes étonnés de l'acuité de la vision sculpturale ; nous nous étonnons de sa simplicité et nous nous étonnons aussi de ce que nous n'avons pas pu voir ce qui est l'évidence même.

Bien surprenantes, incroyables, ces synthèses : folklore sans pittoresque, réalité anti-réaliste ; figures au-delà du figuratif ; science et mystère ; dynamisme dans la pétrification ; idée devenue concrète, faite matière, essence visible ; intuition originale, par-delà la culture, l'académie, les musées.

Paru dans « le Musée de Poche ».

GÉRARD SCHNEIDER ET LA PEINTURE

Vous voulez faire de la peinture ? C'est très simple.

Pour la peinture en bâtiment, vous prenez un gros pinceau et un pot de couleurs. Vous trempez le gros pinceau dans le pot et vous en badigeonnez le plafond ou les murs. Il y a toutefois, bien sûr, une légère difficulté dont vous devez tenir compte. Il faut que la couleur soit bien étalée, unie, d'un même ton. La monochromie doit être parfaite. Si vous peignez votre appartement en rose saumon, il est préférable d'avoir le même rose saumon autour des fenêtres et au-dessus de la cheminée. Si vous avez un rose saumon ici, un rose fraise là, c'est raté : à moins de l'avoir fait exprès ou de prétendre, après coup, que vous l'avez fait exprès. Mais on vous croira difficilement. Il est donc préférable de prendre des leçons de peinture en bâtiment chez Klein.

Pour la peinture figurative, que vous fassiez un portrait ou un paysage, c'est déjà plus facile.

Vous n'avez pas à craindre, en effet, les embûches de la monochromie, de l'unité. Le paysage et le portrait peuvent, et même doivent, être polychromes, la polychromie engendre tout naturellement des valeurs. Pour faire votre tableau, vous regardez donc très simplement et très attentivement le sujet à peindre et vous n'avez qu'à reproduire ce que vous voyez. C'est ainsi que procédaient Vélasquez, Rembrandt, Fra Angelico, Courbet et beaucoup d'autres. C'est presque enfantin.

Si vous pensez que vous ne peignez que ce que vous croyez voir, c'est que vous êtes déjà arrivé à une subtilité très grande, et peut-être, assez dangereuse, car vous pouvez, au nom de votre subjectivité, au nom de la liberté optique et interprétative qui en résultent, vous permettre toute sorte de tricheries vis-à-vis du réel. C'est ainsi que l'on va à l'encontre de la vérité. Et l'art, imaginez-vous, c'est la vérité. La photographie, est, dit-on un art mineur : pourquoi ? Parce que la photographie triche, justement. Cela est assez long à expliquer. Pour me faire comprendre, il suffit peut-être de rappeler que la photographie est surtout un document. Tout le monde sait que les documents sont naturellement et volontairement faux.

Maintenant, si vous voulez faire une œuvre du genre que l'on entend par non figuratif, c'est encore plus simple. Plus de soucis d'égalité monochromique, plus besoin non plus d'observer un modèle extérieur quelconque.

Voici comment l'on procède, ou plutôt voici comment procède, par exemple, Gérard Schneider.

Il part d'une tache de couleur, d'un ton qui lui chante, d'un thème, d'une base ; cette tache de couleur en appelle nécessairement une autre, complémentaire ou opposée. Un dialogue s'esquisse. D'autres voix ou personnages chromatiques s'interposent, entrent dans ce jeu, dans cette combinaison ou cette composition, ou cette construction qui se complique graduellement et toujours tout simplement, si je puis dire, et où tout s'entrecroise, se ramifie, de nouveau s'unifie : on se parle, la rumeur des flots ou des foules s'accroît, des forces s'organisent et se font face, on se combat, on s'appuie réciproquement, on se sépare, tout se fait écho, se répercute, croît, se transforme, s'arrête, se solidifie, se contrôle l'un l'autre, constitue un univers de sonorités, de voix, de passions, de formes, de puissances, de volumes, de couleurs, se constitue en tout un monde hors du monde, dans le monde, un monde dont l'équilibre se réalise dynamiquement par l'opposition des éléments ou des événements, un *édifice* qui n'est donc pas le monde, imitation du monde, mais monde, cependant, comme le monde cristallisé à l'image idéale du monde.

Mes lecteurs éventuels, j'en suis sûr, ne sauront certainement pas très bien si, dans ces dernières lignes, j'ai essayé de parler de la structuration de l'œuvre picturale, musicale, architecturale, dramatique, ou d'un plan stratégique de bataille.

Pour moi, analogiquement, c'est à peu près de la même façon que je tente spontanément de procéder pour construire une pièce de théâtre. Le processus créateur et la composition archétype des œuvres d'art, des mondes imaginaires, sont identiques essentiellement : les matériaux seuls diffèrent qui servent à construire ; ou les langues qui expriment la même idée. Comme nous sommes tous, au fond de nous-mêmes, peintres, musiciens, architectes, nous n'avons qu'à choisir les matériaux qui nous conviennent, ou les moyens d'expression, et à les employer selon des lois innées que nous n'avons, *tout simplement*, qu'à découvrir dans notre propre esprit.

Pour faire comme Schneider, c'est donc encore très, très simple : il suffit de regarder en vous-mêmes, jamais à l'extérieur ; mais d'extérioriser, de laisser parler, s'épancher, ce qui est à l'intérieur, ce que vous y avez vu et entendu. De cette façon, c'est le monde même, tel qu'il est, que vous arriverez à révéler, authentiquement, tandis que si vous ne regardiez qu'au-dehors de vous, vous ne feriez que tout mélanger, vous aliéneriez les deux aspects de la réalité et la rendriez incompréhensible aux autres, à vous-mêmes.

Et c'est ainsi que l'on s'aperçoit que l'intérieur est l'extérieur, que l'extérieur est l'intérieur ; que le non-figuratif n'est qu'une façon de parler car il est tout simplement une autre sorte de figuratif, plus dépouillé mais tout aussi concret. Tous les tableaux sont figuratifs, tous les tableaux sont non figuratifs, puisque ce sont les rapprochements, les contrastes, les valeurs, les profondeurs, la froideur ou la chaleur des tons que tous les peintres recherchent, organisent, expriment. Car il est clair que le paysagiste faisait seulement semblant de regarder ce qu'il voyait à l'extérieur : en fait, il regardait en lui. De même, le peintre non figuratif, tout en regardant en lui, regarde au-dehors, l'univers de tous les hommes dont il surprend, dégage, exprime les lignes de force, les événements énergétiques purs.

Et nous nous apercevons, bien sûr, que ce qui paraissait simple ne l'est pas. Qu'il est difficile de se révéler à soi-même ; qu'il est malaisé d'écarter l'appris par cœur — ce cholestérol des artères de l'esprit — le su qui est mal su tant qu'il n'est pas une redécouverte intime, la prétendue objectivité, trompeuse, tendancieuse.

Gérard Schneider laisse donc surgir, dire, prendre forme, s'intégrer dynamiquement dans un ensemble qui le contient dans sa poussée, une sève ardente, un flot large de vie dont la violence n'est, non pas retenue, mais équilibrée par des contre-poussées égales en puissance.

C'est dans sa subjectivité profonde que se cache, puis se dévoile, purifiée, l'objectivité authentique, nécessaire, de Gérard Schneider.

Car le grand artiste est vrai. L'art est vérité. Seuls, l'art et la science sont vérité. Le reste est littérature, politique, idéologie, morale : vérités particulières ou tendancieuses, mauvaise foi.

La maîtrise de Schneider consiste, entre autres choses, à laisser s'épancher, libre et pure, une énergie spirituelle qui se développe, s'intensifie en se développant, à la fois devenir et construction. Mais son élan ne se fige pas, il n'est pas statique ; il ne va pas s'égarer, s'écouler non plus dans un devenir informe, sans détermination et sans loi. Il ne tourbillonne pas sur lui-même, ce qui est une autre façon de s'enfermer à l'écart du mouvement illimité de l'esprit. En effet, dans ce qui nous apparaît, au premier abord, chaotique, nous relevons, en y regardant avec un peu d'attention, des constantes dans la variété des formes et des couleurs en mouvement. Ce sont des formes qui sont des couleurs, des couleurs qui sont des formes.

Schneider saisit donc le mouvement sur le vif ou plutôt le suit et nous sentons que le tableau s'étend au-delà des cadres du tableau, nous sentons que les mêmes variantes se répercuteront, qu'elles se répandront dans d'autres espaces, dans une transformation qui doit cependant conserver les mêmes constantes des rapports.

La peinture de Schneider est ainsi d'une objectivité absolue, universelle, elle échappe à l'historicité, car elle est l'histoire elle-même dans sa monumentale orchestration. L'art de Schneider est à la fois le moi qui se regarde et le moi qui est regardé.

Quand nous disons que Schneider part d'un ton et qu'il attend tout simplement le surgissement d'un autre ton qui réponde spontanément au premier et ainsi de suite, c'est vrai. Quand nous disons qu'il organise lucidement l'orchestration des tonalités et qu'il sait comment cela va se faire, comment il va faire, cela est vrai également. Car tout est calculé et rien n'est calculé. L'art de Schneider est une exploration, une prise de conscience à mesure même qu'il explore. Sa peinture est à la fois contradictoirement ordre et chaos, elle va de l'un à l'autre.

Son art étant l'expression de la réalité ne peut être réaliste puisque le réalisme n'est qu'une expression particulière et conformiste, peu profonde, du réel. Chacun de ses tableaux est son âme et un monde.

Si j'étais critique d'art, je pourrais dire peut-être non seulement que la peinture de Schneider me paraît être l'expression de la force, mais aussi comment il se fait que cette force nous soit plastiquement rendue. Je dirais peut-être comment il se fait qu'il n'y ait aucun espace détendu ou mort dans ses tableaux. Je dirais peut-être comment les blancs soulignent les jaillissements des hautes formes noires, comment les tons jaunes les exaltent, comment les gris les modèrent ou les rythment. Je dirais comment un jaune et un rouge propulsent une forme verte dont l'élan est décuplé par d'immobiles, mais tendues longues taches noires et grises qui les attirent. J'expliquerais comment il se fait que le noir est puissant, implacable, lorsqu'il est souligné par le rouge mais que le blanc est plus puissant encore et le repousse. Je dirais aussi que cet élan, ce mouvement, est possible parce qu'il se manifeste, explose, dans un espace qui a de la profondeur, et juste la profondeur qu'il faut. Je dirais aussi comment il se fait que, parfois, comme dans cette toile que je regarde, les couleurs ne s'opposent plus, ou ne s'opposent et se complètent que d'une façon subtile, ce qui donne à l'ensemble une aisance, dans une sorte de desserrement, de liberté dans la coexistence des puissances dégagées. Car la force que dégagent ces tableaux est dure mais sereine, image de la réalité universelle objective, impitoyable mais sans férocité, équilibrée dans une violence sans stridence, tragique et enjouée.

Pourquoi l'œuvre de Gérard Schneider est-elle une œuvre majeure? Nous espérons l'avoir pu faire comprendre. Parce qu'elle nous donne — et par des moyens proprement picturaux — une vision objective du monde, découverte dans sa profonde subjectivité, c'est-à-dire dans l'esprit qui reflète le monde ou qui est lui-même à l'image du monde. Comme nous tentions de le dire au début, les révélations de l'art rejoignent, en leur point culminant, celles de la philosophie ou des sciences dont les vérités, différemment exprimées, mais essentiellement identiques, ne peuvent que se confirmer mutuellement.

*Paru dans la revue « Le XX*e *siècle,* » janvier 1961.

CONCLUSION

C'est curieux, pourtant; je peux penser qu'une chose ou une autre peut sembler ne pas être ce qu'on dit qu'elle est. Je peux prétendre qu'elle est autre chose. Je peux penser que ceci ou cela est également faux, et vrai, juste, injuste. Je peux croire à l'illusion de tout. Je peux dire que rien n'est, que la joie elle-même est illusion. Je peux croire que tout n'est qu'illusion, vide. Cependant, je n'arrive pas à me convaincre que la douleur n'est pas. C'est par elle que je suis prisonnier du réel; c'est elle qui me lie réellement à ce que j'appelle la réalité. La douleur m'empêche de croire que tout est illusion. Par elle, je sens qu'il y a une réalité indiscutable, indéniable, quelque chose qui m'agresse, qui entre en conflit, donc elle me faicroire aussi au conflit avec moi-même, lié à ma subject tivité qui n'est pas ma subjectivité.

Il y a des hommes qui dépassent la douleur. Il paraît qu'en Extrême-Orient des techniciens appropriés vous la font dépasser et on a vu des mystiques, des moines bouddhistes, se faire brûler vifs sans pousser un cri, sans qu'aucun de leurs muscles ne tressaille : ce sont ceux-là qui ont vraiment vaincu le monde, ceux-là qui ont dépassé la douleur et la peur.

Je pense, pour le moment, que l'art, la littérature, le théâtre n'ont plus grand-chose à nous montrer. Je ne dis pas à nous apprendre. Ils n'ont plus de quoi nous surprendre. La peinture non figurative ne peut plus inventer de nouvelles figures essentielles de la non-figuration mais seulement des variations de second ordre. Elle est devenue une technique quelconque, plutôt usée et routinière.

Le théâtre absurde, ou marxiste, ou humaniste, surréaliste, réaliste, etc., ne peut aboutir maintenant qu'à des réalisations un peu plus fignolées de ce qui est donné, révélé, c'est-à-dire qu'on en arrive à une espèce de classicisme, que ce soit celui d'un théâtre au service d'une idéologie répandue (ainsi Brecht ou Arden), ou que ce soit celui d'un théâtre provenant d'une pensée sans doute supérieure à celle exemplifiée par l'autre classicisme et les brechtianités, plus vraie et supérieure, plus profonde, bien sûr, puisque plus libre de se manifester dans une spontanéité sans contrainte et sans programmation, mais, tout de même, elle aussi déjà formulée, et dont on ne peut plus que perfectionner les formulations.

La littérature me semble être dans le même cas. La poésie, ou bien elle est engagée, populaire ou autre, donc superficielle, et littérature de clichés, ou bien ornement, jeux de mots non révélateurs ou jeux connus ou idéologie versifiée ou sentimentalité sans intérêt. Les grands exploits ont été accomplis; il ne peut y avoir que des retours, des inversions mineures, de détail.

Le cinéma, je ne parle pas du cinéma commercial, le cinéma d'art ou de recherche est une académisme de bon goût; dans les nouveaux films, vous pouvez y voir du néo-Charlie Chaplin qui continue, des films policiers réalisés avec une maîtrise parfaite, avec un dosage savant, calculé, du suspens et de l'érotisme, ou encore une sorte de syncrétisme résultant du mélange de traditions convergentes issues du néo-réalisme italien, de l'esthétisme de l'image photographique, du film policier et du film poétique et surréaliste.

On peut y voir aussi le message ou la philosophie, soit banale, soit prétentieuse, soit tout à fait quelconque d'un metteur en scène. Parfois, on essaye de mettre en musique, en couleurs, esthétiquement, comme récemment avec le film de Jacques Demy : Les Parapluies de Cherbourg, *un langage et des situations conventionnels afin de tâcher de les redorer, de leur donner une apparence de neuf comme on met du vernis sur de vieux meubles. Que fait-on encore ? On prend des images sous certains angles, on les affine, on améliore un peu les perspectives et c'est tout. Encore une fois, des perfectionnements de détail.*

Mais il y a autre chose: je crois qu'on peut remarquer que le cinéma, le moyen d'expression cinématographique est maintenant plus intéressant que le contenu d'un film, que l'histoire qu'on nous raconte, que les images que l'on nous montre. On va, quand même, au cinéma, et c'est bien plus pour voir bouger ces images, pour s'étonner que ces images bougent et pour en être ravi que pour connaître la petite histoire, les petites philosophies, la petite propagande, la petite idée de derrière la tête que des cinéastes prennent pour des choses importantes.

Le Telstar est une chose merveilleuse, en soi, et plus intéressante que la pièce de l'Anglais Terence Rattigan dont la télévision a diffusé les images. La télévision, les moyens d'expression de la télévision sont supérieurs aux œuvres artistiques télévisées. Cela n'est pas un mal; il en est ainsi. Il en est de même pour le cinéma: le cinéma est plus passionnant que les cinéastes.

On parle beaucoup maintenant, on s'intéresse beaucoup à l'architecture théâtrale et même aux moyens techniques de la machinerie, de la projection des lumières. On s'y intéresse, en somme, plus qu'au théâtre lui-même, cela est significatif, et pour longtemps justifié. Les moyens d'expression, les moyens formels, la technique, ont pris les devants sur ce qu'ils doivent exprimer. A présent, l'artiste peut tout au plus, et peut-être le doit-il, aider à faire progresser ces techniques et ces moyens formels. Peut-être un contenu viendra-t-il remplir ces cadres, arrivera-t-il au niveau des possibilités de la machinerie ? Pour cela, il faut assimiler les techniques et, de toutes les connaissances et informations énormes, reconstituer une unité, une synthèse, et cela ne peut venir que petit à petit, naturellement, de soi-même.

Cette unité organique nouvelle de l'esprit, de sa vision, se réalisera lorsque l'esprit se sera réadapté, lorsqu'il aura assimilé, dépassé les techniques, les connaissances, le savoir nouveau qui lui apporteront encore d'autres moyens nouveaux de prospecter le réel, lorsque des mythes renouvelés renaîtront, lorsque des croyances, se seront reconstituées des ruines des philosophies actuelles et des apports futurs. L'art se renouvellera lorsqu'une vision nouvelle aura surgi, pourra surgir.

On est, bien sûr, contre la science qui ne fait que grignoter le connaissable au lieu de nous donner la connaissance. Je ne suis pas qualifié pour parler de cela mais peut-être qu'à force de grignoter ce connaissable arrivera-t-on à le percer et, derrière cette croûte, à atteindre l'essence des choses. Si la littérature est dans l'impasse, l'art est dans l'impasse, c'est parce que ses matériaux sont périmés, usés pour plusieurs rai-

sons : une œuvre doit être, bien entendu, construction vivante, un monde vivant, un monde peuplé d'êtres ou de formes, de figures, de pensées, d'images, de visions, de sentiments, d'objets, etc., qui s'organisent, se combinent, constituent une sorte de tout cohérent même s'il n'est pas cohérent du tout du point de vue de la logique et de sa dialectique particulière, celle de sa propre structure, de sa propre réalité.

Le théâtre est exactement un monde. Avec des personnages. Pas seulement avec des personnages; il peut y avoir représentation de l'orage, du vent, des puissances anonymes, invisibles; il peut y avoir des objets, l'absence de personnages, le rien, le silence. Mais au théâtre tout devient présence et tout devient personnage. L'absence devient personnage, l'orage devient personnage, la force incompréhensible devient personnage, le silence est personnage, rien est personnage. Mais tout cela: sentiment, idée, figure, couleur, personne, avec du rien sont les matériaux de l'œuvre d'art; les matériaux d'un monde. Ainsi la littérature n'est pas paysage, bien sûr; elle utilise cependant les paysages. Les paysages urbains, champêtres, sylvestres, alpins, les intérieurs, tous les paysages terrestres ont été inventoriés. Il n'y en a plus d'autres à notre disposition. Essayer de les voir d'une autre façon, c'est ce qu'il faut réussir bien sûr, et c'est difficile. Dernièrement, encore, on a tenté de renouveler la façon de décrire le paysage: c'est ce qu'a essayé de faire le roman objectal; il est déjà devenu systématologie. Le terrestre est peut-être épuisé; de nouveaux espaces sont indispensables à l'esprit, de nouveaux espaces. Ce n'est pas pour rien que l'on s'aventure dans le Cosmos. C'est parce qu'on en a besoin. C'est parce que nous avons besoin pour notre esprit d'un espace beaucoup plus large, beaucoup plus vaste. Les nécessités stratégiques de recherches scientifiques ou autres ne sont que les prétextes les plus extérieurs et les moins vrais de cette aventure. De nouveaux espaces sont en train d'être, si je puis dire, mis à notre disposition. Un monde sidéral-céleste, j'allais dire — et ce nouvel espace non terrestre, ou au-delà du terrestre, ou englobant le terrestre, ce nouvel espace doit être assimilé, au moins en partie, puis il doit être vécu. L'ancien espace est exploré, nomenclaturé, usé. On ne pourra plus parler de la lune comme on en a parlé; ni des étoiles, ni de la nuit, ni du ciel étoilé. Ils ne pourront plus être vus de la même façon. La vision aussi bien que l'intériorisation de ces matériaux pour une œuvre d'art (car ils constitueront des matériaux pour une œuvre d'art, si l'art continue d'exister), sera différente.

L'œuvre d'art n'est pas non plus la description ou la critique de la société. La critique de la société est simplement la critique de la société. Elle est politique ou sociologie. Toutefois, la critique de la société entre dans les éléments qui constituent l'œuvre d'art. Elle est un matériau parmi autres. Cette critique de la société est connue. On l'a faite, elle est devenue, elle aussi, une série de clichés. Elle a vieilli, elle est périmée.

Quand j'entends dire que telle œuvre d'art est un dur commentaire de notre époque, une féroce satire de notre société, j'ai bien envie de rire; j'ai la conviction absolue que lorsque j'irai voir — et j'en fais souvent l'expérience — une pièce dont on dit qu'elle est une « féroce satire » ou lorsque je lis un livre dont on dit qu'il est un « dur commentaire de notre époque », je suis convaincu que je n'y trouverai que les clichés les plus élémentaires, une banalité, rien. Je ris aussi lorsqu'on me dit qu'une poésie est pleine « d'élan », par exemple. La banalité même du commentaire me signale la banalité de cette œuvre « féroce » et de cette poésie « pleine d'élan ». Nous connaissons tous les points de vue et toutes les critiques puisqu'elles sont déjà faites.

Les vieilles formules : capitalisme, exploitation de l'homme par l'homme, démystification, marxisme, humanisme, catholicisme, droite, gauche, sont des mots qui ne sont plus à jour, des mots qui n'ont plus de sens. Le monde a évolué de telle façon qu'il faut l'appréhender autrement ; les exploitations ne revêtent plus les formes anciennes. L'exploitation continue, bien sûr, mais elle a d'autres aspects. Tout le monde continue d'exploiter tout le monde et ce qu'il faudrait faire voir, ce sont les articulations et les mécanismes modernes de cette agression permanente de l'homme contre l'homme. Nous savons bien que nous ne savons plus de quel côté est la colonisation. La critique sociale n'est plus possible parce que d'un côté elle se fait selon les mêmes critères dépassés, selon les mêmes fixations idéologiques, tributaires de vieux complexes, de mécontentement, refoulement, jalousie, rancœur, etc. De l'autre côté, elle n'est plus possible tout simplement parce que c'est défendu par les autorités au pouvoir. Il n'est pas permis dans les régimes tyranniques d'examiner à fond les bases et les mécanismes de l'organisation politique, sociale, idéologique, donc pas de critiques parce que d'une part inhibition et manque de liberté intérieure, parce que d'autre part contrôle et manque de liberté tout court.

Il est évident que l'art, la littérature, le théâtre ont reçu des coups de tous les côtés. La littérature a été assommée aussi par la dictature. En Russie, la littérature actuelle un peu plus libre est décevante. Les nouveaux romanciers russes ne font que retrouver un réalisme mineur, une psychologie sentimentale, une sorte d'humanisme d'avant 1920. La poésie d'un Evtouchenko est simple ou simpliste. Elle est en deçà même des expériences déjà dépassées de la recherche poétique des auteurs d'Occident. La poésie d'Evtouchenko est une poésie sous-essénienne. L'impulsion donnée par Essénine, Blok, Maïakovski, et les futuristes du début de la révolution russe a été coupée comme on le sait.

En Allemagne, rien n'a été trouvé de valable après l'expressionnisme anéanti par le nazisme. Ce que font les écrivains allemands d'aujourd'hui est décevant. La littérature ne s'est pas remise sur pieds. Ainsi donc, voilà où nous en sommes.

L'art et la littérature continuent d'être étouffés aussi bien par les tyrannies politiques que par la sclérose mentale, dite petite-bourgeoise réactionnaire, ou dite révolutionnaire, et d'autre part l'aventure que l'art et la littérature peuvent nous proposer semble bien inférieure à l'aventure que les performances de la technique peuvent proposer. La littérature est donc inhibée, empêchée, périmée, insuffisante, surpassée, ses moyens d'exploration minimes.

On peut encore lire un roman, bien sûr, ce n'est pas plus bête que de faire des mots croisés. On peut lire son périodique pour ressasser, remâcher ses propres obsessions, et pour avoir le sentiment, vrai ou faux, d'être confirmé, justifié dans ses attitudes. On se confine dans ses fixations, ses habitudes, ses haines confortables. On peut bien aller au théâtre ; ce n'est pas si mal que ça, au lieu de jouer à la pétanque, voir des pièces qui ne vous amusent pas beaucoup, en somme, ou qui vous amusent petitement. On peut aussi faire un effort pour voir des pièces édifiantes ou philosophiques, prétendument philosophiques, qui ne vous apprennent plus rien puisqu'elles rabâchent du déjà su. (Entre parenthèses, je puis dire que le théâtre bien-pensant idéologique, par exemple, n'ennuie pas seulement les spectateurs qui font semblant, en essayant de se tromper eux-mêmes peut-être, de s'y intéresser, mais qu'il ennuie tout le monde dans les pays de l'Est. Ils en ont assez. Il est bien curieux que le théâtre occidental de patronage a toujours des spectateurs et adeptes fidèles, aussi nombreux que les pièces de boulevard).

Je pense que seule une force énorme comme une éruption de lave secouant le volcan endormi, une nouvelle poussée de vitalité et de vitalité spirituelle ou intellectuelle pourrait venir à bout de cette rigidité de petites gens mécontents stéréotypés, aussi bien que des tyrannies plus dangereuses. C'est un nouveau surréalisme qu'il nous faudrait peut-être, mais plus puissant encore, plus libérateur, jetant à bas les préjugés logiques, politiques, révolutionnaires, bourgeois, les fixations idéologiques, le faux rationalisme, car on a l'habitude peut-être d'appeler logique ou rationnel un irrationnel établi et solidifié, un irrationnel ou un absurde devenu confortable.

Les sociétés à l'Est sont pleines de contradictions, de manque de liberté, de conformisme. Elles sont aussi pétrifiées et aussi absurdes que les sociétés de l'Ouest. Je sais bien que je n'apprends rien et qu'on le sait, mais on accepte par fanatisme ou entêtement que les choses soient ce qu'elles sont et qu'on ne dise pas ce qu'elles sont. Vous n'allez jamais faire dire à un littérateur bien pensant de nos jours que le chef de tel État de l'Est est aussi impossible à vivre et certainement même plus que le chef d'autres États que nous connaissons. On parle de démystifications, il faudrait démystifier les démystificateurs. Ces sociétés sont même, on pourrait dire, un retour à des structures sociales anciennes, ce sont des sociétés de type archaïque, avec leurs idoles (ils peuvent porter des noms d'idéologues, de penseurs, ou d'hommes politiques, ce sont leurs idoles) leurs dogmes indiscutables, etc.

Ces révolutions aboutissent à la constitution de civilisations sommaires et tyranniques.

Tout de suite après la guerre 14-18, il y avait eu une nouvelle énergie, un feu intérieur, un grand dynamisme. Il y avait un grand effort chez Breton, Eluard, Aragon, Maïakovski ; Essénine, Kafka aussi, Artaud, Tzara, Marinetti, etc., etc., une grande force, une grande énergie qui se manifestaient aussi dans une peinture nouvelle vraiment révolutionnaire. C'était une impulsion nouvelle, permettant la création d'un monde autre, nouveau, ou d'une façon de voir autre. Un monde autre, c'est un monde qu'on réussit à voir autre, à montrer autre. Ce dynamisme a tourné court, s'est relâché, s'est appauvri, stérilisé. Un nouveau surréalisme serait utile pour dépasser les inhibitions, les complexes, les timidités, les prudences qui créent, d'ailleurs, un sentiment de culpabilité, qui font que tout de même une certaine énergie ne pouvant s'épanouir se retourne sur elle-même et c'est pour cela que nous avons ces narcissistes, ces complexés, ces littérateurs qui se haïssent eux-mêmes ou qui se haïssent eux-mêmes dans les autres. Oui, une grande poussée dynamique pourrait nous faire sortir de tout cela, une poussée qui briserait les cadres de ce qu'on appelle le réalisme. Je crois que la psychologie actuelle nous apprend que l'homme ne s'adapte pas au réel mais qu'il le reconstruit, qu'il l'invente ou plutôt qu'en le regardant, en prenant contact avec lui, il le reconstruit, lui donne une forme, c'est-à-dire qu'en réalité il donne une forme, il invente une forme, à ce qui n'en a pas : interprétation et création s'identifient, connaître c'est inventer. Nous créons le monde à notre image. Cela veut dire qu'on lui donne une signification, on lui donne une forme, on le met en forme, on lui donne la forme que l'on veut. Cela peut-être bien sûr une façon de parler, car la forme que l'on donne répond sans doute à la structure de l'Esprit. Connaître, c'est donner un sens, mais ne pas donner un sens, ne pas donner de signification, c'est quelquefois encore lui en donner une et dire que le monde est absurde, par exemple, c'est l'interpréter, c'est dire que la forme qui est constituée par nous-mêmes ne nous correspond plus, ne me convient pas. Dire que le monde est absurde, c'est critiquer l'image que nous nous en avons faite. Mais je dois dire que personnellement je serais plutôt enclin à ne plus l'interpréter. Je suis enclin personnellement à refuser de lui donner une signification, une forme, pour me libérer de toutes les formes et de ce monde dans lequel je suis englué, et ceci peut-être parce que je ne puis donner de forme, parce que je ne puis exprimer ce qu'il y a de plus fort et de plus horrible : la vie et la mort.

On a dit que le soleil et la mort ne pouvaient se regarder en face. On peut formuler ce qui n'est pas encore formulé, mais on ne peut pas arriver à dire ce qui est indicible. Si la littérature ne peut le dire, si la mort ne peut être interprétée, si l'indicible ne peut être dit, à quoi bon, alors, la littérature ?

DU MÊME AUTEUR

Aux Éditions Gallimard

LA CANTATRICE CHAUVE, *théâtre.*

LA LEÇON, *théâtre.*

JACQUES OU LA SOUMISSION (THÉÂTRE, I).

L'AVENIR EST DANS LES ŒUFS (THÉÂTRE, I).

VICTIMES DU DEVOIR (THÉÂTRE, I).

AMÉDÉE OU COMMENT S'EN DÉBARRASSER (THÉÂTRE, I).

LES CHAISES, *théâtre.*

L'IMPROMPTU DE L'ALMA, *théâtre.*

TUEUR SANS GAGES, *théâtre.*

LE NOUVEAU LOCATAIRE (THÉÂTRE, II).

LE MAÎTRE (THÉÂTRE, II).

LA JEUNE FILLE À MARIER (THÉÂTRE, II).

LE RHINOCÉROS, *théâtre.*

LA PHOTO DU COLONEL, *nouvelles.*

LE PIÉTON DE L'AIR (THÉÂTRE, III).

DÉLIRE À DEUX, *théâtre.*

LE TABLEAU (THÉÂTRE, III).

SCÈNE À QUATRE (THÉÂTRE, III).

LES SALUTATIONS (THÉÂTRE, III).

LA COLÈRE (THÉÂTRE, III).

LE ROI SE MEURT, *théâtre.*

LA SOIF ET LA FAIM (THÉÂTRE, IV).

LA LACUNE (THÉÂTRE, IV).

LE SALON DE L'AUTOMOBILE (THÉÂTRE, IV).

L'ŒUF DUR (THÉÂTRE, IV).

POUR PRÉPARER UN ŒUF DUR (THÉÂTRE, IV).

LE JEUNE HOMME À MARIER (THÉÂTRE, IV).

APPRENDRE À MARCHER (THÉÂTRE, IV).

JEUX DE MASSACRE, *théâtre.*

RHINOCÉROS suivi de LA VASE, *théâtre.*

DISCOURS DE RÉCEPTION D'EUGÈNE IONESCO À L'ACADÉMIE FRANÇAISE et réponse de Jean Delay.

MACBETT, *théâtre.*

CE FORMIDABLE BORDEL!, *théâtre.*

JOURNAL EN MIETTES (Collection Idées).

EXERCICES DE CONVERSATION ET DE DICTION FRANÇAISES POUR ÉTUDIANTS AMÉRICAINS, (THÉÂTRE, V).

L'HOMME AUX VALISES (THÉÂTRE, VI).

PRÉSENT PASSÉ, PASSÉ PRÉSENT, *essai* (Collection Idées).

LE SOLITAIRE, *roman* (Collection Folio).

ANTIDOTES, *essai.*

UN HOMME EN QUESTION, *essai.*

VOYAGES CHEZ LES MORTS. Thèmes et variations, *théâtre.*

Aux Éditions Belfond

ENTRE LA VIE ET LE RÊVE, entretiens avec Claude Bonnefoy

Aux Éditions Delarge

CONTES POUR ENFANTS (4 volumes).

Aux Éditions Erker St Gallen

LE NOIR ET LE BLANC.

Aux Éditions du Mercure de France

JOURNAL EN MIETTES.
PRÉSENT PASSÉ, PASSÉ PRÉSENT.
LE SOLITAIRE.

Aux Éditions Skira

DÉCOUVERTES.

Impression Bussière à Saint-Amand (Cher),
le 17 octobre 1983.
Dépôt légal : octobre 1983.
1er dépôt légal dans la collection : mai 1966.
Numéro d'imprimeur : 2458.
ISBN 2-07-035107-6./Imprimé en France.